学习与发展:美国高校学生事务管理理念与实务

姚 军 聂邦军 主编

苏州大学出版社

图书在版编目(CIP)数据

学习与发展:美国高校学生事务管理理念与实务／姚军,聂邦军主编. —苏州:苏州大学出版社,2017.5
ISBN 978-7-5672-1740-9

Ⅰ.①学… Ⅱ.①姚…②聂… Ⅲ.①高等学校—学生工作—研究—美国 Ⅳ.①G645.5

中国版本图书馆 CIP 数据核字(2016)第 106465 号

学习与发展:美国高校学生事务管理理念与实务
姚 军 聂邦军 主编
责任编辑 许周鹣

苏州大学出版社出版发行
(地址:苏州市十梓街1号 邮编:215006)
江苏扬中印刷有限公司印装
(地址:江苏扬中科技园区东进大道6号 邮编:212212)

开本 700×1000 1/16 印张 14.75 字数 227 千
2017 年 5 月第 1 版 2017 年 5 月第 1 次印刷
ISBN 978-7-5672-1740-9 定价:36.00 元

苏州大学版图书若有印装错误,本社负责调换
苏州大学出版社营销部 电话:0512-65225020
苏州大学出版社网址 http://www.sudapress.com

目录

江苏省第六期高校学生事务管理赴美国学习研修团报告(代序)
....(1)

学生事务管理

美国学生事务管理对我国个性化人才培养的启示 …… 徐　辉(16)
美国高校人性化管理剖析 ……………………………… 赵　健(22)
美国高校聋人学生事务与我国聋人大学生管理 ……… 任媛媛(31)
论美国校园危机管理 …………………………………… 郑明喜(39)
美国大学学生事务管理工作研究
　　——以美国加州富乐敦州立大学为例 …………… 汤洪涛(48)
美国高校学生事务管理特色探析 ……………………… 袁建华(58)
美国高校学生事务管理的变革路径 …………………… 董魏峰(65)

公民道德教育

培育文化教育建设载体实践探索 ……………………… 袁新进(75)
美国隐性教育思想对我国高校的启示 ………………… 曹小妹(83)
美国高校道德教育内容与途径探微 …………………… 朱冬梅(91)

心理健康教育

美国心理咨询职业化历程对我国高校心理咨询发展

　　路径的启示 …………………………………………… 蔡智勇（ 97 ）

中美高校心理健康教育的比较及其思考

　　——以加州某高校与江苏省某职业院校为例 ……… 陶爱荣（114）

美国高校心理咨询服务工作研究 …………………………… 周　红（121）

学生资助服务

美国高等教育阶段学生资助制度刍议

　　——以美国加州为例 ………………………………… 姚　军（129）

高校资助育人实践的路径探析

　　——基于美国大学生资助体系的启示与思考 ……… 朱以财（140）

就业创业指导

美国高校学生就业指导工作具体实务的借鉴与思考

　　——以加州富乐敦州立大学为例 …………………… 聂邦军（152）

美国大学生社会适应性培养相关问题研究 ……………… 周春开（158）

立足发展　构建大学生就业指导体系

　　——基于美国州立大学就业指导体系架构及启示

　　……………………………………………………… 秦艳霞（165）

基于中美比较的中国高校创业教育机制研究 ………… 王梦倩（173）

招生考试工作

中美高校招生工作对比研究 …………………… 毛 敏(182)
试论高考制度对高校学生事务管理的影响
　　…………………………………………… 陆振飞(191)
美国高校招生宣传工作巡礼
　　——以美国加州富乐敦州立大学为例 ………… 谭夏清(202)

继续教育培训

美国继续教育学院培训项目运行模式
　　——以美国加州富乐敦州立大学继续教育学院为例
　　………………………………………………… 马永兵(208)
中美继续教育的比较与思考 ………………… 孙 力(215)
中美高等职业教育区位指向之比较研究 …… 朱利平(223)

后　记 ………………………………………………(229)

江苏省第六期高校学生事务管理赴美国学习研修团报告

（代　序）

江苏省第六期高校学生事务管理学习研修团一行25人于2014年1月10日至24日，赴美国开展为期15天的高校学生事务管理专题学习研修。江苏省教育厅高校学生处对此次培训高度重视，从研修方案的策划、日程安排、学习内容到研修行前培训、组织实施等方面给予了悉心指导。2014年1月10日上午在常熟理工学院举行了"江苏省第六期高校学生事务管理学习研修团赴美前培训工作会议"，江苏省教育厅高校学生处领导对学习研修团提出了总体要求，并希望大家珍惜机会、认真学习、多加交流、互相帮助，努力把这次学习研修之行打造成学习之旅、提升之旅、平安之旅、友谊之旅和充实之旅；省教育厅相关部门负责同志从中美高校学生事务管理的差异、对外交往礼仪、学习培训须知等方面对学习研修团成员进行了全方位培训；常州机电职业技术学院党委副书记壮国桢作了出国学习研修经验介绍。在美学习研修期间，美国加州富乐敦州立大学副校长诺尔曼博士亲临开学典礼和结业典礼，并发表了热情洋溢的讲话，还周到安排了研修团的整个学习培训计划。在美国加州富乐敦州立大学继续教育学院亚洲部主任薛亚萍、副主任王海潮等的精心组织下，加之学习研修团成员团结合作、群策群力、互助友爱，圆满地完成了学习研修任务。大家一致认为：这次学习研修虽然时间紧、任务重，但是学习研修团全体学员都非常珍惜这次难得的学习培训机会，学有所获，开阔了视野，促进了交流，增长了知识，提升了境界，受益匪浅，不虚此行。

一、学习研修的基本情况

学习研修团在美国加州富乐敦州立大学开展了为期一周的高校学生事务管理、美国文化等学习研修,另外还利用学习培训业余时间,参观了美国乔治城大学、普林斯顿大学和哥伦比亚大学,领略了文化历史名城洛杉矶、圣迭戈、费城、华盛顿和纽约等的魅力。

(一)高校学生事务管理学习研修情况

学习研修团在美国加州富乐敦州立大学进行学生事务管理学习研修。美国加州富乐敦州立大学(CSUF)始建于1957年,是美国著名的公立高等学府之一,位于美国加利福尼亚州南部的世界著名高科技重镇橙县的富乐敦市。CSUF具有完善的学士和硕士教育体系,提供105个学位,其中55个学士学位、50个硕士学位。来自全美国50个州以及世界其他80多个国家和地区的约38 000名学生就读于CSUF。CSUF有九个学院:艺术学院、工商学院、大众传媒学院、教育学院、工程计算机学院、健康科学和人类发展学院、人文科学和社会科学学院、自然科学和数学学院、继续教育学院。学习研修团学员先后认真听取了美国加州富乐敦州立大学继续教育学院精心组织的七场专题讲座,分别是:(1)美国文化概览;(2)美国高等教育体系概览;(3)美国大学当前学生事务的组织机构;(4)美国高校学生事务历史回顾;(5)高校学生事务管理理论和做法;(6)美国加州富乐敦州立大学学生事务部门的组织机构和项目组成;(7)学生事务的人事管理。学习研修团全体学员积极参加了两场专题研讨交流会,分别是:(1)美国大学生领导力培养、美国终身教育与学校类别层次;(2)美国大学的爱国教育与大学生的德育教育。除了听讲座、参加研讨之外,学习研修团全体学员还深入到美国加州富乐敦州立大学校园的相关部门办公实验、实习和活动场所,实地交流探寻美国大学的教育、管理和服务工作,如学生健康与心理辅导中心、学生活动中心、学生就业指导中心、学生公寓、学生运动场馆、校园超市和学生实习实验场所等。

开设讲座的美方人员都是从事高校教育的专业人士,他们中既有曾经担任美国一所州立大学副校长20多年的David Karber教授,还有从事专业学术研究的教授、博士,也有直接从事学生事务管理的博士。讲座内容丰富翔实,专家们既讲解了相关制度措施的历史文化背景知识,方便我们理解和接受,又注重介绍实际做法与体系框架,还积极组织课堂讨论,比较中美两国相关方面的异同,引导大家积极发言,教学方式生动活泼,充分调动了学员们的主动参与性,课堂气氛活跃,教学效果好。每次讲座结束,大家都意犹未尽。在专题研讨交流环节,美国加州富乐敦州立大学精心安排参加研讨的美方人员,都是直接从事学生事务管理的各个层级的专门人员,有从事与我们学生工作处处长岗位相似的学生事务主管,也有心理辅导工作人员、就业指导人员和公寓管理人员等。大家就各自不同岗位的工作职责、考核机制、人事管理、文化差异等畅所欲言,通过互动交流,大家对美国高校学生事务运行体系的工作机制和模式,有了更加清晰的认知。通过实地走访考察,与现场教职工和在校学生交流,大家对美国高校内部管理和运行、学生的日常学习生活、美国文化等有了更进一步的了解,这是非常难得的实践认知体验。

(二) 参观美国高校

结束了在富乐敦充实忙碌而留恋难忘的学习研修生活,告别了加州冬日温暖的阳光,我们一行满载收获与感激,搭乘美联航的班机飞赴华盛顿,开始美国东部学习考察之旅。

第一站来到乔治城大学。乔治城大学(Georgetown University)是由曾经担任巴尔的摩市的主教 John Carroll 于 1789 年在乔治城附近的山顶上购买的 60 英亩土地上创建的,是美国最古老的耶稣会天主教大学之一。校园位于美国首都华盛顿地区的市中心,坐落在风景如画的乔治城以及波多马克河边,在白宫西北 3.2 公里左右,是美国首都华盛顿特区声誉最高的综合性私立大学。在享受景致及探索华盛顿文化生活的同时,学生可以获得许多特别的机会及有价值的经验,而且乔治城大学与美国联邦政府的办公厅仅咫尺之隔,许多外国使节的子女都在这儿念书,这赋予了乔治城大学很浓的国际色彩,该大学也因此而获得了"政客乐园"的美誉。乔治城大学是美国门槛最高的大学之一,录取率仅 19%,属于美国入学竞争最激烈的顶尖大学之一。目前,在校学生有

14 000余名,其中国际学生占10%左右,2013年录取了13名来自中国大陆的大一新生。乔治城大学的毕业生目前在政治、文学、艺术、商业等全球各个领域都占据着重要的领导位置。著名校友有美国前总统克林顿、菲律宾前总统阿罗约、美国著名女性作家玛格丽特·艾德森(曾获得普利策文学奖)、美国NBA篮球运动员帕克里克·尤因、阿朗佐·莫宁和迪肯贝·穆托姆博等。

第二站是普林斯顿大学。普林斯顿大学位于纽约和费城之间,新泽西州普林斯顿小城镇上的私立研究型大学,现为美国八所常春藤盟校之一,成立于1746年,是九所在美国独立前成立的殖民地学院之一,同时也是美国第四古老的高等教育机构。校内有很多后哥特式的建筑,大多数都是19世纪末20世纪初修建的。普林斯顿大学学生人数不多,目前在校学生人数约7 800人,师生比例为1:6,这样高的比例在全美大学是极少见的,教授们有足够的精力来关心学生的学业与发展。最值得称道的是普林斯顿大学的本科生入学时都要签署被称为"荣誉规章"(Honor Code)的学术诚信的保证。这条规定需要学生写一份书面保证,保证对所有的书面作业既没有剽窃也没有违反其他道德规范。学生们在每一次考试时都被要求写下"我以我的人格保证我没有在这次考试中违反荣誉规章"的誓言。这份规章带有第二项义务:在入学考试的时候,每个学生保证在看到别的学生舞弊时向学生维护荣誉委员会报告。由于这个规章,普林斯顿大学考试无人监考。在普林斯顿大学271年的建校史上,涌现了不少星光灿烂的人物,先后有31位校友获得过诺贝尔奖,其中1998年,普林斯顿教授、华裔科学家崔琦获诺贝尔物理奖。中国著名科学家华罗庚、姜伯驹、中国科学院外籍院士陈省身、李政道、杨振宁等都曾担任过普林斯顿大学的高级研究院研究员。

第三站是哥伦比亚大学。哥伦比亚大学是一所位于美国纽约市的私立研究型大学,是美国八所常春藤盟校之一,它坐落于曼哈顿的城边高地,濒临哈德逊河,在中央公园北面。它于1754年根据英国国王乔治二世颁布的《国王宪章》而成立,被命名为国王学院(Kings College),是美洲大陆最古老的学院之一。美国独立战争后更名为哥伦比亚学院,1896年改名为哥伦比亚大学。哥伦比亚大学是最早接受中国留学生的美国大学之一。哥伦比亚大学的历届毕业生和教职员中累计共有97名诺贝尔奖获得者,位居世界各国大学榜首。

我们最感兴趣的是哥伦比亚大学教育学院(或译为师范学院)(Teachers College),它是世界顶尖的教育研究生院,也是世界上最大的教育学、应用心理学和心理健康学方面的综合性研究生院。教育大师、美国哲学之父杜威曾执教于此。在杜威1904年加盟哥伦比亚大学教育学院至1930年退休期间,他与一批教育史家、比较教育学家和教育心理学家一起,共同铸成了哥伦比亚大学教育学院的黄金时代。也正由于此,它与近代中国教育发展亦紧密相连,并对中国教育的发展产生了巨大影响。据统计,仅20世纪上半叶,便有1 000余名中国留学生曾在哥伦比亚教育学院学习,其中获得博士学位者从1914年东南大学首任校长郭秉文从教育学院毕业成为中国第一位教育学博士开始,到1950年傅统先、朱启贤等人一同毕业便达45名之多。这些学成归国的学生后来大多进入中国的政界、文化教育界工作,并成为诸多领域的开创者和奠基人。其中许多毕业生在今天仍然如雷贯耳,如国学大师胡适,人民教育家陶行知,中国幼教之父陈鹤琴,原北大校长蒋梦麟、马寅初,南开大学创始人张伯苓等许多中国近代杰出教育家。哥伦比亚大学教育学院与中国教育有着悠久的历史渊源,对中国近现代教育产生了深远的影响。

大家参观了这三所美国大学,一方面觉得大开眼界,像海绵吸水一样汲取了营养,另一方面更觉得自身学习提升的使命感和紧迫感,更加深深地认识到,尽管我国高等教育的发展取得了骄人成绩,高等教育的规模跃居世界前列,但是,在建设"双一流"大学、在培养创新型杰出人才等方面,仍然有着很长的路要走,任重而道远。

(三)考察文化历史名城

全方位地了解美国文化历史也是学习研修团的任务之一,大家利用两个双休日和课余时间先后参观了圣迭戈的美国海军基地、好莱坞影视城、费城独立宫和自由钟、联合国总部、白宫、美国国会大厦、美国国家艺术博物馆、美国航空航天博物馆、华尔街等。大家通过现场参观交流,对美国的政治、历史、文化、科技、经济、军事等有了更加感性的认识。

美国建国历史虽然只有241年,并且先后经历了南北战争、第二次世界大战等,国内种族问题根深蒂固,但是如今业已发展成为世界头号强国,确实有很多值得我们借鉴的地方。例如,在吸引世界优秀人才方面,包容性很强,全球很多领域顶尖的人才移民到美国,对美国的经济和社会发展起了巨大的推动作用;在教育方面,大多数博物馆、图书馆都免费向国民开放,而且硬件条件好;在自然环境方面,环保意识很强,人与自然和谐相处,生态环境优越。由于是浮光掠影,了解尚不够深入,只能从一些表象来探讨,但是我们也欣喜地看到,随着我国改革开放的不断深入,随着我国经济实力的不断增长,在很多方面我们正迎头赶上,甚至在某些领域越来越显示出我们的优越性。越是对比中美的现状,大家越是为祖国今天取得的成就深感骄傲和自豪,倍加珍惜当下来之不易的发展环境和机遇。

二、主要收获与体会

（一）厘清了美国高等教育体系

目前,美国各类大学大约有3 600所,根据培养的目标、层次和授予的学位不同,大致可分为初级或者社区学院(Junior or Community College)、文理学院(Liberal Arts College)、综合性大学(Comprehensive University)和研究型大学(Graduate School)四类。

初级或者社区学院,是指散布于美国各个地区的近2 000所社区大学。此类大学多起步于第二次世界大战之后,其主要作用是普及美国的大学教育,基本上不做科研,以培养技能为主,主要开展类似大一和大二的教育,学生完成学业后授予副学位(Associate Degree),可以转入四年制大学的三年级继续其大学的学习,也可以直接走上社会就业。目前,这类学校拥有近1 000万美国在校大学生(相当于近一半的美国在校大学生),并且每年接近一半的美国高中毕业生选择由这类大学开始其高等教育,四年制的大学毕业生中大约三分之一的学生来自于此类大学。我们中国的大学系统没有这样的大学,但是和我们的职业学院、专科院校有一定的相似性。美国的社区大学几乎不收学费或者所收学费很低,学生入学也几乎没有门槛,主要依靠地方财政支持。美国的社区大学在普及高等教育、培养技能人才和帮助困难家庭孩子接受高等教育等方面发挥着极其重要的作用。我们也非常欣喜地看到,我国政府现在不断加大对高职院校的投入,加大给入学学生的补贴,愈加重视技能型人才的培养,在江苏,高等教育改革的步伐更大,开始试点部分高职院校注册入学、自主推荐入学等,降低入学门槛,不断扩大高等教育的受益面,这对提高全民素质和培养适应社会转型升级的合格人才发挥重要的作用。

文理学院,是美国高校的重要种类之一,绝大部分是私立的,学费昂贵,主要以本科教育为主,学生毕业被授予学士学位(Bachelor Degree)。文理学院注重学生的全面综合教育,设置课程包括艺术、人文、自然科学、社会科学等各门类,而不涉及具体的专业教育,明显区别于以就业为重要指针的各种专业学校或技术高校。由于文理学院仅仅提供本科教育,因此教师能够集中精力进行教学,而不必花费大量的精力从事科学实验和论文发表。同时,由于文理学院的规模小,师生间互动密切,这对培养学生的沟通能力和领导能力都非常有帮助。学生在接受了四年高质量的通才教育后,或进入社会,或进一步进入研究生院深造,都相当受欢迎。因此文理学院往往代表着经典、小规模、高质量的本科教育。美国有相当一部分学生从这些文理学院获得学士学位。在大部分美国人心目中,许多文理学院的学术声誉往往不亚于哈佛大学、耶鲁大学等名校。根据美国新闻周刊的统计,美国的著名文理学院,如Williams College、Wellesley College 的毕业生就读研究生的比例在美国甚至高于哈佛大学、耶鲁大学这样的名校。专注素质教育、坚持通才教育,这些美国文理学院的教育哲学,值得我们继续深入思考与研究。

综合性大学和研究型大学。这类大学授予学生从本科、硕士到博士学位(Bachelor Degree、Master of Arts、Master of Science、Doctor of Philosophy)。综合型大学属于研究和教学并重的大学,基本上包括了美国的州立大学系统,而系统中的旗舰学校则可以称得上是这类学校的代表。这些学校作为公立大学,有普及美国大学教育的任务。而作为拥有众多教育和科研资源的大学,他们也会积极进行科学研究。例如,加州大学系统、宾州州立大学等都属于这类大学。研究型大学的研究生数量一般多于本科生的数量。比如,我们中国学生熟悉的名校基本上都属于此类大学。这类大学通常有数千到几万学生不等,除了文理学院外,还有商学院、工学院、新闻学院、法学院,或者其他"职业性"的学院。在中国人的视野里最知名的美国大学,如哈佛大学、耶鲁大学、普林斯顿大学等,都是这类大学,常常有公立或私立之分。一般来说,私立大学由于其历史悠久,资金来源较有保障,教授水平一般较高等,学校质量总体上看似乎比公立大学要好。

从美国的高等院校类型来看,学校种类众多而复杂,覆盖面广。从培养目标上更注重对学生公民意识的培养、强调开发学生的能力和培养对新知识的获取,学校特色鲜明,培养目标清晰。美国大学生进入大学后,可以根据兴趣爱好,选择未来发展方向,学校之间学分互认程度大,学生自由申请转校或者自主选择专业方向等相对我国来说要容易和普遍得多。

(二) 探究了美国高校学生事务管理模式演变及其哲学基础

在美国,高校学生事务管理曾经受到过理性主义、人本主义、新人文主义、实用主义和存在主义哲学等思想的影响,从而形成了不同类型的学生管理模式:从最早殖民时期的单纯"替代父母制"开始,到今天推崇校内外全部教育资源的综合运用,注重学生个人和社会的长远发展,强调学生人格完善和职业规划,注重学生的可持续发展等。

1. 理性主义

理性主义的哲学思潮是在启蒙运动之后,随着物理学、天文学、电学等科学的发展而兴起,随即对社会生活的各个方面产生了巨大影响,其构成了美国高校学生事务管理工作的"替代父母制"模式的哲学基础。这种模式主张校方代替学生的父母行使职责,实行严格的管教与惩戒,特点是只关心学生的智力发展,不关心学生个性和个人成长。

2. 人本主义

人本主义的理论与人性理论的观点不同,它认为,人应该对自己的行为负责任,强调每个人有自由意志、有能力决定自己的目的和行动方向。与人本主义相对的是以"学生为中心"的教育思想,产生了"学生消费者第一"的理念。这种理论容易忽视教师对学生成人的引导作用,忽略其学术价值。

3. 新人文主义

新人文主义不同于旧人文主义,旧人文主义排斥科学、排挤集体、排斥共性,过度强调自由。而新人文精神拒绝抽象自由观,而走向有责任的深度自由,将责任和义务观念引入自由的概念之中,揭示出自由与义务的内在联系。美国高校实行学生自治,董事会一般都有至少一名学生代表参与,以保证在学校管理中充分听取学生的意见。美国高校学生普遍通过"学生政府"组织、学生学术辅导、新生同伴导师、学生事务助理的多种方式,广泛参与学校的学生事务管理。同时,其法制比较健全,高校的学生事务管理工作能够做到有法可依、有据可循。以上,保障了学生自由和责任的统一。

4. 实用主义

实用主义具有强烈的人本主义倾向,是一种突出效用的实践主义。特别是杜威的"面对广阔社会背景的职业教育、增强学生实践能力的知行教育观、注重工业史的历史教育观"等,时时体现"有用、有效、有利"的实用主义理念,这对美国高校学生事务管理工作有着很重大的影响。无论是美国高校学生事务管理垂直扁平的架构特征、功能齐全而又分工细密的机构设置,还是对学生服务的众多项目和良好设施以及专业化的学生事务工作队伍等,都是在实用主义价值思想影响下不断发展和完善的结果。

5. 存在主义

存在主义始于海德格尔,成于萨特。存在主义具有强烈的唯我主义及非理性主义倾向,认为自由是人的本质,教育的目的就是为每一个具体的人服务,教育必须从单纯注重理性的"知",即"知识中心的灌输"中解放出来,关注人生意义,关注生活世界,关注价值选择,关注学生的情感、意志、信仰、希望、理想等非理性世界,培养学生的科学精神和人文精神。美国特别强调师生平等,把学生当作意志独立的个体,为学生成才服务。

(三) 见证了美国高校学生事务管理工作

在来美国之前,我们一般认为美国高校学生工作更多的是强调为学生服务,可能在教育管理方面比较薄弱。其实,通过在美国加州富乐敦州立大学的学习和实地调研,发现事实并非如此。大学生事务管理作为高等教育管理的一个重要组成部分,在美国高校发挥着重要作用。在美国,学生事务(Student Affairs)和学术事务(Academic Affairs)是一组相对的概念,一般认为"学术事务"通常涉及学生的学习、课程、课堂教学、认知发展等,而"学生事务"则与课外生活、学生活动、食宿服务、学生资助、心理感情、职业规划与个性发展等问题有关。但是这两者之间又没有截然的隔阂,往往通过各种活动而自然的连接。例如,鼓励学生参加各类社团等自治组织,对培养学生的领导能力和沟通能力至关重要。再如,对学生开展职业规划和就业指导,必然与学生的学业发展和课程选择密切相关。美国高等院校对学生事务管理的实践与研究起步较早。首先,美国高校一般有专职的副校长分管学生事务工作,而且学生事务范围比中国高校的更广泛,包括到类似我们的学生工作、后勤工作、保卫工作、医疗卫生,甚至部分与学生相关的财务工作等,这样便于统一协调,避免扯皮推诿,而且部门分工明确;其次,学生管理层级扁平化,院系专职学生事务工作人员很少甚至没有,主要工作人员都是面向全体学生的,工作效率高;再次,非常注重队伍的专业化建设,学生工作人员必须拥有相关的专业技能证书或者学位等;最后,在工作理念上,强调以"学生为本"的服务意识,归之于切实服务学生的学习和发展。但是此处的服务,却是和教育管理密切相关的,是通过融教育管理于服务之中来体现的。

(四) 增强了团队成员的团结协作意识

在美国高校学生事务管理学习研修活动中,全体成员组成了一个团结奋进、积极向上的团队,十余天的学习、生活井然有序、严谨充实、和谐愉快。学习研修团成员有分工、有合作,团队班子成员率先垂范,能团结带领全体成员积极开展学习研修、交流研讨等各项活动。同时组建了三个学习研修小组,推选出三名负责任、能力强的组长,时任淮海工学院学工处处长汤洪涛任一组组长,江苏大学计算机学院党委副书记朱利平兼任二组组长,苏州科技大学学工处处长董巍峰任三组组长,全面负责组织小组成员开展各项活动。全体团队成员严守纪律、认真学习、团结协作,遇到大型学习、交流和考察活动,主动承担任务,任劳任怨,乐于奉献,从而使这次学习研修真正成为一次学习之旅、充实之旅、提升之旅、协作之旅、和谐之旅、友谊之旅、平安之旅和难忘之旅。

(五)存在不足:对美国高校学生事务管理工作缺乏深层次交流和探讨

这次学习研修内容充实、任务艰巨,我们虽然对美国高校学生事务管理工作的感性认识丰富了很多,但是因为学习基础、语言交流水平及时间短暂等原因,所以对美国高校学生事务管理工作很多方面没有进行深入调查和研究;与相关学生工作者面对面的深层次交流不足;与大学生接触也不多。总之,我们对美国高校学生事务管理工作尚缺乏全方位、深层次的认知,仍需在今后加强学习、交流和探究。

三、美国高校学生事务管理对我们的启发和借鉴意义

(一)美国高校学生事务管理模式的优点

美国高等院校拥有丰富的学生事务管理理论和实践经验。有各类学术组织和行业协会、开展学生事务工作的专门研究和职业培训等,同时,在联邦政府层面和州政府层面有各类制度和措施对学生事务工作进行约束和指导。我们发现,美国高校学生工作最大的特色在于学生事务管理扁平化,机构功能高度分化。其优点至少有以下十个方面:

1. 人性化。处处彰显以人为本,从来自世界各地的大学生的实际需要、舒适和方便出发。

2. 信息化。充分利用互联网发布各种学生事务信息,并进行网上办理。

3. 精细化。学生事务分工细化、岗位化、种类多。

4. 个性化。针对学生个体差异化的特点,尽量提供个性差异化服务。由于文化差异等,美国学生事务工作强调学生的主体地位,尊重学生的个体权利,更多的是强调在学生自主需要的前提下提供服务。美国的老师是坐诊服务,学生根据需要自己找上门,要求服务。所以,针

对性更强。而我们往往是投入精力更多,但有时却存在着"吃力不讨好"的现象。

5. 便捷化。一切以学生方便、便捷,为学生节省时间、精力为出发点。例如,在图书馆门前设置还书投放箱等。

6. 职业化。把高校学生事务管理当作专门职业,专业人员经培训合格后方能上岗,使其职业化。

7. 专业化。把学生事务细化分解成不同的专业工作岗位,从事学生事务工作人员必须具备一定的资质,还要求他们定期参加相关业务培训,使之真正成为行家里手。

8. 考核化。对学生事务工作实施量化考核,作为奖惩、职务升迁,甚至能否胜任本职工作的重要依据。

9. 诚信化。美国把大学生在校诚信情况纳入国家诚信监管系统。

10. 法制化。依法治理校园,警察入驻高校。学生诚信上出现问题,如学生欠费或贷款不还,可依法追讨。在我们认为是一些学生工作中难点和重点问题,投入精力很大的工作,如学生学业荒废、痴迷网络、留级生管理、夜不归宿、校园稳定、突发事件处理等,虽然美国高校也存在,但是由于国情不同,文化背景差异等,他们处理起来相对要容易得多,大多是学生自我负责或者直接通过法律等途径解决。

(二) 美国高校学生事务管理模式的弊端

当然,世界上万事万物都是一分为二的,美国高校学生事务管理模式也存在着一些弊端。至少表现在以下三个方面:

1. 被动化。所有学生事务项目网上公布,学生自愿申请,而不是学生事务工作者主动与学生联系去做过细的工作。这样因学生的特殊原因,存有疏漏和信息不对称的缺点。

2. 利益化。学生上大学基本上都要交费,而且学费较昂贵,学生欠费现象较为严重,尚无更好的解决办法。

3. 松散化。学生较为分散,大部分走读,组织活动不容易,课外交流互动少,管理起来难度大。同时,美国高校学生事务工作也面临一些挑战,如校园枪支管理、吸毒、种族歧视、毕业率低等突出问题。同时,由于美国整体经济有所滑坡,公立大学投入经费不足,学生事务管理人员待遇不高,人手不足矛盾凸显,同时学生上学学费不断上涨,学业成本不断上升,因为经济原因而引发的问题层出不穷,不少美国毕业生走出校园时已经负债累累。

（三）美国高校学生事务管理模式借鉴

在高等教育日益大众化、国际化的背景下,美国高校学生管理模式为我们提供的思考和启示则是更深刻且深远的。

1. 确立"社会本位"和"学生本位"相结合的价值观

宏观上,以"社会本位"为指导思想,按照社会需求进行学生工作总体安排和设计,在微观上,要充分考虑学生的感受和需要,为学生的学习和发展服务。"社会本位"对应学生工作的管理职能,"学生本位"对应学生工作的服务职能,两者统一于高校的中心任务"育人",不能因盲目追求服务的完善、管理的科学而淡化、忽视学生事务管理教育功能的发挥。

2. 完善学生工作管理机制

改变目前我国高校学生工作典型的"直线—职能式"科层制组织机构,实行"内部组织系统化和外部运行条状化"的工作机制。所谓"内部组织系统化",是指学生工作要适度划分为若干专门管理或服务职能中心,如心理健康教育中心、就业创业指导中心、宿舍管理中心、资助管理中心等;所谓"外部运行条状化",是指学生工作机构设置和权限分配应在学校层面进行,在校一级设立学生处,上向分管副校长负责,中向学生工作人员负责,下向学生负责,以条为主,逐步减少院系学生工作人员的数量。

3. 设置学生事务管理专业,打造职业化、专家化的学生工作队伍

美国学生事务工作已成为一种"新的专业",具有丰富的理论基础,学生发展理论是其奠基学说,学生发展理论则是当前学生事务管理的主旋律。美国每个州至少有一所大学开设高等教育行政学专业,并且招生计划向高校学生事务管理方向倾斜。而到目前为止,我国高校尚未设立学生事务专业,已有思想政治教育专业不能代替和涵盖学生事务工作。面对学生事务工作队伍不稳定的现状,必须从专业建设入手,形成中国特色的高校学生事务管理理论,培养一批思想素质高、业务能

力强的学生工作队伍。

4. 建立科学合理的考核评价体系

通过建立专业评价标准促进从业人员的专业发展,是美国高校学生事务队伍专业化发展的一个重要策略。美国高校学生事务管理专业评价方面,1988年发展了自我评量指引(SAG),2003年SAG第四版共包含29个实务工作及一个硕士准备教育的专业准则,2006年出版的自我评量指引对原来的30个功能领域中9个标准和指导方针进行修改,还增加了5个新功能领域的标准和指导方针。而我国高校目前尚未建立一套科学、合理的学生事务专业人员工作评价标准体系,这在一定程度上影响了学生事务管理工作的效果。

5. 完善学生事务法律法规

我国高校学生管理的两个主要手段:一是思想政治教育,"以德育人、以理服人";二是行政命令。美国学生事务制度化、规范化的特征,对我们有积极的借鉴意义。我们应改变应急性和临时性的"通知、意见、办法"占主体地位的局面,完善法律法规,细化工作制度,形成上下一致、前后连贯、全面科学的学生事务管理法律体系,提高管理效率。同时,不断丰富和综合使用好多种管理方式和手段,努力营造民主法制、和谐文明的校园氛围。

四、几点建议

(一)这次研修培训虽然时间短,但是由于省教育厅高校学生处及相关部门领导的高度重视,精心组织,美国加州富乐敦州立大学积极实施,认真安排,加之全体成员的共同努力,使得这次培训紧张充实,卓有成效。希冀今后省教育厅能够针对高校学生管理工作开展更多的专业化培训,形成制度化的岗位培训机制,这对全面提升我省高校学生事务管理工作水平有着积极的现实意义。

(二)美国高校学生事务管理行业协会数十个,ACPA、NASPA是最重要的两个专业协会,不仅拥有自己的核心价值观,而且有健全的组织机构和具体职能,拥有自己的出版物,对学生事务考虑细致入微,而又具有时代性。我省高校学生事务管理工作应高度重视和发挥行业协会或者学术组织的积极作用。例如,大力支持江苏省辅导员工作研究会开展相关工作研究和培训,支持辅导员工作论坛开展职业研讨等。目前,全国范围内学生工作刊物甚少,我们知晓的只有山东大学主办的《高校辅导员》等一两个刊物,我省可以开拓创新,在这方面加大力度,从而促进我省高校学生工作理论的全面攀升。

(三)希望能够在培训的基础之上,鼓励高校开展相关专题研究和实践,发扬"拿来主义",固化成果,大胆尝试,锐意创新,不断推进我省高校学生事务管理水平再上新台阶。

(四)第六期学习研修团全体成员再次衷心感谢省教育厅高校学生处和相关部门领导,感谢美国加州富乐敦州立大学继续教育学院等对这次培训工作的大力支持和辛勤付出!祝愿我们团队的全体成员以此次学习研修活动为人生新的起点,在各自的工作岗位上奋发有为、大胆创新、勇于担当、经常联系、互相帮助、共同进步,为推进我省高校学生事务管理工作不断上水平、为江苏高等教育的科学发展再立新功!为建设"强富美高"新江苏贡献青春、智慧和力量!

编 者

2017 年 3 月

学生事务管理

美国学生事务管理对我国个性化人才培养的启示

徐 辉

(徐州工程学院,江苏 徐州 221000)

20世纪80年代以来,随着竞争越来越激烈,美国大学的学生事务管理越发以学生为中心,更加重视学生的个性发展。1991年,锡拉丘兹大学校长肯尼斯·肖旗帜鲜明地提出要建设"以学生为中心的大学"[1],众多知名学府紧随其后也提出了类似的办学思路。

目前,我国的教育,尤其是高等教育,仍是采用"以教育者为中心"的传统模式,追求把所有的学生塑造成为整齐划一"人才"的思想。学生在受教育的过程中被置于被动和从属的地位,他们的兴趣和潜能没有受到足够的重视,导致个性没有得到充分的发现和发挥。在教育理念上,中美的教育还是存在很大的差异。因此,美国的学生事务管理理念对我国个性化教育具有一定的借鉴和启示。

一、美国高校学生事务管理的特点

(一)理念先进,理论成熟

美国高校学生事务管理以"学生发展理论"(Student Developmental Theory)为理论依据和哲学基础。该理论强调学生的全面发展是学生事务管理的首要任务,本着以学生为本、为学生服务的宗旨,接纳与欣赏学生的个体差异,积极满足学生多样化的需求,帮助学生发展潜能和核心竞争力,使学生在身体、智力、心理、学习、经济、情感、社会交往、职业技能、艺术欣赏等方面得到全面发展。

（二）职能多样，范围广泛

美国高校学生事务管理的内容十分丰富，范围非常广泛，提供的服务既具体又多样，几乎涵盖了学生学习和生活的方方面面。这些服务大体上可分为入学服务、学生生活、学业服务、辅助性服务等。

（三）机构健全，体制完善

美国高校都设有学生事务管理的独立组织机构，职责分工细致、具体。学生事务管理的权限只在学校一级，不在院系设置学生事务管理机构，直接面向学生服务，保证了服务的效率和质量。通过设立校级学生事务管理部门，实行垂直、条状、扁平化的一级管理体制。同时，建立了非常完善的监督、制约、仲裁和咨询系统，实现了法制化、制度化、规范化。

（四）职业队伍，专业发展

美国高校学生事务管理已成为一种职业方向，管理人员聘任具有明确的要求和程序。不同岗位的管理人员其聘任和提升都有明确的要求，呈现出多样化的特点。这些训练有素的人员提高了管理的专业化水平，有利于发挥学生事务工作的教育功能。

二、美国高校"以人为本"的学生事务管理基本理念

（一）培养人才是大学的首要使命

大学的基本使命是培养人才、科学研究和服务社会，这三者中培养人才应当是大学最基本和最突出的使命。

（二）尽可能多地吸引优秀学生和培养杰出校友是大学生存和发展的根本保证

美国高等教育竞争激烈，能够吸引优秀学生，培养杰出校友。这样，一方面提高了学校的社会美誉度，增强了核心竞争力；另一方面，由于校友捐赠已经成为美国大学经费的重要来源，只有对学校心存感恩的校友才会对学校慷慨解囊。因此，学校必须切实以学生为中心，善待学生，尽可能为学生的发展提供最佳环境，努力帮助学生成才、成功，以吸引更多的优秀学生，培养出更多的杰出人才。

（三）大学应当让每个学生的优势和长处得到充分发展

人与人存在差异是必然的，尊重人就要承认差异的存在，并且扬长

避短，让每一个人的优势和长处得到发展，使其成为某个方面的有用之人。而追求完美，要求每个人各方面都很优秀是不现实的。

（四）知识和能力是"学"的结果而不是"教"的结果

无论哪一种学习，学习效果的取得必须依赖学生积极和主动的参与，没有学生积极和主动的参与，仅靠教师的单向灌输，不可能获得优良的学习效果。

三、美国高校"以人为本"的学生事务管理做法

（一）学生的学习由自己做主

美国大学普遍实行完全学分制，每个学生可以在任何学习阶段自主调整专业，自主决定学习年限，在满足先修课程的前提下自主选修课程，使学生能根据自己的兴趣爱好、个人特长选择专业，还可以根据个人的实际情况改变学习年限，选修课程。

（二）教育教学模式充分体现学生的主体地位

近年来，美国大学不断推进教育教学改革，建立新型的教育教学模式。这些模式强调学生在学习中的主体地位，围绕学生的学习而不是教师的教学来设计教学形式、教学内容、教学方法和教学手段。

（三）学校为学生学习提供优质助学服务

大学为学生提供完备的信息服务，美国大学图书馆的学习功能完善，服务能力强，成为集资讯查询、小组讨论、小班授课、网络学习、导师辅导等多功能为一体的学习中心。各高校普遍成立了学生学习帮助中心，为学习遇到障碍的学生提供有效的咨询和帮助，无论是专业选择、学习方案设计、课程选修、实习安排，还是学习中的疑点难点解答，学生们都可以去助学中心寻求咨询和帮助。

（四）学生积极参与学校管理与服务工作

美国大学普遍拿出大量的学校管理与服务工作岗位向学生开放，雇佣学生参与学校各项管理和服务工作。美国高校处处可见学生的身影，他们参与来宾接待，帮助管理图书资料，参与管理实验室，在行政机构或二级学院兼职文员，在导师的指导下承担一定的教学和教辅工作等。

(五) 设置多种奖学金,促进教育公平

美国大学即使财政困难,也会千方百计筹措资金,大量设置奖学金。一方面,让成绩优秀、经济困难的学生能够通过自己的努力争取奖学金完成学业,并以此带动学生勤奋学习;另一方面,也使学校能够吸引优秀学子来校读书,提高入学新生的层次和水平。

四、美国高校学生事务管理对我国个性化人才培养的启示

(一) 树立"以生为本"的个性化教育理念

在教育理念上,中美的教育还是存在着很大的差异。在美国的教育中,他们不仅培养学生要"Prepare for Cityzenship","Prepare for Vocation",还培养他们要"Prepare for Personal Development"。[2]要实施个性化教育,首先就要在教育理念上进行转换,真正做到"以生为本",把学生视为一个个具有独立人格、文化背景、知识积累、兴趣爱好、家庭教养等各自不同特点且客观上存在差异的人。要做到一切为了学生、为了一切学生、为了学生一切。真正认识到教育的本质功能是对个性的发现、培养和发展,在人才培养的过程中,充分认识并发挥受教育者的潜能优势,为社会培养各种层次和特点的人才。在教育过程中,坚持做到"以受教育者为中心",充分尊重学生的自主性,重视学生的兴趣、特点和潜能,注重培养学生的创新能力,在承认个体差异的基础上给予学生自主选择学习的权利,鼓励他们进行自主学习,为学生发展兴趣、发挥特长提供广阔的空间。

(二) 找准学校定位,办出学校的个性

学校的定位决定了办学方向,办学理念决定了人才培养模式。个性化的人才培养需要个性化的教师,同样个性化的培养和个性化的教师发展也需要个性化的办学理念。芝加哥大学成立于1892年,这么多年来,他们一直坚持自身的发展模式,走出了一条成功的道路。而芝加哥大学的发展模式的形成和其第一任校长哈珀是分不开的。当时,哈珀坚持:要建立一所全新的综合性大学,而不是一般性学院,必须实施新的大学组织计划,否则他拒绝就任校长的职位。就是因为他的坚持,董事会认同了他的办学理念并给予他极大的支持,使得他的办学理念

得以实现,这才会有今天芝加哥大学跻身世界名校之列的荣誉。

(三) 充分发展教师的个性

在学生个性成长的过程中,教师起到了重要的引导作用。因此,要培养个性化的学生就要有个性化的老师,只有老师的个性得到了充分的发展,学生的个性才能得到和谐的、全面的发展。首先,教师要有个性化的教学风格。在美国很多高校,很多教师通常是采取坐在讲桌上与学生聊天的形式进行教学,或者是组织一场师生共同参与的讨论会。这样一来,在学生的眼中,教师不再是高高在上的,环境变得宽松了,他们的负担和压力减轻了,在课上的表现会更加轻松、自然,同样,他们也会因为切身的参与有着更多的思考和体会。再次,教师要有个性化的特长。"学高为师,身正为范",一个有着特长的教师在课堂上是具有吸引力的,在《给教师的建议》一书中,苏霍姆林斯基所在的帕夫雷什中学的每个教师都有着自己不同的特长。无疑,这样的教师是深受学生喜爱的,也是学生乐于交流、学习的对象。[3]

(四) 开阔社会实践的空间

马克思和恩格斯提倡要引导受教育者积极参与到社会实践活动中去。"实践是人改造客观世界的主观能动性的表现"[4]"没有实践,没有活动,环境是不会改变的,人也是不会改变的。环境教育只有通过受教育者积极地参加实践和活动,才可能对人的个性产生影响。"[5]

美国大学的证据表明,"所有对学生产生深远影响的重要具体事件,有五分之四发生在课堂外"[6]。课外,美国大学生除了个人学习外,还积极参加各种社团活动,在活动中激发了创新精神,强化了实践能力。

社会实践的开展对于培养学生广泛的兴趣爱好和发挥其特长是一个很好的途径,让学生走进社会,安排他们真正深入到社会实践中去,独立完成某项任务,这样的活动既需要学生积极的动脑思考、严密认真的策划,又需要学生进行表达,甚至动手进行操作。这对于学生的整体素质是个极大的提高。

社会实践不仅可以提升学生的整体素质,而且对于学生个性的体现也是很好的途径。在实践活动中也可以安排几个学生作为一个小集体去完成某项任务,这样在这个集体中每个人都会有自己的分工,而每个人的任务既是相对独立的,又是和其他人环环相扣的,这就既需要学生充分发挥自己的主观能动性,又需要学生处理好个人与集体的关系,以及与其他队友的合作协调等关系。通过活动的体验,让学生充分意识到集体的概念,没有活动就没有集体,一切都在集体中,学生们通过集体活动,在相互的碰撞中产生"火花",更加凸显自己的能力、想法、情感和个性。

美国的个性化教育也存在一定的缺憾。由于过分强调学生的主体性,放大了个体的价值和地位,使得个体因为过分相信自己而变得自负,认为自己的发展与表现无须在意和借助于别人的帮助而变得自大。在竞争激烈的美国社会,占主导地位的价值观是"胜者是英雄",因为竞争而落伍的人往往会沦落到社会的最底层,结果全社会形成了一种只顾自己、不顾别人,重视强者、忽视弱者的不良倾向,两极分化的情况极其严重。又因为美国的个性化教育秉承着实用主义,重视效果至上,导致在实现目标时,只要对自己有利,往往不择手段、不顾影响,太强的功利性对于学生人格的形成具有极其不良的影响。尽管如此,我们仍然不得不承认,对于我国的个性化教育,美国的个性化培养模式还是有许多可供借鉴之处。

参考文献:

[1] 卢进南.美国大学创新人才培养模式及启示[J].常州工学院学报(社科版),2006(6):98-102.

[2] 黄磊.大学课程体系个性化研究[D].2004.89.

[3] 侯桂香.浅议新教育形势下的个性教育[J].新课程学习(基础教育),2010(10).

[4] 国家教育发展与政策研究中心.发达国家教育改革的动向和趋势(第2集)[M].人民教育出版社,1987:468.

[5] 国家教育发展与政策研究中心.发达国家教育改革的动向和趋势(第2集)[M].人民教育出版社,1987:65-66.

[6] 张晓鹏.美国大学怎样培养创新人才[J].中国发明专利,2010(10).

美国高校人性化管理剖析

赵 健

(中国药科大学,江苏 南京 211169)

2014年1月,笔者有幸参加了江苏省高校学生事务管理赴美学习研修团,在美国加州富乐敦州立大学(CSUF)学习期间,通过专题讲座、专题研讨、交流座谈、实地参观等形式,对美国文化、高等教育发展、学生事务管理理论、新生入学指导、就业指导、心理咨询、成人教育、学生资助、大学生领导力项目等方面的学生事务管理进行认真学习。通过学习,对美国高校的学生事务管理工作有了更直接、更全面、更深入的认识与了解。美国的高校学生事务在高等教育领域受到高度重视,高校学生事务工作在理论和实践层面都达到了很高的水准。值得我们认真学习和借鉴。

一、美国加州富乐敦州立大学基本情况

美国加州富乐敦州立大学成立于1957年,2013年9月《美国新闻与世界报导》将该校列为全美最佳公立大学之一及美国西部综合性公立大学第7名。

目前,该校在学学生人数超过38 000人,是加州州立大学系统23所大学中人数最多的大学之一。

加州富乐敦州立大学拥有9个学院,包括艺术学院、Mihaylo工商管理学院、大众传媒学院、教育学院、工程计算机科学学院、健康科学和人类发展学院、人文科学和社会科学学院、自然科学和数学学院、继续教育学院,其中Mihaylo工商管理学院是加州规模最大的商学院,得到AACSB的双重认证,被誉为全美最佳商学院之一。加州富乐敦州立大学共提供107个学位。

二、学生事务工作的理念

美国高等院校学生事务管理的终极目标是为实现人才培养目标服务,"学生发展"是贯穿于整个学生事务管理过程中的核心理念。以"个人本位"为价值取向,以"发展学生"为目标指向,坚持主体平等的学生观,形成了与学术事务融合、与理论研究互动的实践观。

(一)关注"学生发展"是学生事务管理的核心理念

这种"学生发展"的理念表现为"完整的人"的发展,不仅要发展学生的智力,而且关注学生身心健康、职业倾向、社会关系等其他方面的发展。在管理中始终强调以学生为本,尊重学生的主体地位,尽可能为学生提供各种服务,开展的服务项目都是以服务学生学习和个体发展为中心,置于工作首位的始终是学生的权益。

(二)学生事务专业人员自身的发展为"学生事务"提供了人员保障

美国高等教育界认为,影响学生事务管理组织结构的一个重要因素是学生事务管理者的学科背景和专业能力;同时,美国高校学生事务管理机构在选拔人员时除了考虑他们的综合能力、协作能力和应变能力之外,也鼓励每个人强化自己的角色能力并朝着某一个角色方向定位,让合适的人在合适的岗位上工作,以便发掘他的专业素质和发展潜能,从而能更好地响应学生的需求,为学生服务。

(三)"参与"、"合作"的管理模式是提高"学生事务"管理水平的制度保障

美国高校学生事务管理在实践中坚持主体平等的学生观,在管理中充分尊重每一个学生的主体地位,管理始终围绕学生来开展,注重强调学生的参与意识,鼓励学生成立组织。例如,加州富乐敦州立大学就成立了学生参议会等参与学校事务发展,这些学生组织是自我管理、自我运行的组织,充分锻炼了学生的工作和社会活动能力,提前使学生体验了社会参与。同时使学生事务管理人员能节约时间、精力,为学生提供更多、更好的服务以及进行专业问题研究。

三、学生事务管理制度

（一）总体模式和架构

美国高等院校一般都对学生全面提供各种服务：包括新生录取、入学适应、咨询顾问、经济资助、医疗保健、课余活动指导、就业指导等服务，学校设有功能齐全的学生事务管理部门，这些部门完全附属于学校，是学校的下属机构，并且通常专门有一名副校长或教务长全面领导负责。例如，在加州富乐敦州立大学，有一位副校长专门管理学生事务。在学生服务管理体系的职能分工上，主管校长最大的权力是经费的管理和分配、人员的招聘与使用，对于具体的工作，各部门在本部门的职责范围内各司其职、各展其能，最大限度地为学生服务，部门间相互高度专业化分工。这种完全在学校内部建立起专门的组织机构来管理学生事务的模式，可以总结为专业化内部分工模式。相对应的，部分欧洲地区的高校会将主要的学生管理事务外包给校外机构负责。我们发现这种专业化的内部分工模式有利于实现全校教育资源的整合与协调，以对学生进行全面教育，最大限度地促进和帮助学生成才。

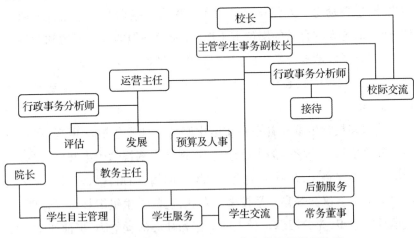

图1 加州富乐敦州立大学学生事务管理部门架构图

（二）主要业务构成

美国高等院校这种专业化内部分工模式，涉及的学生事务范围非常广泛，其业务构成主要分为：学生活动管理、教学辅助服务管理、学生生活服务管理和学生事务管理组织自身的管理四个方面。

1. 学生活动管理

首先,学校学生事务管理部门在对待学生活动及其管理的态度上一直是积极主动的,努力协调学生的课外非学术性活动与学术性活动的关系,为学生的各种活动创造条件。学校认为,无论学生的学术活动还是非学术活动,对于学生的全面发展都有积极的促进作用,并希望通过校园内的学生事务的服务和项目,鼓励学生提高智力水平、社会知识、民族伦理道德和个人发展。例如,加州富乐敦州立大学制定了十分具体和完备的纪律管理条例,对学生个人和团体的各类学术性活动和非学术性活动加以规范。同时,充分利用自身拥有的各种资源,如学生活动中心、运动场所等,为学生活动提供各项保证。另外,为了更好地体现学生非学术活动对学生学术发展,乃至对学生全面发展的促进作用,学生事务管理的各个部门都从校方的角度组织学生活动。例如,招生宣传活动、新生入学教育活动、主动开展各种旨在促进学生智力与非智力全面发展和个性发展的活动、帮助学生最终顺利走向社会的各种指导活动。

2. 教学辅助服务管理

学生事务管理组织提供的服务管理主要包括:招生及经济资助、注册与学籍纪律管理、学术及其他咨询、就业安置与职业指导。美国高校在教学辅助服务方面会做得非常细致,有非常明确的工作目标和非常具体的工作任务。例如,多数学校会开展 SI(Supplemental Instruction)项目,即补充指导。这是一种学术支持计划,是由学习优秀的高年级学生担任学生领导,并在 SI 导师的指导下面向那些对某课程感到困难的学生开展的补充性的、辅助性的教学模式。这是在正常的教学之外经常性开展的学习项目,SI 的目标课程一般是学生必修的入门课程或者基础课程,同时这些课程也是学生感到相对困难的课程。SI 项目主要涉及的人群有四类,分别是由那些课程成绩优秀并且接受过系统培训的 SI 学生领导、在某些课程的学习上存在困难并且自愿加入 SI 项目的学生、导致学生出现学习困难课程所在院系的教职人员、由在校专职教师组成的 SI 导师。学生事务管理组织在这方面主要负责组织、协调、培训等工作。

3. 学生生活服务管理

学生生活服务主要包括：医疗与健康服务、餐饮与住宿服务等。这部分功能因为可以进行市场化运作，所以在不同高校的运作情况也有差异。某些学生生活服务的内容会被外包给一个校外的独立机构或者由学生会来运行，如健身中心和餐饮服务，充分发挥市场的作用和学生的管理能力，提高效率，降低学校成本，减轻学校办学负担。

4. 学生事务管理组织自身的管理

目前，美国高校学生事务管理组织已经体现出高度专业化的特征，首先，美国高校最为重视的就是从业人员的专业化，对从业人员有较为严格的资格准入制度，在学历背景上，主要包括咨询、心理学、教育学方面，体现了专业化色彩，并且美国的不少高校还在与教育管理相关的专业设立了学生事务管理硕士层次的专业人员培养计划。其次，其内部的人员结构是科层化的，不同的岗位有着各自具体的学历、实际工作经历要求和岗位职责，学生事务管理人员可以分为高、中、低三个层次，美国教育部门要求申请学生事务初级管理岗位的人员，需获得心理学、就业指导、学生事务、学生发展等专业的硕士学位，中级层次的管理人员一般要求具有博士学位，同时还需要有3～5年的实际工作经验，高级层次管理人员则会有更严格的要求。再次，学生事务管理部门与学术事务管理部门是平等关系，不是隶属关系，由此，从业人员有比较广阔的职业发展空间，可以逐级晋升，从业人员甚至有自己地区性和全国性的专业性协会，并归属于学生事务管理相应层次的协会，他们的职业生涯发展、职业操守都会受到协会的支持与约束。

在这种专业化分工模式下，学生事务管理体系信息通畅，沟通高效，整体运行绩效较高。首先，美国高校学生事务管理组织结构具有单一层级、高度分工和扁平化的基本特点，属于典型的内部专业化分工模式。其组织机构采用独立形式设置，院系中没有相应的管理机构和人员，管理集中，各学生事务管理中心或职能部门直接受主管学生事务副校长的领导，并直接服务于学生。学生事务管理的机构设置和权限分配只在学校层面进行，减少了中间环节，信息传递快捷，运行方式灵活，能更好地为学生提供面对面的服务,从业人员有较好的职业发展前景,能安心工作,致力于自身职业技能的发展。其次,学生事务管理法制化,学生管理规章制度内容丰富,条例明确,执行程序严格,透明度高。尤其对学术诚信制度方面有明确的处罚等级,并规定了不同处罚等级相对应的学生行为。在法制化的基础上,学生事务管理体系整体执行力非常强。再次,学生事务管理工作高度信息化、网络化。学生事务工作实现了广泛的信息化,新生入学,与该学生有关的指导老师会通过网络告知学生学校各方面的信息和要求;学生也可以通过学校网络运用或预订使用学校资源,如学生选课、心理咨询、查询资料、学生选举、民意调查、寻找工作、预订使用学校设备和教室等,而与校领导对话、给学校各管理部门评分等也都是通过网络来进行的。

四、总结与启示

（一）总结

通过本次考察学习,我们对美国高校的学生事务管理工作有了更直接、更全面、更深入的认识与了解。美国的高校学生事务在高等教育领域受到高度重视,高校学生事务工作在理论和实践层面都达到了很高的水准。相对中国高校而言,美国高校学生事务管理工作有如下特点:

1. 有明确的工作目标、工作理念和工作任务

通过一些非常具体的学术和非学术的学生活动,有效地促进了学生各个方面,特别是非智力素质的发展,对学生进行全面教育,做到了学术教育和非学术教育的有机结合,最大限度地实现了学校的教育目标。

2. 组织架构清晰,专业化分工明确,运行绩效高

美国高校学生事务管理组织结构具有单一层级、高度分工和扁平化的基本特点,由此带来的最大好处是有利于调动全校资源,快速响应学生需求,更好地为学生提供面对面的服务。

3. 学生事务管理的"人性化色彩"浓厚

无论是从工作目标设定、机构设置方面,还是具体服务项目开展方

面,都充分体现了为学生服务的一面。

硬件方面,几乎所有美国高校的校园都拥有完备的学生服务设施,处处体现出以学生为本的服务理念。这些高校都建有学习资源中心、计算机网络系统和计算机辅助教学系统等,在良好的硬件设施基础上,美国高等院校也非常注重创造和构建优秀的服务软环境。全校教职员工都有为学校学生服务的责任和意识。例如,在富乐敦州立大学,校园里随时有报警装置,每个教室有标注教室容量和使用情况、图书馆电子牌上显示空位数,如果学生还书,可以随时放入校园内的还书箱里,而前文所述的SI项目,都需要极大的人力物力和极高的参与意识才能开展。可以看到,美国高校项目设置、服务意识都充分体现了以学生成长成才为核心的高等教育服务目标。

4. 尤其关注学生的全面发展

有些人认为,尽管美国大学的学生服务与发展项目做得很好,但其思想教育的功能较弱。从某种意义上来看,与中国高校十分重视学生的思想教育一致,美国大学也十分重视对学生价值观的引导,并将其作为"全人教育"的一个重要方面,只是实现的方式与我国不同。

(二) 启示

1. 美国高等院校学生事务管理组织呈现出高度的专业化特征,整体运行高效

学生事务管理部门与学术事务管理部门是平等关系,不是隶属关系,而且根据不同的分工,高校各个学生事务管理部门在自己的职责范围设置若干个管理中心,直接面向学生和学生组织提供指导和服务,多中心齐头并进,呈条状模式运行。这与我国目前通行的院校两级综合、条块结合、以块为主、网络交错的体制有很大不同。对于我国高校来说,社会转型的急剧性引发了学生事务管理变革的紧迫性,所服务的现代大学生的参与意识、权利意识、自我保护意识都有了极大的提高,这些都催生了学生事务管理变革的必然性,必然要求建立高效的、全校性的、面向全体学生的专门化机构,同时也要求所属机构的专业服务能力更加全面、深入。

2. 美国高校学生事务管理组织的从业人员有严格的执业准入制度

高校学生事务管理从业人员一般均具有一定的学位、拥有相关的专业知识背景,也有广阔的职业晋升空间。与此不同,我国学生辅导员队伍是专兼结合,以专职为主,没有经过专业培训,工作的专业化程度较低,面对当代大学生的需求变化和学生事务管理的高要求,会造成工作压力,对学生事务管理缺失信心,从而影响工作效果。另外,职业上升空间狭窄,学生工作队伍很不稳定,不能安心工作,亦不能培养职业自身的职业机能,工作上的主动性、积极性都不够。因此,提升整个学生事务管理从业人员队伍的专业性,发展他们的专业技能,扩展他们的职业空间,显得尤为迫切,而这些都需要我们的学生事务管理体系在体制上做一个大的调整。

3. 要真正贯彻"以学生为本"作为管理的核心理念

我国高校学生工作定位上更多地强调了管理。今后我们应在广度和深度上多尊重学生,增加学生参加学校事务讨论的机会,鼓励学生提合理化建议;从细节入手,从一个个非常具体的人性化管理措施入手,把学校教育理念和目标融入日常的为学生服务的活动之中,最大限度地发挥管理工作的育人功能。

4. 进一步提高学生事务管理工作法制化水平

目前,我国学生事务管理工作法制化水平不高,学校和学生的法律责任规定得不够明确,突发事件发生后,一线工作人员往往成为救火队员,疲于应付,也容易受到责难和非议,由此导致工作上不能放开手脚,以不出事为最高追求,侧重于守成而不是创新。我们需要进一步提高学生事务管理工作法制化水平,明确责任权限,这样才能进一步激励一线工作人员的积极性,鼓励和实现制度创新。

最后,高校学生事务管理是人才培养的重要支撑和保障,在高校管理和学生成长中发挥着重要作用。目前,高等教育界关于高校学生事务管理体制改革的讨论已经非常深入,但是如果能充分发挥现代媒体的作用,让全社会都能参与讨论,凝聚全社会的智慧,形成新的共识,才能更好地推动改革。

参考文献：

[1] 马健生,滕珺.美国高校学生事务发展的最新趋势及其启示[J].比较教育研究,2008(2):45-50.

[2] 王晓英."先前小组"辅助指导方式在测绘学科专业课程实习中的应用研究[J].地矿测绘,2009(1):45-46.

[3] 屈林岩,王向红.美国大学学习指导的发展历程及其启示[J].高等教育研究,2010(8):101-105.

[4] 刘红明.美国高校学生事务管理的特点及其文化探源——基于对美国加州富乐敦州立大学学生事务管理的考察[J].中国成人教育,2013(6):133-136.

[5] 黄燕.文化视野下的中美高校学生事务管理比较研究[D].上海:华东师范大学,2012:95-105.

美国高校聋人学生事务与我国聋人大学生管理

任媛媛

(南京特殊教育职业技术学院,江苏 南京 210038)

一、概述

(一)美国高校聋人学生事务

美国高校学生事务人员的专业化源于现实的需要。19世纪下半叶,美国高等学校规模开始急剧增长,美国的高等教育从精英教育过渡到大众教育[1],招生规模的扩大导致了学生来源的复杂和学生需要的多样。这种新形势大大促进了学生事务管理的独立和发展。1913年,哥伦比亚大学教育学院颁发授予第一个学生人事工作硕士学位,这是美国高校首次开展学生事务专业人员的培养。1916年,该校提供了第一个正式的学生事务培训项目——职业指导。[2]随着学生事务专业化的后续发展,相关学科建设和高学历教育也有了很大的进展,成为美国高等教育的一个重要组成部分。"2003至2005美国大学人事协会(American College Personnel Association)列出超过120个研究生项目,而全美学生人事管理者协会(National Association of Student Personnel Administrators)列出186个项目,有的还有博士和专业学位授予权。"[3]

美国聋人高等教育起步很早,1864年美国建立了世界上第一所聋人大学,即加劳德特大学,从那以后美国的聋人高等教育开始呈燎原之势。1901年,美国盲聋哑学者海伦·凯勒以优异的成绩进入美国哈佛大学拉德克利夫女子学院学习,这种举措也开了美国残疾人进入普通高校接受高等教育的先河,从此,这种残疾人进入高等院校接受高等教育的形式在特殊教育中就被保留下来并得到迅速发展。20世纪70年代以后,随着回归主流教育思潮的掀起,残疾学生与健全学生一起学习的形式开始在特殊教育领域中发展起来。1975年,美国通过《残疾人教育法》,规定必须向3岁到21岁残疾学生提供恰当的、免费的教育及相关特殊服务。值得指出的是,法案规定的向残疾学生提供的服务是各州必须提供的最低限度的服务,各州可根据本州的情况向残疾学生提供更高水平的教育和服务。[4]目前,美国各高校均对聋人学生提供无障碍校园环境服务,是美国高校学生事务不可分割的一部分,以保障聋人大学生顺利就读。

(二)我国高校聋人学生管理

我国学生管理专业化的发展始于21世纪初。我国高校学生管理工作已有多年的历史,新中国建立以来高校辅导员曾一度被称为政治辅导员。近年来,我国高等教育事业的发展对高校辅导员提出了更高的要求,教育部于2005年1月颁发了《关于加强高等学校辅导员班主任队伍建设的意见》,意见指出"要统筹规划专职辅导员的发展,鼓励和支持一批骨干攻读相关学位和业务进修,长期从事辅导员工作,向职业化、专家化方向发展"[5]。2006年9月,教育部又出台了《普通高等学校辅导员队伍建设规定》,随后各高校和教育主管部门纷纷出台相关规定,以推进辅导员队伍专业化建设,并将辅导员定位在"大学生健康成长的指导者和引路人"的角色上。[6]许多学者也纷纷开始研究辅导员专业化建设,辅导员专业化的理念逐步形成并被广为认同。

新中国建立前后,也零星地存在残疾人接受高等教育的现象,但我国残疾人高等教育真正起步还是20世纪80年代中期以后的事。教育部与卫生部于1985年修改高考体检标准,放宽对残疾考生的限制,各部委多次下发高校录取残疾学生的相关通知。90年代,国家颁布了一系列政策法规,例如1994年颁布的《残疾人教育条例》和《中国残疾人事业五年工作纲要》等。这些都使聋人高等教育得以进一步发展,例如1987年成立长春大学特教学院,面向全国招收聋人大学生,1997年又成立了天津理工学院聋人工学院,等等。[4]与其相关的聋人大学生管理工作也随之发展起来,并涌现出一批优秀的聋人大学生管理工作人员。例如,南京特殊教育职业技术学院的黄珏老师由于在聋人大学生管理工作上的突出表现,被评为 2011 全国高校辅导员年度人物。[7]总的来说,聋人学生事务尚未引起我国各高校足够的重视,距离学生事务专业化的要求也有不小的距离。

二、服务意识

(一) 美国高校聋人学生事务中的"以人为本"

美国是世界上第一个制定"无障碍标准"的国家,其无障碍环境建设既有多层次的立法保障,又已进入了科研与教育的领域,堪称世界一流水平。美国无障碍委员成立于 1973 年,是一个独立的美国联邦机构,致力于残疾人无障碍事业。该委员会是各联邦机构共同组成的,旨在协调各联邦机构在无障碍环境建设方面的行动,为公众,尤其是残疾人服务。委员会负责《美国残疾人法》等法律覆盖的建筑环境、交通车辆、电信和电子信息技术的设计标准。[8]美国能使聋人免费通过各种无障碍措施获得信息,进行交流,例如各种场合的手语翻译或速录翻译,聋人专用电话,助听设备,影视作品、电视节目的字幕和解说,等等。[9]

在高等教育领域,大部分院校均对残疾学生提供符合其特殊需要的特殊服务,以助其顺利就读。这种服务既包括硬件环境的改善,也包括促进校园或社区对这些学生的理解。设于各高校学生事务系统中的残疾学生服务办公室,在高校讨论影响残疾学生的学习政策和计划时能起到积极的作用,例如对联邦政府法律的合理说明、争取学校的财政资助以及对残疾学生的服务。

笔者在美国加州富乐敦州立大学举办的高校学生事务管理研修项目中了解到,该校负责学生事务副校长下设几个学生事务相关的重要部门,其中的"学生续读"(Student Retention)便下设残疾学生支持服务(Disability Support Services)部门,内设主任、办公室经理、咨询和协调员、信息&计算机项目协调员、残疾学生就读的相关技术、产品、项目、材料等方面的专家各一名,其中就特设一名聋和重听学生项目专家。另外,该校每年 5 月的第一个周五都会组织全校学生志愿者和来自该地区的数千名残疾学生开展一项特殊的比赛活动,这场赛事在该校官网上接受校外捐赠,截至 2014 年 2 月已经收到 26 094 美元赠款,这笔钱将用于该年 5 月的比赛中。以上这一切,在硬件和软件上都较为周全地满足了聋人学生在求学过程中的各种特殊需要。

（二）我国高校聋人学生管理尚需加强服务意识

1985 年,在"残疾人与社会环境研讨会"上,中国残疾人福利基金会、北京市残疾人协会、北京市建筑设计院联合发出了"为残疾人创造便利的生活环境"的倡议。[10]随着经济的发展和社会的进步,我国的无障碍设施建设取得了一定的成绩。但总的来看,同残疾人的需求及发达国家和地区的情况相比,我国的无障碍环境建设还较为落后,有较大差距。

在高等教育领域,除了单独招收聋人学生的特殊教育院系或班级外,我国各普通高校还停留在保障残疾学生入学权这一步,而入学之后的特殊服务尚无涉及。2014 年 1 月,国务院办公厅转发了教育部等七部门制订的《特殊教育提升计划（2014—2016 年）》,要求"各地有计划地在高等学校设置特殊教育学院或相关专业,满足残疾人接受高等教育的需求。高等学校要努力创造条件,积极招收符合录取标准的残疾考生,不得因其残疾而拒绝招收"[11]。

三、管理效率

（一）美国高校聋人学生事务的管理较为高效

美国各高校的残疾学生相关部门的具体设置和职能并不完全一致,但都有个共同点就是职能清晰、管理高效。例如,美国密歇根州立大学的学生事务管理主要由学生事务副校长办公室承担,学生事务副校长办公室下设 12 个部门,其中就有残疾人资源中心（Resource Center for Persons with Disabilities）。残疾人资源中心为残疾人提供最大限度的帮助,主要职责包括:对残疾学生的残疾情况、学习状况和工作需要进行评估和证明;为残疾学生提供合理的个人住宿计划。残疾人资源中心设主管 1 人,财务及人事助理 1 人,测试提供员 1 人,残疾专家 7 人,实时解释人员 4 人,技术人员 6 人。[12]又如,美国纽约大学分管学生事务的有教务长、高级副教务长以及学生事务处处长。下设 11 个办公室,其中的学生健康中心便下设残疾学生服务办公室,等等。[13]这些部门和职员各司其职、互不干扰,减少了很多职能不清可能带来的混乱,保障了聋人学生事务的高效运转。

(二)我国高校聋人学生管理制度尚需改善

我国高校学生管理工作人员的职能则模糊得多,日常工作的专业化水平不高。2004年,中共中央、国务院《关于进一步加强和改进大学生思想政治教育的意见》指出:辅导员、班主任是高等学校教师队伍的重要组成部分,是高等学校从事德育工作,开展大学生思想教育的骨干力量,是大学生健康成长的指导者和引路人。但在实践中,广大高等学校相关职能部门的管理往往不够高效,辅导员在这种各部门职能模糊不清的情况下常常被迫担任代职者。实际工作中,辅导员被称为杂家,除承担班级管理、评优评奖、安全教育、公寓管理、突发事件处理、学生行为规范等工作外,甚至还要承担催缴学费、发放奖助学金、行政教学事务通知等任务,他们的时间被大量的事务性工作所占据,更多的时候是以学生事务员的形象出现,他们疏于开展思想教育,德育职能弱化,较少对本职工作进行深入研究和探讨。[14] 而我国信息无障碍环境建设的滞后,又使聋人大学生与健全师生的交流障碍显得格外突出,为学生事务增加了大量琐碎的沟通工作,将各种信息清晰传达已属不易,更遑论满足聋人大学生的特殊需求。

四、美国高校学生事务研究对我国聋人大学生管理工作的启示

(一) 加强服务意识,坚持以人为本

坚持"以人为本",是2003年中国共产党第十六届三中全会《决定》提出的一个新要求[15],更是现代高等教育的先进理念之一。2010年,教育部在京召开了《残疾人教育条例》修订工作启动会,指出当今社会和公民的人权保障意识进一步增强,尤其是目前残疾人教育发展现状和特殊需求的不断变化,现行《残疾人教育条例》的有些内容、条文已显得不适宜或者滞后,有必要进行修改、补充和完善。残疾人教育事业是政府公共服务的内容和责任、是社会文明的标志,更是依法治教的重要体现。残疾人教育事业是教育事业的重要组成部分,是科学发展观"以

人为本"的重要内容。有关负责人指出,《残疾人教育条例》在修订过程中要注意体现以人为本、权利保障、机会均等、特别扶助、有效融入社会、促进教育公平,要强化政府责任、明确社会责任,要处理好可操作性与前瞻性、国际发展趋势与我国现阶段发展相适应、特殊教育与普通教育协调发展等问题。[16]我国高校应顺势而为,担负起残疾人教育事业的应有之责,积极了解残疾大学生包括聋人大学生的特殊需求,在条件许可的前提下为聋人大学生提供更好的教育和服务。

(二)改善管理制度

高校辅导员职能模糊、定位不清的现状,其根源是目前高等学校管理的非专业化,很大程度上是因为高等院校管理服务的体系无法满足高等教育和大学生的发展需求,只能通过安排辅导员在各部门之间开展协调和沟通工作来弥补制度上的缺失。高等院校应尽快开展管理体制改革,逐步促成教学和行政等管理服务的专业化,使辅导员从繁杂的事务性工作中抽身,更好地履行"大学生健康成长的指导者和引路人"的职责。

另外,高校还应重点考虑辅导员系列职业体系的建立,对辅导员这个职业的基本职能进行系统化的研究,逐步建立与辅导员实际工作相适应的职业体系。例如,有学者指出,结合我国国情及辅导员工作的实际情况,可将辅导员职业系列按其职能确定为思想教育、学生发展指导和学生事务管理三个方向。思想教育方向可包括形势教育、党团组织、思想道德教育工作;学生发展指导方向可包括心理健康教育、人文素质拓展、职业指导、学习方法指导、学习能力培养、社会工作指导等工作;学生事务管理方向可包括集体建设、奖贷补助、日常行为规范等工作。[14]根据当前的残疾人高等教育实际,单独招收聋人学生的特殊教育院系应以配备专职残疾人事务管理人员为主,其他普通高校则可参照部分国家和地区的经验建立一个地区性的资源教室[17],为聋人大学生及其他残疾大学生提供符合其特殊需求的服务。

(三)加强专业培训

建立完善的学生工作人员职前和职后培训制度,增强培训的专业性与实效性。例如,职前培训除了基本理论、基本政策外,还应培养其专业意识;日常培训则应侧重实际工作能力的培养,立足辅导员的实际工作开展有针对性的教学;组织专题培训,鼓励辅导员进行与职业相关的专业进修;鼓励不同院校之间的辅导员开展交流学习、考察,推进不同学科不同院校之间的互补互助。由于历史和国情的原因,聋人大学生的成长有其特殊性,更需要学生工作人员通过完善的职后培训制度去学习特殊教育的相关工作理念和方法。

有学者提出,相关高校可考虑根据实际设立学生事务相关的专业。我国高校在招聘辅导员时,往往优先考虑思政教育专业或教育管理类专业,认为这些专业的课程设置较接近辅导员岗位的要求。实际上,这些专业课程设置及其内涵与辅导员工作的实际相差甚远,目前我国高等教育现有专业中尚没有一个专业的课程设置能够涵盖。[18]也有学者就高职院校残疾人事务管理专业这一课题撰文,做出了初步的探索。今后的研究可以立足于我国高等特殊教育的实际,将学生事务研究和特殊教育相关研究结合起来。

参考文献:

[1] 赵婉秋,石立群. 美国高等教育大众化发展历程对我国的启示[J]. 社会科学战线,2011(4):281-282.

[2] 李永山. 美国高校学生事务队伍专业化发展及其启示[J]. 思想教育研究,2009(4):61-65.

[3] 马健生,滕珺. 美国高校学生事务管理的历史流变[J]. 比较教育研究,2006(10):12-15.

[4] 张宁生. 残疾人高等教育研究[M]. 沈阳:辽宁人民出版社,2000:7-12.

[5] 傅强. 高校辅导员的职业化发展与专业化培养研究[J]. 教育与职业,2011(6):50-52.

[6] 王雪鹏,崔晓雁,李蕾蕾. 辅导员专业化发展的探讨与切入点分析[J]. 求实,2008(Ⅱ):209-210.

[7] "2011全国高校辅导员年度人物"颁奖典礼隆重举行. 高校辅导员,2012(3).

[8] 闫蕊. 美国的无障碍环境建设[J]. 社会保障研究,2007(1):199-208.

[9] 陈少毅. 感受美国聋人无障碍[J]. 中国残疾人,2003(11):46-47.

[10] 成斌. 国内外无障碍环境建设法制化之比较研究[J]. 西南科技大学学报,

2005(3):28-31.

[11] 焦新.使每个残疾孩子都能接受合适的教育[N].中国教育报,2014-01-21.

[12] 杨杨.美国州立大学学生事务管理研究[D].上海:上海师范大学,2012:20-24.

[13] 黄燕.文化视野下的中美高校学生事务管理比较研究[D].上海:华东师范大学,2013:215-217.

[14] 段仁启.专业化与职业化是辅导员队伍建设的必由之路[J].教育与职业,2011(15):74-75.

[15] 彭向刚,王郅强.服务型政府:当代中国政府改革的目标模式[J].吉林大学社会科学学报,2004(4):122-128.

[16] 梁杰,高欣禹.《残疾人教育条例》修订全面启动[N].中国教育报,2010-03-23.

[17] 马占刚,徐银秀.台湾高等院校身心障碍学生学习辅具服务述评[J].绥化学院学报,2013(4):5-9.

[18] 许巧仙,范莉莉.高职院校残疾人事务管理专业人才培养方案的研究[J].中国特殊教育,2009(2):64-68.

论美国校园危机管理

郑 明 喜

（镇江市高等专科学校，江苏 镇江 212003）

高校学生突发事件是指由于自然的、人为的或社会政治的（某种具体或者综合的）原因所致，发生在高校内（或虽未发生在高校，却与高校中的人或事有相当联系），事前难以预测，正在或者即将危及学生身心健康、生命或财产安全的，对学校的教学、工作、生活秩序造成一定影响、冲击乃至危及社会安定和政治稳定的事件。自然灾害事件、事故灾害、公共卫生事件、社会安全事件是突发事件的几种类型，具体事例如枪击事件，自杀、自残、自虐性事件，离校出走或失踪事件，打架或群殴事件，重大失窃事件，发生交通意外或其他重大恶性事故，突发性疾病、食物中毒或发生群体性流行疾病事件等。在高等教育大众化背景下，近年来国内高校学生突发事件的数量持续增加，高校安全受到严峻挑战。美国是世界上校园危机爆发比较频繁的国家之一，早在20世纪70年代就开始了校园危机研究与管理。经过多年的理论研究和实践探索，美国现今已经有一套特征鲜明的危机管理理论，危机应对的实践模式也日趋成熟。因此，探究美国的校园突发事件应急处理及预警机制，对我国高校危机预防机制和应急处理工作体系的建立和实施具有一定的借鉴作用。

一、美国校园危机管理的现状

20世纪70年代末，时任美国总统的卡特提议设立公共危机管理的最高权力机构——联邦紧急事态管理局（FEMA）。FEMA的职责是领导和协调全美的危机管理系统，开展危机的预防、缓解、应对以及恢复，最大限度地减少突发事件和各种灾害所造成的人员伤害和生命财产损失。[1]学校作为社会生活的一部分,也是FEMA危机管理体系中的一个重要环节。进入21世纪以后,FEMA与各州教育部门合作共同制定了一系列应对危机的行动指南。例如,美国教育部下发的《危机计划的实用资料:学校和社区指南》(2003年颁布),将FEMA倡导的"四阶段"(减灾、预防、应急、恢复)理论正式引入教育系统,将危机管理分为缓解与预防、准备、应对以及恢复四个连续的阶段。在危机的"缓解与预防"阶段,学校的主要任务是评估可能存在的风险,提高学生的防范意识等;在危机的"准备"阶段,制定应急预案、加强危机救援的演习是学校的主要任务;较难处理的是第三个阶段危机"应对",这个阶段的主要任务是评估损失,控制危机发展的势态,有效地减少伤害和损失等;"恢复"阶段是学校危机管理的最后一个阶段,及时总结、避免危机的再度发生是这个阶段的主要任务。如今,美国的教育机构已经广泛应用这一危机管理模式,该模式也得到各级学区的普遍重视。[2]

危机管理的理论与实践之所以在美国校园里受到欢迎,究其原因首先是因为社会环境、家庭影响和学校教育共同作用引发了教育领域里的许多问题,这些都不是单纯的教育问题。影响美国社会和家庭的重大问题,如种族歧视、毒品侵害以及枪支泛滥等,在美国校园里也都有所投射,而处理这样的校园突发事件需要一个像FEMA这样的机构,可以集合政府、社会团体、学校以及家庭的综合管理系统。其次是因为它迎合了美国学校危机管理的发展需要。20世纪80年代之前,美国的有些高校配备了校园警察,他们可以携带武器并配有巡逻车,突发事件发生时能参与校园紧急救援。但是他们的工作重心是直接减少灾害损失的危机事后控制,所以他们还不是专职的危机管理人员。而现代意义上的学校安全管理不仅包括危机事后应对,更多的则趋向于全风险管理,因为危机不单单是有着清晰起点和终点的事件,而是一个过程,应该放在一个更长的时间范围内被认识和管理。[3]

二、美国校园危机管理的特征

(一) 政府高度重视

在居高不下的校园危机事件的刺激下,美国联邦政府和立法、司法机关已经将危机管理提升到前所未有的高度,设立FEMA并采取一系列法律措施就是最好的证明,这说明在公共安全管理上美国政府已经主动承担了责任,在主导美国20多年教育改革的三大政策中都提及要为全美师生营造一个安全的校园环境。其中,《美国2000年教育战略》(1991年颁布)中明确提及"到2000年,美国所有的学校都要实现无毒品和无暴力,每所学校都要成为纪律严明、秩序井然和有利于学生学习的安全场所"[4]。其后《目标2000教育法》也提出,在2000年前建成"安全学校",美国财政为此计划配套了专项财政拨款,在经济上给予强有力的支持。此后,《不让一个孩子落后法》(2001年实施)还要求设立全国校园安全技术和资源中心、校园和青少年安全中心以及校园社区禁毒安全顾问委员会等机构,为突发事件预防及校园危机管理提供各种支持。

(二) 明确各方责任

美国是通过立法来明确政府组织、非政府组织、社区、学校以及家长在校园危机管理上各自应该承担的责任。首先,美国政府组织的责任是不言而喻的。其次,美国抗灾积极分子志愿者组织(NVOAD)、美国红十字会(ARC)等非政府组织在危机管理中的责任也被写进国土安全部的《国家应对预案》(National Response Plan)里,在这个预案中,明确指出美国红十字会要承担的责任是"人群护理、住宿和人文关爱服务"[5]。再次,社区和学校也要承担校园危机"第一应对者"的角色,在面对危机时,有全面的全校性的整体计划做保障,各个学院、系、研究机构和行政部门的详细计划做支撑,学校各级管理人员的权利和义务在计划预案中都非常明确,保证在州和地方救援人员到来之前积极开展营救、提供信息服务等,为救援队伍赢得宝贵的时间。

(三) 整合多种资源

美国学校在进行危机管理时,会整合一切可利用的资源,除了利用最值得依赖的行政性资源外,社区、学区的安全资源也得到越来越多的发掘。美国学校在危机管理中构建的是一张校园安全的立体"防护网"。美国安全学校联盟(NASS)提供的"安全资源清单"就包括社区、学区和校内三部分,社区中的消防、健康卫生、保安服务部门、城镇议会、法律服务处、青少年服务处、娱乐场所管理处等部门,均在危机管理预案的考虑之列。[6]美国教育部的《高等教育危机管理行动指南》(2010年颁布)也提出高校在制定突发事件预案和应对突发时,应与政府公共机构、民间非营利性组织、私人团体有横向的协作,将各级政府和政府以外的机构、组织及社团的资源进行整合,形成一个有机的突发事件应对体系,从而将学校和其他负责公共安全的部门、机构紧密结合在一起,共同应对校园危机。各种资源进行有效、合理的整合,各自的角色和功能以一个危机管理组织的形式来履行,这不仅能够提高校园危机应对的效力,还有助于提升校园危机管理的效力。

三、美国校园危机管理的启示

我国高等教育的大众化使得高校办学规模不断扩大,高校面临的内外部环境变得日益复杂,校园突发事件也呈逐年增多的趋势。究其原因,国内学者众说纷纭,如郑玮华认为,近年来高校危机事件的诱因已经发生了一定程度的转变,即从以政治性关注为主向以社会性关注为主转变,非政治性的社会公共关注呈上升趋势,而政治性危机事件的发生则呈下降趋势。[7]叶金福则认为,引发高校突发事件的深层次原因是转型期社会多样化的格局、东西方思想文化的冲突和碰撞、教育资源的匮乏和工作中的不足。[8]笔者在研读国内外文献和多年处置高校突发事件的实践的基础上认为,高校突发事件尽管表现形式不同、传递信息各异,但究其背后深层次的原因,高校内部安全管理理念和手段缺乏创新、管理过程的疏漏、制度规范缺失等也是造成高校安全问题频发的原因之一。笔者认为,当前国内高校的突发事件主要有下列几种类型与应对方法:[9]

（一）国内高校突发事件类型

1. 政治类突发事件

此类突发事件带有浓厚的政治色彩，由国际、国内的大事诱发，学生参政热情高，有良好的政治愿望和爱国热情，但社会经验不足，理性思考能力不强，缺乏全面、辩证看待问题的能力，碰到祖国与国外的政治事件，就不能采取正确的表达方式，参与非法聚众集会、游行、示威、请愿以及集体罢餐、罢课等群体性事件，有的还张贴不利于学校、社会、国家稳定的标语等。不可否认，学生在这些突发性的政治事件中都表达了真挚的爱国情怀，但这种政治热情如果引导不当，或被坏人利用，就可能引发政治类突发事件。

2. 学校管理类突发事件

学生进入大学以后，大部分时间都在校园里度过，在这期间可能会因为高校管理部门个别人工作责任心不强、考虑问题不周全、对学生的诉求置之不理、缺乏对学生的关爱而引发突发事件。如因教学管理问题而引发的联名抗议、罢课，学校考场内外的安全事件以及因学生学籍管理问题引发的学生或其父母无理滋事；因后勤管理不到位，如食堂饭菜价格过高、浴室经常停水等学生生活问题处理不当，引发学生罢餐、罢浴、对抗性过激行为等，严重的甚至发展成破坏公物、宿舍区闹事事件；还有利用校园网络发送有害信息，使个人的偏激言论扩散为非理性的社会情绪，具有攻击性的恶意匿名上访信和网络帖子等，利用网络的催化、扩大和扭曲效应，使一些局部问题扩大为全局性的问题，也会导致群体性突发事件发生，并造成严重后果的事件。

3. 伤亡、伤害类突发事件

这类突发性事件包括：交通事故、中毒、溺水、严重疾病以及学生因学习、就业、恋爱的压力而自伤、自杀等，其中不少事件是因心理疾病引发的。大学生生理发展已经成熟，但心理发展还有些滞后，不少学生心理素质、自我控制能力较差，心理承受能力较弱，面对学业、情感、就业等压力时，无法缓解，长期积压，日积月累产生心理问题，也会导致一些不理智事件的发生。

4. 治安类突发事件

这类事件包括学生在校内或校园周边打群架、在校内盗窃他人财物、破坏公私财产等尚未构成犯罪的治安案件。这是因为部分学生自律性不强,加之校园周边环境复杂,流动人口多,学生在校外失去监督,易成为出事群体。例如,学生之间的群体斗殴、摔酒瓶事件;学生与校园周边社会闲杂人员打架事件;学生宿舍被盗、学生被抢劫、伤害;学生参加社会实践被骗或遇到危及个人安全以及人为引起的事件等。这类突发事件还包括治安事件变异,如学生行为已经构成犯罪的,将移交至司法机关处理,肇事学生本人应依法承担相应的刑法处罚,如云南大学的马加爵事件、复旦大学的投毒案等。

5. 公共卫生类突发事件

这类事件包括校园内及校园周边地区发生的,造成或可能造成师生健康严重损害的突发公共卫生事件,如2003年4月我国爆发SARS疫情;学生在本校食堂就餐发生食物中毒事件;学生参加学校组织的各类活动,因外购食物、餐馆就餐发生的食物中毒事件。

6. 自然灾害类突发事件

这类突发事件具有不可抗拒性,自然灾害像地震、台风、洪水、地质滑坡等自然因素引发的高校突发事件。由于自然灾害类事件事前难以预料,学生可能会不满学校平时没有应急预案应对突发情况,去最大限度地减少伤害而情绪不满,这样也可能产生学校突发事件。

(二) 国内高校突发事件应对

针对当前国内高校存在的安全管理问题,基于美国校园危机管理的视角,笔者认为,可从以下几个方面来应对国内高校突发事件。

1. 建立健全高校应急管理机制

有效应对各类突发事件,最理想的目标是控制其发生,为了应急管理能立即有序展开,使各项工作协调运转,高校需要建立一个系统和有效的预防组织网络,这样在重大突发事件爆发时,各相关部门才能做到有备无患、处惊不乱,镇定地应对各种危机。

(1) 建立健全应急管理组织。高校突发事件的预防需要建立一个综合性协调机构,如成立学校突发事件管理委员会或应急工作领导组,并把它作为常设组织,预防和应对突发事件的发生。突发事件管理委员会主任由学校党委书记、校长担任,负责指挥协调,进行管理和决策。各相关职能部门的领导为突发事件管理委员会成员,管理委员会定期召开工作会议,研究学校应当关注和预防的问题。

(2) 建立应急管理工作机制。在学校突发事件管理委员会的领导下,设立若干应急工作小组,如信息资料收集组、宣传联络组、信息资料评估组、人员疏导或安置组、医疗组、物资供应组等,各小组有明确的职责和任务。信息资料收集组成员以各院系辅导员为主,他们与学生接触较多,负责收集获取信息,及时发现突发事件发生的端倪,避免突发事件的发生。宣传联络组主要负责与外界的沟通、寻求外部援助等工作。信息资料评估组的主要任务是将内外部的信息进行整合分析,预测可能会发生的问题,并综合评估危机程度,制定相应的预案。医疗组负责学生日常的体检和疾病的治疗。物资供应组的主要任务是定期检查各种预防设备,将各类隐患险情消灭在萌芽状态。

(3) 制定突发事件制度体系。古人云:"凡事预则立,不预则废。"如果高校对可能发生的突发事件有充分的应对准备,就能将突发事件造成的危害降到最小。高校应设立预防制度,制度要依据明确,指标清晰,操作高效。各项应急预案的制定,保证高校在应对突发事件时,管理有制度、操作有流程、应对有措施。此外,还应与时俱进,不断完善和调整已有的制度,合理、及时地对预案进行更新。

2. 加强学生应对突发事件的教育和演练

学校应加强应急法规意识的宣传,指导学生学习和领会《学生伤害事故处理办法》和《国家突发公共卫生事件应急预案》,加强突发事件应急教育和演习。学校可通过校园广播宣传、颁发小册子等加强宣传、教育。学校有关部门应向师生详细地讲解已有的突发事件预案,组织学生对灾害的防范和逃生技巧的演练,使他们具备在突发事件应急中救生的技能,使他们在突发事件真正爆发时在最短的时间内做出正确的反应。

3. 采取及时、有效的事后救治与处理措施

突发事件发生后,学校首先应遵循以人为本的原则,保障学生的生

命财产安全是应急工作的出发点和落脚点。其次,学校还应遵循及时快速的原则,及时反应,快速行动,避免贻误处理突发事件的最佳时机。不论在何种情形下,学校必须立即启动应急预案,承担法定的管理教育保护义务,对学生或伤者、患者及时采取有效措施进行救治,将危害和损失降到最低。在应急处理过程中,要沉着应对,找准问题所在,及时做好宣传、教育和引导工作,不宜采取强制措施,避免矛盾激化、事件恶化,维护学校秩序,保持学校稳定。

4. 构建高校应急恢复机制

高校突发事件平息后,应急管理就进入了事后恢复阶段,这表明,突发事件结束后,经历的师生正回归正常的教学和生活秩序。恢复机制是突发事件管理的延伸,通过恢复机制,高校管理者可以有一个纠正混乱和弥补部分损失的机会。恢复机制包括明确恢复内容,科学评估损失;在全校范围内进行危机意识教育,树立转"危"为"机"的意识;建立有效的谈判协商机制,保证畅通的利益诉求渠道;更新工作预案,完善突发事件应急管理体系[10];妥善安排和处理相关人员,学校要落实责任制度,并依据国家法律法规及学校规章制度对直接和相关责任人进行查处,总结经验教训;加强校园安全立法,完善与修订相关规章制度,防止类似事件的再次发生。

参考文献:

[1] FEMA,Our Mission:about FEMA,http://www.fema.gov/about/index.shtm.

[2] SHPPS,School Health Policies and Programs Study 2006,Journal of School Health, 2007(8):74 -77.

[3] Rosethal, Vriel, Alexander Kouzmin. Crisis Management and Institutional Resilience:An Editorial Statement,Journal of Contingencies an d Crisis Management, 1996(3):119 -124.

[4] George Bush,Remarks by the President Announcing AMERICA 2000,Washington, 1991.1.

[5] Department of Homeland Security,National Response Plan,Washington,2004.12.

[6] Peter D. Blauvelt, Making Schools Safe for Students:Creating A Proactive School

Safety Plan,Thousand Oaks:Corwin Press Inc,2006:73 - 74.

[7] 郑玮华,庞小宁.试论高校危机事件的基层应对[J].陕西理工学院学报,2006(1): 90 - 94.

[8] 叶金福.建立和完善高校突发事件的应对机制[J].马克思主义与现实,2004(1):78 - 81.

[9] 孙斌.学校突发事件应急管理存在的问题及解决对策研究[J].中国安全科学学报,2006(12):73 - 75.

[10] 冯润民.高校学生突发事件诱因及应对机制研究[J].中国行政管理,2009(3):96 - 99.

美国大学学生事务管理工作研究
——以美国加州富乐敦州立大学为例

汤 洪 涛

（淮海工学院，江苏 连云港 222005）

2014年1月10日至24日，来自全省23所高校的25名学生事务管理者，历经严格的专业性、针对性培训后，奔赴大洋彼岸的美国进行学习、培训、交流。学习研修团以听报告、座谈、参观等多种方式进行深入细致的交流，并对美国大学学生事务管理工作进行了详细了解和研讨，希望能从美国的高校学生事务管理工作中获得启迪。

一、加州富乐敦州立大学学生事务工作的基本情况

美国加州富乐敦州立大学位于美国加州橙县的富乐敦市，始建于1957年，是一所将教学和科研有机结合的综合性公立高等学府。该校具有较为完备教育体系，可提供107个学位（学士学位和硕士学位数量基本相同），现有接近40 000名来自全世界的学生。学校下设以艺术、大众传媒、人文科学和社会科学、工程计算机等为代表的9个学院，学科覆盖面广泛。

美国加州富乐敦州立大学学生事务管理部门服务周到，涉及面广，受到学生的广泛好评。该校在学生事务管理工作上的一些做法，值得我们好好学习与研究。该校学生事务管理部门对学校的招生工作进行计划、执行以及评估。在新生入学时，该部门帮助新生完成由高中生到大学生的角色转变，让他们更快地适应大学生活。他们在鼓励学生自己与学校各部门直接沟通联系的同时，为学生提供发展领导才能的平台。他们为学生提供休闲娱乐的机会，给学生拓展审美及文化体验创造机会。其为学生提供良好的学习条件，特别注重对学生个体进行研

究,指导学生选修课程,为学生提供各种各样的学术支持,鼓励师生在课程或活动中良性互动,帮助学生完成学业。同时,该校也考虑到为残疾和低收入家庭的学生做好教育、职业方面的贴心服务。此外,该部门注重为国际学生提供服务,鼓励学生到海外深造,并提供相关服务。在注重学生在校学习的同时,还帮助学生做好职业规划,为走向社会打好基础。在管理好学生学习的同时,也为学生提供优良的生活环境和文化娱乐设施。例如,为了确保学生宿舍的有序与管理的有效性,为学生提供了安全、干净、舒适的良好的居住环境,还倡导学生积极参与学校管理,要求学生遵循学校的规章制度,严守纪律,采取有效措施应对学生突发性危机,还为注册学生提供医疗等服务,这就切实做到了保障学生的在校安全。在鼓励发展学生集体意识方面,学校积极推进学生俱乐部与学生组织的发展,为学生提供良好的多种族、多元文化交融的发展环境。

美国加州富乐敦州立大学学生事务工作形成了以"学生个人—负责学生事务的各办公室—管理学生事务副校长助理—负责学生事务副校长—校长"为模式的一般运作程序。与此同时,该校也十分重视学生事务服务情况的反馈,建立了一套科学而具有针对性的动态评估体系,实现了学生事务工作的双向有效互动。

二、淮海工学院学生事务服务中心的基本情况

随着改革开放的深入,落户首批沿海开放城市连云港的本科院校——淮海工学院应运而生。学校现有教职工1 500余人,全日制在校学生近20 000人。学校自1985年建校以来,历经32年跨越式发展,已成为一所以理工科为主、以海洋为特色的综合性大学。学校下设以海洋、机械、电子、文、理、法、商、艺术等为代表的18个二级学院。

在校领导的直接关心下,淮海工学院学生事务服务中心于2010年3月正式开放,为广大同学提供"一站式"集中服务。学生事务服务中心现设有14个服务窗口,每个窗口都有自己的职责。1号窗口为学生提供医保方面的服务,主要包括办理学生医药费报销审核、保险理赔等相关事务。该窗口由后勤管理处管理。2号窗口是提供学生资助方面

的服务。该窗口为学生办理助学贷款、还贷、困难学生补助，以及各类奖学金、国家助学金的发放等与学生资助相关联的事务。学生处负责本窗口的事务。3号窗口也是由学生处管理，主要提供就业服务，为学生办理毕业派遣、档案转递、就业推荐表、就业协议书等相关事务。其他事务办理则是在4号窗口进行，主要负责学生证补办、火车票优惠卡充磁、心理健康咨询等相关事务，本窗口的职能部门是学生处。户籍办理在5号窗口进行，其职能部门是保卫处。学生可在此窗口办理户口迁移证，补办身份证等事务。6、7号窗口是收费结算窗口。财务处进行一手处理，为学生提供办理学生各种费用缴纳、结算等相关事务的服务。与学生息息相关的校园卡，它的业务办理窗口在8、9号窗口，现代教育技术中心为大家提供服务。10号窗口是失物招领窗口，学生处进行服务，主要办理学生拾到物品上交、丢失物品认领事务。教务处主负责的教学事务业务在11号窗口进行办理。学生可在该窗口咨询成绩、课程、课表、辅修、重修、考试、补考、教室、教材等相关事务。后勤管理处管理的后勤服务在12号窗口办理，校园内摆摊设点审批、宿舍维修等相关事务由他们负责。13号窗口是团委、学生会和社联的联合工作部门，校团委专人负责管理。团员证的补办、旅游年卡办理、学生组织的活动场地，以及与团员考核、社团活动、创业申报等有关的活动审批等相关事项均可在此窗口进行。14号窗口是校团委还负责维权与投诉的业务办理，受理学生各种维权与投诉事务。

淮海工学院的大学生事务服务中心形成了"单部门负责、多部门联合"的学生服务窗口，针对学生所需要服务的项目，切实方便地为学生提供"一站式"服务，大大提高了为学生办事的效率。

三、两所大学学生事务工作的对比

（一）从学生事务工作理念上看

美国加州富乐敦州立大学学生事务管理部门实行垂直扁平化管理，坚持"以服务促发展"的理念，以较为完备的法律法规为指导依据，服务力求宽领域、全方位，拥有专业化水平一流的工作队伍。该校始终以学生需求为前提，强调学生自主性的发挥，坚持"把学生当作根本，把育人当作中心,把实现学生全面发展当作目标"的"三当"工作理念。而淮海工学院学生事务服务中心则以"服务学生为中心、方便学生为出发点、维护学生权益为着眼点、帮助学生为根本、促进学生成才为根本、学生满意为根本"为工作理念,始终坚持"五为","一中心、两点、三根本"的理念,一心一意为学生办实事为基本原则。从学生事务的工作理念上看,两所大学都强调为学生提供全面的服务,服务学生的一切事务,均十分注重学生的个性化和全面化发展,促进学生的全面成才。在这点上两校具有相通之处。

(二)从组织机构和运行模式上看

富乐敦州立大学学生事务工作的组织机构和运作模式具有专业化特征。该校独立设置学生事务管理的组织机构,采用一级管理、条状运行的机制,对学生事务管理实行学校集中管理。而淮海工学院学生事务服务中心则是由学生处负责牵头协调,采用多个部门"一站式"集中服务的模式,为学生解决现实困难。在组织的管理模式上,富乐敦州立大学实行纵向垂直管理,"一竿子插到底",干净彻底,有利于提高服务效率;淮海工学院则实行横向并行的管理模式,多部门集中办公,方便学生多件事情一起办理,可达到"一站式"服务到位的效果。因此,两所学校采用的模式各有千秋。

(三)从提供服务方式上看

从提供服务方式上来看,加州富乐敦州立大学只是指导学生如何选择,在学生要不要做什么事情方面缺少规定。该校的学生事务部门固然很多,看似可以服务学生的方方面面,但是各部门不会帮助学生办理学生事务的具体工作,而是在所涉及的相关工作中为学生提供引领、指导和培训,多扮演"服务员"身份。而在其提供的服务中,富乐敦州立大学又以提供咨询服务为主。例如,学生活动中心的职能只是为学生活动提供场所,为学生组织提供注册指导和办公场地,提供指导性培训等。因此,在学生事务管理制度框架下,富乐敦州立大学重视从"顾问"或者"参谋员"的角度出发,积极引导学生的专业兴趣、心理素能、就业方向等。淮海工学院学生事务服务中心就是方便学生办理具体事务或代替学生办理具体事务的场所,一般情况下,没有学生前来咨询。比较这两种服务方式，虽然两所学校在学生的诉求、对学生的要求上有所不同，但都达到了尽量为学生提供满意服务的目的，可谓殊途同归。

（四）从工作人员组成上看

富乐敦州立大学学生事务管理人员来源结构多样化，以具有相应学历和专业背景的专职队伍为主。学生事务管理工作已发展为一种职业方向，富乐敦州立大学学生事务管理人员面向社会公开招聘。管理人员有专职和兼职之分，不同岗位的管理人员其聘任和提升的要求也不同。因此，富乐敦州立大学学生事务管理人员的组成呈现出多样化特点。除此之外，富乐敦州立大学要求管理人员要有专业化的素质，该校学生事务管理人员普遍具有教育学或教育管理的硕士、博士学位。例如，在学生顾问和心理咨询服务中心等专业性较强的部处室，其管理人员必须持有专业资格证书，或者是具有行医执照的心理学专家或精神病学专家。淮海工学院学生事务服务中心的工作人员则来源于学校各职能部门，都是正式的在编教职工，采用值班制。本着促进学生全面成才的宗旨，服务中心为学生搭台子、铺路子，让学生参与到事务服务中去，使学生在服务中得到锻炼。上岗的学生经过定岗公开招聘的方式产生，通过严格的岗前培训、定期考核，考核优异者方能上岗。同时，服务中心将上岗学生的值班上岗情况纳入勤工助学管理体系。由于工作性质的不同，两所学校事务中心的人员组成差别很大。富乐敦州立大学的工作人员专业化水平高，有利于发挥学生事务工作的教育功能；淮海工学院的工作人员服务能力强，有利于学生及时得到服务，也有利于培养学生换位思考的服务理念。

（五）从规章制度构成上看

在学生事务管理方面，富乐敦州立大学拥有较为完善的纪律监管和仲裁体系。其拥有很多法律咨询机构，保证了学生事务管理的法制化、制度化和科学化，在维护学校利益的同时，也有效保证了学生的合法权利。学生事务管理工作者根据施行的管理办法对学生进行日常化管理，为了方面学生意见的反馈，学校建立了监督和仲裁机构，学生可以通过该机构投诉校方或学生管理人员，仲裁机构依据事实进行公平裁决。在学生管理方式上，富乐敦州立大学形成了一套规范化、制度化、科学化的体系,这种特点可以从规制条例的严格与健全上看出来。例如,针对饮酒方面,学校有专门的饮酒制度;对于客人来访,有专门的会客和留宿条例;在卫生安全上,有卫生清洁和安全保障制度……此外,该校学生事务管理部门还建立多个法律咨询机构,学生可咨询的内容比较广泛。例如,种族问题、投资事项、疾病安全、安全防卫等多个方面。可以说该校为学生提供了"多层次、宽领域、全方位"的法律咨询服务,切实做到了学生的"勤务员"。淮海工学院学生事务服务中心也设立了学生维权与投诉服务窗口。但是,几年的实践表明,学生维权与投诉的意识比较淡薄,学生对学校的规章制度掌握程度较低,而学校对规章制度的建立与完善则需要加强。

(六) 从校友工作上看

富乐敦州立大学的校友会工作方面也表现出独有的特色。该校在此方面有专门的执行主任、执行副主任及执行助理,此外,还建立了人力资源和志愿者发展管理部、校友关系办公室。资金是一切活动开展的有效保障,为此该部门设立了财务部,并且以月刊编辑部来宣传与校友有关的情况。通过交流得知,该校校友工作把与校友的情感交流作为工作的重中之重,每年定期向校友们寄出具有人情关怀的慰问信、纪念品等。该校校友工作是怎样把校友与母校维系起来的呢?我们发现,富乐敦州立大学的每位校友均可注册一个账号,通过验证后会得到密码,同时也会被分配一个永久性免费的电子邮箱。校友可以通过申请的账号进入校友数据库中心,在此中心,校友会得到学校提供的多方面贴心服务。开展有效的活动能增进校友与母校的感情。富乐敦州立大学校友会就十分注重这方面。他们经常组织丰富多彩的活动,如毕业五年或十年的校友,校友会把他们组织起来聚会,回忆母校生活,畅谈现状,其乐融融。评选杰出校友、组织校友郊游、修订校友通讯录等也是校友会经常开展的工作。该校还经常把在校学生和校友组织到一起进行交流,把在校生的工作与校友工作结合起来,方式有效且为在校学生提供了"优秀向导",将这种感情、这个传统延续下去,能有效培养学生的校友意识、母校共荣意识。学校帮助学生积累知识、培养能力、塑造价值观,学生的功成名就离不开母校的悉心培育。因此,校友工作不仅是校友回报母校的过程,富乐敦州立大学更是把这项工作作为学校教育功能的延展与拓宽。淮海工学院的校友会则是个独立机构,不隶属于学生事务服务中心,与办学历史久远的高校尚有较大的差距。淮海工学院校友会建立较晚,在省内13个市的校友会尚未完全建立。此外,校友会的工作人员少,在工作内容上也处于初级阶段,工作没有体系化,缺少创新和自主研发能力,活跃性差,关注度不高。相比两校的校友工作,差距甚远。富乐敦州立大学校友会工作的先践之验是值得淮海工学院校友会研究并创新后加以利用的。

(七)从校园文化建设和学生社团活动上看

富乐敦州立大学的基础设施齐备,建设到位且别具匠心。学生不论在体育馆、图书馆,还是在教学楼、学生公寓,都可以随时看到悬挂的美国国旗、著名学者、优秀运动员等一些与国家或与学校相关的人物或事物。这样,一方面可以培养学生的爱国情感,另一方面又可以使学生更进一步认识学校。该校的教育学院、商学院、人文学院及表演艺术学院在美国各大学中名列前茅,这与他们丰富且优秀的校园文化是分不开的。富乐敦州立大学校园文化的建设达到了较为理想效果,既向师生传达了对杰出人物的尊崇情感,也向师生传递出进取向上、勇往直前的能量。此外,该校在重视学生课业的同时,更注重学生的社团活动。学生社团可为学生提供很多发展性机会,学生在社团活动中可得到专业知识的积累和各种能力的锻炼。富乐敦州立大学学生课外活动的可选择项目很多,有音乐社、舞蹈社、辩论社等,学生可以根据自己的兴趣和爱好进行选择。同时,富乐敦州立大学鼓励学生参加社区志愿服务,把志愿服务作为学生课外活动的内容之一。在各式各样的活动中,学生们挥洒着青春,收获成长与快乐。淮海工学院的学生社团则是在校团委统一指导下的,由大学生社团联合会管理的学生组织,其主要内容是活动的组织、志同道合者的相识平台和志愿服务的开展。如何将校园文化建设充分体现在学生的教育活动之中,富乐敦州立大学有很多值得我们学习和借鉴的地方。

四、对国内高校学生工作的几点建议

由于中美两国文化的不同、国情的不同,两国高校在教育与学生管理工作上有很多不同。但是,在培养适应社会发展的人、促进学生成才的教育目的上则是相同的,可谓殊途同归。笔者经过考察及资料学习,结合当前学生工作的实际情况,提出几点个人的思考与建议。

(一)建立科学、规范、完善的学生管理制度,形成良好校风

随着高校教育改革的快速发展,大学校园早已突破了所谓的"围墙"限制,学生个体与个体、个体与学校之间的权利与义务关系也变得复杂起来。在这种情况下,就迫切要求学生管理工作要以严格、完善、科学的规制条例来规范各参与主体之间的关系和行为。国家有关教育的法律法规规定,高校学生需人手一册《学生管理办法》,并且要求严格遵守。以此为基础,高校对学生的品行进行量化考核,纪律量化明确,对每位学生的德、智、体、美各方面进行全面考核,并且以考核情况为依据,对考核结果开展综合性评比活动,把纪律竞赛量化作为衡量班级的标准之一,把操行表现量化作为衡量个人的标准之一,通过"两标准"来提升学生们的班级荣誉感,增强班级凝聚力,以"奖励先进,鼓励后进"为方式,形成"你追我赶、勇于争先"的气氛,有效地保证教育秩序的规范性、有序性,形成良好的学校文明氛围。我校要进一步完善学生管理制度,严格的常规化要求是必不可少的,可通过设立个人与集体挂钩的方案,将偏离学生常规规范的同学拉到正轨上来。

(二)加强学生工作队伍建设

目前,学生工作队伍总体的工作水平、业务能力、专业化、专家化程度还不能适应学校发展的需要,不能适应学生发展的需求。高校要通过加强岗位培训的力度,深化培训的实质性内容,采取校内、校际岗位交流学习,开展辅导员职业能力竞赛等方式,不断提高学生工作队伍的个人素质和业务能力,提升为学生全面服务的专业技能。

(三)加强制度建设,完善学生工作评价督查体系

当下,很多高校的制度建设不够完善,学生工作的评价监督体系缺失,缺少下情上传的反馈渠道,或者对反馈上来的信息不了了之。今

后,高校要严格规范工作程序,明确岗位职责,加强过程督导,完善目标管理,实行绩效评估,不断提高学生工作的实效性和针对性,巩固工作成果。在管理模式上,要形成"层层抓、级级管、环环扣"的有效机制,切实完善学生工作体系。

(四)加强和拓展校友工作

校友是母校培育出的服务于社会各行业的人士,也是不可或缺的人力资源。学校发展不能脱离校友的关心与支持,学校的发展要与校友工作紧密结合起来,在某种程度上,也要依靠校友。高校要充分重视校友工作,加强与校友间的沟通与交流,要进一步增加校友工作的经费和人员投入,加强校友工作建设,使其尽快建成网络化体系,完善校友工作制度,充分挖掘校友促进学校建设和发展的潜力,使校友发展和学校发展良性互动。

(五)加强校园文化建设

美国大学校园文化建设有其独特性和优越性,但这并不意味着他们的模式就是最好的发展模式,也存在一些无法回避的发展问题和发展瓶颈。国内高校应该理性看待国外学校的教育,不能全盘接受,生搬硬套,应以中华民族的优良传统教育为根基,兼容并蓄,借鉴国外优秀之处,结合实际情况,充分探索适合本校的发展之路。习近平总书记说,唯改革者进,唯创新者强,唯改革创新者胜。我想,只要我们敢于探索,勇于创新,立足实情,以学生为本,一定会形成一套拥有民族风格、教育特色的教育体系,建成积极健康、充满活力的大学校园也就指日可待。

(六)转变服务观念

美国的大学在处理学生工作方面,他们做得更多的是对学生的指导和引领,而不是像中国一样,全程"帮办"。对于学生不解或者犹豫不决的事情,美国大学的工作人员则通过各方面的指导和引领,让他们通过自己的分析和决断来处理事件。学校要扮演好"参谋员"的角色,多引导学生的发展兴趣和职业规划,为学生的发展成才提供"后勤保障",做好"勤务员"。中国的工作人员应该转变自己的服务观念,中国有句老话说得好:"授人以鱼不如授人以渔。"让学生通过揣摩工作人员的意思,通过自己的摸索解决问题才是王道。

（七）充分发挥班主任和学生干部的积极作用

班主任和学生干部在学生管理事务中充当主体角色。在班级管理和学生管理中,班主任要做好"五大员"的身份:班级事务的管理员,价值观的引导员,学业上的导航员,上情下达的传递员,班级学生的勤务员。班主任在日常管理工作中,要对学生"搭台子、教方子、结对子、打板子"。"搭台子、教方子、结对子、打板子"的方法,简言之就是,为学生提供发展的平台,给学生提供做事的经验与方法,把差学生与优秀学生结对帮扶,对学生严格敢于严惩。学生干部则来自于学生群体,他们既是学生又要服务于学生,跟学生联系密切,深知学生的情况。学生干部由学生选举产生,在学生群体中有一定的威望,工作开展起来也比较便利。学生干部在学生事务管理中,通常扮演着"示范员"、"传递员"、"服务员"等角色,其深受学生喜爱程度和拥护程度是无可替代的,其情况的了解和事情的处理的适宜性也是无可比拟的。通过班主任和学生干部在学生间工作的开展,提高学生参与班级活动和工作的积极性,增强学生的班级荣誉感,让学生找到家的温暖。班主任在学业和生活上对学生加以引领和指导,培养其专业素养,使其成为复合型人才。帮助学生树立正确的人生观、价值观,增强责任感。学生干部则应该配合老师们的工作,调动学生的积极性,增强凝聚力。学校要调动学生干部管理学生、敢于干事的积极性,促使每位学生干部都参与到学生事务管理工作中去,鼓励学生干部敢干事、锻炼学生干部能干事、促成学生干部干成事。学生干部通过协助、参与管理的形式,服务学生,实惠学生,满意学生,最终实现学生与学校的良性互动。

参考文献：

[1] 杜瑛.美国高校学生事务管理运行机制及启示[J].思想理论教育(上半月综合版),2007(7).

[2] 窦学欣,王硕.论美国高校学生事务管理及启示[J].辽宁行政学院学报,2010(10).

[3] 赵庆典.美国高校学生事务管理概况及启示[J].国家教育行政学院学报,2004(1).

[4] 沈档华.以生为本:美国高校学生事务管理的经验与启示[J].黑龙江高教研究,2013(4).

[5] 韦勇,郭俊.中美高校学生事务管理比较分析及启示[J].海南大学学报,2011(3).

美国高校学生事务管理特色探析

袁建华

（江苏农牧科技职业学院，江苏 泰州 225300）

20世纪90年代以来，随着社会的发展和高等教育改革的推进，我国高校的学生工作新增了学生资助、就业创业指导、心理咨询等服务项目，越来越接近美国高校的学生事务管理模式，基本具备了学生事务管理的雏形。但是我国高校学生事务管理因改革催生，仍处于发展初期，不可避免地存在着许多不完善的地方。美国作为世界高等教育强国，高校学生事务管理经过几百年的发展和沉淀，积累了丰富的经验，其发展过程中形成的优秀理论成果和总结的实践经验值得我们学习、研究和借鉴。

一、美国高校学生事务管理概况

在美国，学生事务是一个与学术事务并列的概念，是对学生课外活动和非学术事务的总称。美国高校学生事务管理先后经历了"替代父母制"、"学生人事"、"学生服务"及"学生发展"四个阶段。目前美国高校的学生事务管理走在世界前列，美国高校学生事务工作已成为美国高等教育的重要组成部分，拥有庞大的组织机构，其主要职责是：以学生为中心，为学生提供一个既强调责任又能充分享受自由的成长环境。工作内容主要包括入学指导、注册管理、经济资助、职业发展指导、校园安全指导、专业与学术辅导、领导力培养、学生活动、体育活动、法律咨询、健康服务与心理咨询、家校联系、校友会等。美国高校学生事务管理机构健全，整体领导体制是：学校设一位与学术副校长、财务副校长并列的专司学生事务的副校长，学生事务副校长下设若干助理副校长，分别负责一个分支机构，每个分支机构又下设若干办公室或中心，直接面向学生开展工作,多头并进,条状运行。例如富乐敦州立大学,学校一位副校长,专门负责全校的学生事务工作。副校长下设五位协理副校长,分别负责学生事务处、学生发展与服务、健康与心理咨询服务、运动与人力资源、筹款和技术保障五个方面的学生事务机构。五个方面的学生事务机构又分设若干办公室或中心,分别承担不同的管理任务和服务项目。例如,学生事务处下设招生录取办公室、注册登记办公室、司法事务部、学生宿舍和生活服务中心、新生项目中心、领导力和多元文化发展中心、学生资助中心等。这些办公室和中心专业性强,覆盖面广,分工明确,职责单一,人员不交叉,服务专家化,效率高。美国高校还设有学生事务专业,很多高校有学生事务相关专业硕士、博士授予点,学生事务管理已成为一种职业,学生事务本身和学生事务管理者具有较高的专业地位。美国高校没有单独设立辅导员岗位,但其庞大的学生事务管理队伍覆盖了学生教育、管理、服务的各个方面。美国高校学生事务工作经费比较充足。例如,美国加州富乐敦州立大学,每年的学生事务管理经费高达1 800万美金。

二、美国高校学生事务管理的特点

美国高等教育起源于英国,发展于德国模式,形成了世界领先的先进理念和体系,总体来看,美国高校学生事务管理具有以下特点:

(一)学生事务管理理念学生中心化

美国高校学生事务发展经历了"替代父母制"、"学生人事"、"学生服务"、"学生发展"四个阶段。如今的美国高校学生事务管理一切以学生的需要为出发点,学生事务管理中常见的三个主要术语分别为:"学生事务"、"学生服务"、"学生发展",可见,"以学生为中心"已成为美国高校学生事务管理的理念,这一点也体现在美国学生事务实践中。例如,美国高校的公共场所往往备有大量有关学业咨询、职业指导、心理咨询等方面的免费宣传资料;各高校都能主动倾听学生的声音,美国大学章程明确规定学校董事会必须有学生代表参加,以保证学生在学校决策过程中发挥作用。

（二）学生事务管理模式扁平化

美国高校学生事务实行学校集中管理，一般在二级院系一级没有相应的管理机构和人员，学生事务工作只在学校层面进行，由学校的心理咨询、住宿管理、就业指导、经济资助等数十个办公室直接面对学生开展工作。这种扁平化管理模式，减少了管理层次，功能高度分化，学生在处理问题和寻求帮助时无须跑许多部门，一般一个问题在一个中心就可以得到专业的服务，方便了学生，提高了管理和服务的效率。

（三）学生事务管理队伍职业化、专业化、专家化

在美国，学生事务工作是一种专门的职业，高校学生事务管理部门聘任学生事务工作人员一般都有严格的规定和要求，学术背景要求高，一般必须至少具有学生事务管理、心理学、高等教育学、管理学等某一与学生事务相关专业的硕士学位；较高职位人员要求具有与学生事务相关专业的博士学位。对于一些专业性较强的部门，还有严格的职业准入要求。例如，心理咨询服务中心，其从业人员要求是持有专业资格证书或行医执照的心理学专家。

（四）学生事务管理内容多样化、个性化

一方面，美国是一个典型的移民国家，有100多个民族，多种文化、多种社会价值观并存，加之美国高等教育高度发达，世界各国去美国留学的学生多，因此美国高校的学生成分差异很大。美国高校普遍实行学分制，学生年龄差异也很大。而美国高校学生事务管理又一切以学生的需要为出发点，以尊重学生的主体地位为前提，所以美国高校学生事务管理的内容必然呈现多元化和多样性的特点。另一方面，在美国，学生有权选择自己的价值观，学生事务管理只是指导学生如何选择，而不是选择什么，美国高校十分重视学生个性化的发展，设置了各种服务咨询机构，为学生提供个别指导和服务，因此，美国高校学生事务管理工作又呈现出个性化的特点。

（五）学生事务管理规范化、法治化

在美国，法律至上的观念深入人心，整个社会按照长期以来形成的规则运行，高校的运行亦是如此，以制度管理，依法治校。美国制定了一套非常完善的操作性很强的学生事务工作制度。例如，《美国高等学

校学生事务管理》《美国高等学校学生事务管理人员行为规范》《高等学校学生事务管理人员伦理标准》《学生事务应用手册》等。在这些文件中,涉及学生事务管理的各种事项都有详细的相应规定,学校与学生之间的权利和义务非常具体明确,对违规者如何处理也都做出了明文规定。学生事务工作依据法律和学校制度的规定与程序透明运行,接受学生的监督。学生作为一个具有完全行为能力的个体,参与学校的学习和生活,并对自身行为负责。

三、美国高校学生事务工作的启示

面对高等教育大众化和生源锐减带来的挑战,我国高校学生工作的内容和方式必将产生一系列的变革,学生工作转型是大势所趋。美国高校学生事务管理的实践给我们带来了不少有益的启示。

(一)加强学生工作学科建设,推动学生工作学科化、专业化

美国高校学生事务工作与学术事务工作并列,地位同等,具有学科化、专业化的特点,高校设有学生事务管理专业,目前全美高校有300多个学生事务管理学科博士学位授予点。学生工作有明确的职责范围,有严格的准入制度、从业标准和专业培训要求,有丰富的理论成果指导实践。我国高校学生事务工作起步较晚,服务于教学工作,没有独立的地位,学生工作按服务对象定义,存在着学科范围和性质不明、理论研究成果欠丰、专业性缺乏的不足。面对高等教育深化改革和学生工作内容不断拓展的现状,学习借鉴美国学生事务管理经验,我们需要尽快确立学生工作的独立学科地位,明确学生工作的学科属性和学科范围,加强学生工作学科建设,推动学生工作学科化,为学生工作的资格认证、专业培训奠定基础,从而促进学生事务工作专业化。

(二)健全学生工作制度,提升学生工作规范化、法治化水平

美国高校学生事务有完善的工作制度,学生事务职责明确,严格规范。我国高校学生事务在规章制度及其执行方面还存在许多不足。一是缺乏完整和健全的学生工作制度,如关于服务学生方面的制度几乎没有。二是规章制度临时的应急的比较多,长效机制的较少,因而随意性强,操作性差。应急的临时性文件往往朝令夕改,没有连续性,也就

缺少严肃性。三是在制度执行方面,法治观念不强,存在着"有法不依"的现象。学习借鉴美国学生事务管理经验,就要尽快健全和完善学生工作制度,使之与我国高等教育的发展现状相适应,使学生工作制度人性化、规范化、科学化;要增强法治意识,用制度来管人管事,做到"有法必依、执法必严"。

(三)加强队伍建设,促进学生工作队伍的专业化、职业化、专家化

管理者是从事管理活动的核心要素,专业化、职业化、专家化的学生事务工作者队伍是管理水平的保证和工作的基础。学生事务工作者专业化的前提是分工的细化。目前,我国高校还没有开设学生事务专业,严重制约了学生工作队伍的专业化、专家化。首先,我国学生事务工作者的任职没有明确的准入制度和规定,大多数学生事务工作者的知识背景与学生事务相关度不大,甚至一点也不相关,所以对于现有的学生事务工作者,首先要根据其本人的意愿和工作需要明确其工作领域;其次,要制定规划,经常对其加强相关业务的培训,使其具备和不断提高从事指定学生事务领域工作的能力。对于新聘学生事务工作者,要实行严格的职业准入制,确保其具有与其从事工作相关的专业基础和能力。同时,在高校要设立学生事务专业,培养从本科到硕士到博士的专门从事学生事务工作的人才;构建科学的工作评价体系和晋升机制,增强学生事务工作者的职业荣誉感和归属感,使学生事务工作者可以在学生事务工作岗位上安心工作,干一行,爱一行,专一行。

(四)落实"以生为本"的理念,强化服务意识

美国高校学生事务时刻体现着"以学生为中心",我国高校更多地体现社会本位和学校本位。虽然不少高校都确立了"以生为本"的理念,但并未切实做到"以生为本"。学生工作的转型,首先就是工作理念的转型。传统的理念强调的是对学生进行严格规范的管理,学生工作者与学生之间是管理与被管理的关系,如今,学生工作涉及学生学习、生活的方方面面,学生工作不仅是对人的管理,更是对人的培养。所以我们要进一步落实"以生为本"的理念,学校各项工作都应围绕学生成长成才的总体目标,要强化相关部门和人员服务学生的责任意识和敬业精神,努力做到尊重学生、关心学生、服务学生、发展学生。学生工作

部门要加强学生工作研究,加大事务工作在学生工作考核中的比重,以不断增强服务意识,为学生提供更全面更优质的服务。

(五)整合学生管理机构,提高服务效率

美国高校学生事务管理实行的是扁平化管理模式,学生事务管理由学校层面直接面向学生进行,减少了中间环节,方便了学生,提高了工作效率。目前,我国高校学生管理工作大多实行的是院系二级管理,机构相对臃肿,多头管理,工作效率相对低下。我国教育的管理体制、学生工作的文化背景等具体情况不同于美国,全面实行扁平化管理是不现实的,也是不可取的,但是,对一些特殊工作,如就业指导、心理健康咨询服务、贫困生资助等,可实行扁平化运行,由学校集中具有专业背景和丰富经验的专家组建管理中心,为学生提供专业的服务。即学生工作宜采取特殊工作扁平化和常规工作二级管理的模式进行,尽可能减少中间层级,提高工作质量和效率。

(六)拓展服务职能,增强工作实效

美国高校以学生的需要为出发点,学生事务所涉及的领域宽、范围广,而且项目分解非常细致,从学术事务到日常生活,从心理健康到运动娱乐,从经济资助到领导力培训,可谓包罗万象,应有尽有。与美国高校学生事务管理相比,目前我国高校学生事务管理服务职能还有较大的拓展空间,我们的服务工作做得还不够细致、不够全面。学习借鉴美国学生事务管理经验,一要丰富我们的服务项目,增加学业指导、学生发展服务等方面的内容,拓展我们的服务职能;二要将开展的各种服务项目做细做实,要根据学生的需求为学生提供个性化的服务,通过加强服务来促进与教育、管理的有机结合,从而提高育人效果,做到让学生满意,让家长满意。

综上所述,美国高校学生事务管理有许多值得我们学习和借鉴的地方,但我们绝不能照搬照抄,生搬硬套,一定要立足于国情校情,以科学的态度和"扬弃"的方法借鉴美国的先进经验和做法,来推动我国高校学生工作不断开创新局面。

参考文献:

[1] 蔡国春.中美高校学生事务管理模式比较及启示[J].高等工程教育研究,2000(3):65-70.

[2] 武文娟,张成.美国高校学生事务管理对我国高校学生工作的启示[J].高校辅导员学刊,2011(2):99-100.

[3] 王广婷,周亚夫.中美高校学生事务管理的比较与启示[J].南京医科大学学报(社会科学版),2008(4):362-365.

[4] 袁本新.美国高校学生事务管理的现状、特点及启示[J].思想教育研究,2010(2):84-86.

[5] 夏颐.对美国高校学生事务管理内容体系的研究[J].兰州交通大学学报,2011(2):160-162.

美国高校学生事务管理的变革路径

董巍峰

（苏州科技大学，江苏 苏州 215011）

2014年1月10日至24日，我随江苏省第六期高校学生事务管理学习研修团24名同仁赴美国进行了培训、学习和考察。此次学习研修，我们重点考察和学习加州富乐敦州立大学学生事务管理工作，听取了美国高校学生事务管理历史、理论与实践、学生事务组织、人事等方面的讲座，与专职从事学生事务的专家进行了交流座谈，参观了加州富乐敦州立大学心理中心、学生就业服务中心、体育馆、学生宿舍等；在美国期间，我们涉猎了美国文化、美国高等教育史，以及有关学生事务中关于新生入学动员会、就业与创业指导、学生权益保障、心理健康咨询与指导、学生资助等方面知识。通过十多天的学习，我们对美国高等学校，尤其是公立高等学校的学生事务管理的扁平化、职业化、专业化的特点有了鲜明的认识。尤其是当代美国学生高校事务理念，围绕学生学习、全面进步、可持续发展进行不断总结提升，形成较为完善的理论基础，并成为当代美国学生事务管理工作的主要指导思想，对我国高校学生事务有着非常有益的借鉴作用。

一、美国学生事务管理的概念及其发展

在美国，"学生事务"是与"学术事务"相对的概念，一般"用来描述校园内负责学生课外教育，有时也包括课堂教育在内的组织结构或单位"，是"高等学校通过非学术性事务和课外活动对学生施加教育影响，以规范、指导和服务学生，丰富学生校园生活，促进学生发展成才的组织活动"[1]。"学生事务"通常涉及"课外"、"学生活动"、"住宿生活"与"感情和个人问题"等，其主要目的在于规范、指导和服务学生，促

学生成长成才。美国高校学生事务管理的具体领域包括招生、新生入学指导、住宿、健康服务、社团活动、学术指导、咨询、就业指导等各方面。美国高校学生事务的工作目标是：培养和训练学生深刻的反应能力、复杂的认识能力、批判思想、解决实际生活问题的能力；培养学生人际关系的处理能力，对人们之间差异的欣赏和包容；培养学生理财能力；对学生自尊、信心、诚实等方面的品德教育以及责任感的培养。

美国高等院校在殖民学院时期就有重视学生事务的传统，而且对学生事务管理的研究起步较早。从"替代父母制"开始，美国高校的学生事务管理发展到现在历经近300年，经历了以下四个发展阶段，并有相应的主导理论：萌芽期："替代父母制"；发展期："学生人事"理论；变革期："学生服务"理论；新阶段："学生发展"理论。

在早期，美国高校对学生事务和学术事务是不加区分的，现在所说的学生事务管理其历史渊源是"替代父母制"（In Loco Parentis）。"In Loco Parentis"来自拉丁语，原意是指"父母、监护人、寄宿学校对未成年人负有看护和监管的责任，用以保护他们的权益"。所谓"替代父母制"，是指校方代替学生的父母行使职责，由教师、校长乃至董事对学生在校的活动加以管教、约束，通过精神、肉体和经济手段惩罚学生的违纪行为。这一时期的高校规模普遍较小、学生年龄也偏小，美国高校学生事务管理模式模仿了英国高校的经典模式，管理人员的角色犹如父母。一直到19世纪初，美国高校对学生及其校园生活仍然实行严格的寄宿制、道德监督和行为控制，沿用的一直是"替代父母制"的管理模式。

进入19世纪中叶，特别是南北战争爆发前夕，美国高等教育发展进入了一个新的阶段。这一时期，德国教育模式的引入使高校教师开始关注自己的研究领域，从以学生为中心转向了以自己的学术研究为中心，这为学生事务从学术事务中分离出来提供了良好的契机。1862年《莫里尔法案》（Morrill Act，也叫《赠地法》）颁布，带来了美国高等教育的迅猛发展。600多所学院建立，学生数量激增，学校面临学生来源复杂性、学生需求多样性、学术研究与职业培养相结合等新问题，这些都对学生事务管理提出了新的要求。在19世纪末20世纪初，学生服务、咨询和管理等工作相继产生,学生事务管理专职人员出现。例如,斯坦福大学的个人训练和指导委员会负责对学生(主要是新生)进行专业方面的评议、咨询指导,其中涉及专业选择、课程选择和就业选择等。以后这种组织被许多高校所采纳,高校学生事务管理开始进入"学生人事工作"(Student Personal Work)时代。1904年,美国威斯康星大学校长查尔斯·范海斯提出著名的"威斯康星思想"(Wisconsin Idea),创造性地提出了大学的第三职能——为社会提供直接的服务。

20世纪30年代的经济大萧条使美国高校的学生事务管理工作进入了低谷。1937年,美国教育委员会(American Council on Education, ACE)发表了《学生人事工作宣言,1937年》(The Student Personnel Point of View 1937)的报告。这个里程碑式的报告阐明了学生事务管理的工作领域及与其他行政管理工作和教学工作之间的关系,强调把学生的全面发展作为首要任务,帮助学生在身体、心智、学习、情感、社会交往、职业技能、艺术鉴赏等各方面获得长足进步。但这个报告的发表并没有引起美国高校学生事务管理观念的根本性变革。第二次世界大战结束后,美国高校又一次进入了快速扩张期。1944年,美国国会通过了《退伍军人权利法案》(the G I Bill, 1944 Veterans Readjustment Act),大量退伍军人(超过225万)进入2 000所不同的高校学习,高等院校学生规模迅速膨胀。美国高校从精英机构转变为大众机构,从社会的边缘走向大众生活的中心。《学生人事工作宣言,1949年》(The Student Personnel Point of View 1949)重申了1937年报告中的观点,并对学生需求做了概括,包括学生的环境适应、学业目标、生活条件、精神寄托、医疗健康、兴趣和技能、经济状况、职业目标等,要求高校树立学生服务意识,为学生发展及其在社会中的地位提供一系列最佳服务。这个指导性文件并把学生事务管理的职能扩展为40项,赋予学生的全面发展理论以新的时代内容,如公民责任感、全球意识等。这一系列的发展和变革促进了美国高等教育学生事务管理者观念上的转变,即从"学生人事"过渡到"学生服务"的观念,并为后来"学生消费者第一"(Student Consumerism)观念的诞生奠定了基础。[2] 20世纪60年代,美国高校学生数量增长速度减缓,各高校调整措施争夺生源,"学生服务"(Student

Services)理论盛行。

20世纪70年代,美国许多高校发生了校园骚乱和暴力行动,高等教育陷入财政危机、公众信任危机、学术道德危机、大学生信仰危机等多重困境之中。这些困境促使学者们对高校学生事务管理进行反思、批判和变革。基于此,"学生发展"(Student Development)理论以心理学的研究成果和人的发展理论为基础,受到广泛关注。1968年,美国大学人事协会(American College Personnel Association,ACPA)推出了《明日高等教育工程》(The Tomorrow's Higher Education Project)的报告。这一报告不仅强调了学生发展理论——人的发展理论在高等教育中的作用,指出学生发展应当是未来课程的中心,而且还提供了一个操作模式,把学生发展连接到整个学校的各项工作中,目的是使学生达到自我实现和自身独立。学生发展理论赋予学生事务管理的教育任务,促进了学生事务管理在原有服务体系基础上的进一步发展,为学生事务管理这一专业领域的存在找到了依据,促成学生事务管理的职业化和人员的专业化。之后,各种专业协会和专业期刊也得到了很大的发展,学生事务管理因此确立了自己不可动摇的地位。

目前,美国高校学生事务管理日益专业化的趋势已成为国内外学者们的共识。美国高校学生工作伴随着高等教育的发展完善逐渐经历了一个从无到有、从幼稚到成熟、从不完善到完善、从定位模糊到职责明确的过程,已成为一个机构完备化、人员专业化、职责多元化的专业领域。

二、美国高校学生事务管理的基本特点

美国高校学生事务具有相对独立的地位,有专门的机构设置和人员安排。依据学生事务内容的差异性来进行专业的分工,门类齐全、条理清晰,并直接面向学生服务。美国高校学生事务包括以下几个特点:

（一）宏观层面专门化

美国的高校在学校高层行政领导中设有学生工作负责人,专门负责学生工作。公立大学一般都设有分管学生事务和教学科研、财政事务等各项事务的副校长,而私立大学一般称呼学生工作负责人为"学生

院长"、"学生服务主任"或"学生事务主任"。学生工作负责人下辖对应于学生事务工作等活动内容的若干分支机构,这些机构分别直接面对学生的具体事务,分工明确专一,并明确对校长负责的岗位责任制,以保证学校各项工作的正常运转。同时,学校和各个学院均设立了学生事务工作办公室,专职负责学生从入学注册到学生学习、生活、就业指导、学生身心健康辅导及伦理道德培养等工作。这项工作从20世纪20年代起日益发展且分工越来越细,越来越明确。目前,美国很多大学都在教育学院专设专业,培养从事学生管理工作的专门人才,各高校从事这项工作的专职人员也大多具有硕士、博士学位。

（二）组织机构扁平化

纵观美国高校学生事务管理的组织管理模式,呈现组织机构扁平化的特点。其机构设置和权限分配只在学校一级进行,在学院和系一级没有对应的组织和分工要求,学生事务管理多头并进、条状运行,根据不同的学生事务,分别成立校级办公室或中心直接面向学生和学生组织,且机构组织严密,分工细致,几乎涵盖了学生所有的非学术性事务,具有针对性强、专业水平高的特点。[3]美国高校的一级垂直管理体制最大的特点就是有利于学生事务管理各部门之间的协调和统一,管理效率高。

（三）管理模式多样化

美国移民来自不同的国度,怀有不同的宗教信仰和教派精神,携带多元文化基因,适应美国社会的多样需要,创造出社会的多样性。社会的多样性决定了高等教育的多样化,这种多样化表现为院校类型、办学主体、办学形式、学生来源、学生事务管理的多样化等方面。美国宪法规定,教育行政管理权交给各州议会和政府,各州有权根据自己的实际情况制定适合本州的教育制度和管理模式,因而美国各大学没有统一的招生标准、课程设置标准、学位颁发标准和学生管理规则。在此背景下,美国教育的各个方面都非常强调多元化和多样性,具体到美国学生事务管理。美国教育学家普遍认为,学生有权根据自己的价值观去选择,学生工作的任务是引导学生如何选择,而不是选择什么,这是美国社会价值观在学生管理工作中的体现。其结果就表现为学生事务管理模式的多样化。

(四) 管理队伍专业化

美国高校十分重视学生事务管理队伍的专业化建设,注重学生事务管理队伍学历层次的提高,其学生工作人员大多是获得教育学、精神病学、心理学方面的硕士、博士学位的专家。美国各州都有一所大学设有高等教育行政专业,美国一些大学还增设了学生工作方面的博士点,培养学生工作方面的专门人才。同时,为协调工作、沟通信息,全美大学还建有"高等教育学生事务管理工作委员会",每年召开年会研讨交流;还在学生事务管理方面制定了明确的工作规范及完备的规章制度,如《美国高等学校学生事务管理人员行为规范》《美国高等学校学生事务管理人员伦理标准》《高等院校学生事务管理》《学生服务手册》《学生事务应用手册》等,使高校学生事务管理工作具有固定的程序和明确的要求,有可以细化和量化的考核评价指标体系。

(五) 科学研究理论化

美国高等院校在殖民学院时期就有重视学生事务的传统,对学生事务管理的研究起步也较早,呈现出科学研究理论化的特点。例如,美国学生事务管理哲学理论基础的实用主义,是一种"多元事实的哲学"、真实地反映了美国社会的多元特征,并为这个社会提供了一种认识论。理论上它强调"完整"学生的全面和创造性发展,应当有意识地为学生实践各种知识的有用价值而设计计划和活动,是影响学生事务管理的,与理性主义、新人道主义、存在主义并存的四大哲学思想之一;实践中主要采用了咨询和人格理论,把在一战中对士兵成功使用的心理咨询、心理测验以及职业性测试等成果广泛应用于教育领域。此外,"学生发展理论"、"校园环境理论"、"结构—组织模式理论"等一系列学生事务管理理论都自成体系,各自发挥着促进学生事务管理的积极作用。美国学生事务管理一直在明确的理念、清晰的指导思想、清楚的工作目标、系统和科学的理论指导下进行。

三、美国学生事务管理的理论及实践对我国高校学生工作的启示

美国学生事务管理的实践从无到有,在历经"替代父母制"、"学生人事"、"学生服务"和"学生发展"的多种模式后,现在已经走上了专门化的发展道路。它不仅有力地支持和服务于培养人才的使命,而且也成为美国高等教育领域的一个不可分割的组成部分。纵观美国学生事务的发展历程,笔者认为,我国高校学生工作从中可以得到很多方面的启示。

(一)重塑以人为本的管理理念

尽管美国高校高度自治、每所大学的办学理念各有不同,但自由、自治和平等的核心特质却是每一所学校所追求的目标和航向,是美国高校学生观的核心组成部分,当然,这也是中国高校学生管理工作所应坚持的态度和原则。因此,结合我国学生管理实际,重塑"以人为本"的管理理念,首先,管理者要正视学生作为独立、自主的个体存在的现实,尊重学生的个体价值和尊严,尊重学生的权利。学校及各部门与学生之间建立一种平等的关系;学校有责任为学生创造良好的条件,提高服务质量,同时学生要对自己的学习负责。尊重学生还体现在对学生个人信息的严格保密。无论是学生的健康状况还是处分决定,未经学生本人同意,任何人无权公开,以免给学生的身心健康带来不良影响。其次,管理者要理解人、尊重人,把"人"作为最重要的资源,作为管理活动的核心,围绕人的主体地位和自身潜能的充分调动,解决管理要求与学生需求、管理评价与学生发展、管理队伍与管理使命的不相融洽之处,将教育人、引导人与关心人、帮助人融为一体。最后,管理者要摒弃传统文化中的义务本位思想,强调权利本位的法治观念,从以管理为目的转变到以服务为宗旨,让学生参与民主管理,增强学生的主人翁意识;倡导促进学生全面成长成才,为学生各种能力的培养提供条件和环境;倡导主动为学生服务,增强管理育人意识,把对学生的教育融入常规管理与为学生服务之中。

（二）构建科学化的理论体系

纵观美国高校学生事务管理的发展历程可以看出，美国高校学生事务管理之所以从幼稚到成熟，由定位模糊到职责明确，成为一个职能多样化、工作标准化、人员职业化、研究学术化、理论综合化、运行高效化的专业领域，一个显而易见的归因就是其拥有丰厚的理论基础。无论是学生道德教育的基本模式和基本方法，还是学生事务管理的哲学理论和实践应用基础，都是建立在坚实而又丰富的科学理论研究和探索之上的，并且具有鲜明的实践性和可操作性。目前，我国高校学生事务管理理论的现状是研究总结较少，理论基础不足。实践是需要科学的理论指导的，一个完善的、具有中国特色的学生事务管理理论体系的建立是非常必要的。具体来说，一方面，需要整合人力资源、促进集体协同式研究，提高科际整合研究能力。我国高校学生事务管理的学科基础是马克思主义理论一级学科和思想政治教育二级学科。以马克思主义关于人的全面发展理论为基础，汲取包括教育学、哲学、心理学、管理学、社会学等学科的理论成果，本着服务学生、发展学生的宗旨，促进理论研究不断地与时俱进。毕竟学生管理是一门介于管理科学和教育科学之间的应用性边缘学科，它对教育学和管理学之外诸多社会学科多有借鉴，不能囿于就教育论教育、就管理论管理的狭窄圈子，应该综合运用这些学科的知识和技术来研究学生管理，构建科学化的理论体系。另一方面，需要加强高校学生管理行业协会建设，创办学生管理专业期刊，形成比较完善的学生管理行业规范、从业标准和人员的伦理道德要求、技能条件。

（三）构建专业化的人员体系

通过梳理美国高校学生事务管理的历史发展不难看出，美国高校富有成就的学生事务管理与其管理队伍的职业化、专家化是分不开的。美国学生事务管理的职业化和人员的专业化首先体现在管理人员的聘任、提升具有较为明确的要求和程序，体现在学生事务专业人员协会和职业组织的成立、专业期刊的出版和职业标准的不断发展，使学生事务管理不断成长直至成熟。在我国，作为学生事务管理工作的具体实施者，高校学生工作人员的素质直接决定着学生管理工作的优劣。没有一支素质过硬的专业化、职业化的学生管理队伍,学生工作水平的提高无从谈起。针对当前我国学生工作的复杂现状,当务之急就是要加速学生事务管理工作队伍的专业化建设。首先,要建立学生管理人员的分类定岗制度,形成职责明确、功能互补、重点突出、各司其职的学生管理系统,积极引进具有心理学、教育学、管理学背景的高层次人才充实到学习指导员(班导师)、专业咨询员、公寓管理员、社团指导员、学生事务秘书等专业岗位。其次,要在全国范围内成立学生管理专业协会,出版学生管理专业期刊,制定学生管理专业标准、工作原则和道德规范,为构建专业化的人员体系提供保证。要对在职管理人员积极进行专业培训,完善其知识体系。再次,要从学科角度设置学生管理专业,培养学生管理专业人才,为构建专业化的人员体系奠定基础;要在实际工作中切实提高辅导员的地位和待遇,稳定高校学生辅导员队伍,切实解决队伍流失严重的问题。

(四)构建双系统内容体系

美国高校学生事务管理的内容体系全面而完善,在管理上能充分考虑学生的需要,为学生的发展提供优质、全方位的咨询服务、生活服务、学生校园生活服务,成为美国各高校有稳定生源和高质量学生的重要保证。结合我国国情,学生工作内容上,要突破传统的学生工作以思想政治教育为主体的观念,将高校学生工作的范围扩大到高校所有可能影响学生发展的"非学术活动"上。构建思想政治教育和学生事务管理两个学生工作子系统。思想政治教育子系统,包含学生思想教育、党团教育、道德教育、法制教育等,重点关注主流价值观、道德观、民族文化、多元文化等对大学生成长的影响及其传承和发展的规律。学生事务管理子系统则以服务学生为主要内容,强化对学生的学习辅导、生活指导、就业指导、社团指导、课外活动引导以及提供心理咨询服务、法律咨询服务、学生资助服务、健康指导服务等;重点关注高等教育自身发展对学生成长的影响和学生事务管理专业化的规律。

参考文献:

[1] 蔡国春.高校学生事务管理概念的界定——高校学生工作术语之比较[J].扬

州大学学报,2000(6).

[2] 陈学飞.美国高等教育发展史[M].成都:四川大学出版社,1989:116.

[3] 朱炜.发达国家高校学生事务管理比较及其启示[J].黑龙江高教研究,2003(6):1-2.

公民道德教育

培育文化教育建设载体实践探索

袁新进

(扬州市职业大学，江苏 扬州 225127)

《中共中央国务院关于进一步加强和改进大学生思想政治教育的意见》明确指出："校园文化具有重要的育人功能，要建设体现社会主义特点、时代特征和学校特色的校园文化，形成良好的校风、教风和学风。"校园文化建设为思想政治教育提供良好的环境，是开展学生思想政治教育工作的重要阵地，思想政治教育是校园文化向先进方向前进的可靠保证。

近年来，笔者所在学校以绿色教育为办学理念，以"自强不息、明德树人"的校训精神为动力，以培养高素质技能型专门人才为目标，从学生实际出发，用"四个文化建设载体"创新高职学生人才培养工作，为学生铺设健康、和谐、可持续发展的绿色人生之路。

一、建设途径与措施

(一)培育心理健康文化，关爱学生成长

学校秉承绿色教育理念，通过创新工作思路，完善工作机制，培育心理健康文化，培养和造就具有现代心理素质、意志品格、思维方法、价值观念和行为规范的高素质技术人才。

1. 完善机制，为开展心理健康教育提供组织保障

学校建立了由校、系、班级组成的心理健康教育三级工作网络体系，明确提出"全过程、全方位、全覆盖"的心理健康教育工作目标，确定"立足教育、预防为主、积极干预"的工作原则，分三个层次开展工作：一

是面向全体学生开展心理健康知识的普及教育；二是对部分有心理困惑和心理障碍的学生进行辅导咨询；三是对极少数有严重精神疾病或处于心理危机状态的学生进行危机干预。

2. 预防为主，大力开展心理健康知识普及教育

以课堂为主、课外为辅，做好普及教育和培训指导工作。以"大学生心理健康与咨询"课为核心，开设多门公选课；以大学生心理健康知识宣传月为平台，以心理健康教育中心网站、绿色健康超市网页、心理讲座等为载体，宣传普及心理健康知识。学生心理协会、各系心理辅导站、班级心理互助员已成为学院心理健康教育工作深入学生的纽带和桥梁。

3. 创新方法，做好个别心理咨询和团体辅导工作

建立以"面谈咨询、电话咨询、书信咨询、网络咨询、心理门诊、团体辅导"为手段的服务方式，保证了有心理困扰和轻度心理障碍的学生能及时得到辅导。针对不同阶段、不同专业的学生，有针对性地制定目标和选择辅导内容：大一侧重新生适应，进行生涯规划教育。大二侧重人格完善，教育学生如何悦纳自我、完善人格和发挥潜能。大三侧重就业创业教育，开展职业心理咨询。

4. 创新载体，做好大学生心理危机干预工作

不断探索学生心理危机干预办法，形成了心理"普查、建档、筛选、干预、跟踪"五位一体的心理危机干预工作体系，建立大学生心理问题早期预警、中期干预、后期跟踪的三阶段危机干预长效机制。

5. 打造特色，切实提高大学生心理素质

以教师队伍为先导，以课堂为抓手，融自信心理辅导于课堂。坚持用发展的眼光看待每一位学生，用前瞻性、持续性的评价衡量每一位学生。

(二) 培育社团文化，关心学生成人

学校重视社团建设，打造具有我校特色的校园社团文化。通过参加社团开展的社会调查和实践服务活动，学生们在活动中学会适应、学会包容、学会思考、学会创新、发挥个性、培养能力，为将来走上工作岗位奠定基础。

1. 加大经费投入,完善社团管理制度,建立社团建设保障机制

学校在每年编制预算时设立社团建设专项资金,学校和系部对于学生社团申报的重点项目给予1∶1的资金扶持。各党政部门及时对社团工作给予指导和引导,成为社团文化建设的政治保证。各系团总支设立社团指导部门,注意培养和引导学生党员、入党积极分子成为社团骨干。各系为每个学生社团配备专门的指导老师。系部各专业教研室与各专业社团结成一对一帮扶小组,形成完善的社团建设保障机制。

2. 依托社团巡礼节等校园文化品牌,打造精品社团

各社团以社团巡礼节为平台,不断推出一批批有质量、有活力的社团品牌活动,使学生社团成为我校校园文化建设的生力军,成为提高学生综合素质的领头雁。

3. 积极开展社会实践活动和青年志愿者服务活动

学校把组织大学生参加社会实践纳入实践教学的培养计划,通过"三下乡"、"四进小区"、勤工助学、青年志愿者等形式开展大学生社会实践。通过这些实践活动,大学生的特长和专业知识得到了充分发挥,自身素质得到了充分提高,自身价值得到了充分体现,增强了社会责任感。

(三)提升文化品位,关注学生成才

学校以"绿色教育"理念引领人才培养工作,围绕"让高雅文化漫步校园,让读书工程遍及校园,让阳光体育洒满校园"的建设思路,为广大学生铺设健康、和谐、可持续发展的绿色人生之路。

1. 开设"扬州绿色讲坛",用先进文化引领学生

近年来,学校开设"扬州绿色讲坛",先后邀请杨叔子、宁津生、程顺和等特聘院士及同济大学教授阮仪三、世界知名数学家丁玖等专家学者来校讲学,让学生从中吸取丰富的科学文化营养。学校还开设系列讲座,将"扬州绿色讲坛"打造成引导和帮助大学生完善知识结构、全面成人成才的有效载体。举办各种学术讲座,鼓励学生参加学术活动,大胆创新,让他们参与教师科研,拓展学生的视野。

2. 举办德育讲座和典型讲座,以正确舆论引导学生

学校领导亲自为学生开设德育系列讲座。邀请优秀毕业生和创业

典型举办励志报告会,连续两年开展"绿色教育"十佳人物评选活动,选举学习、励志、服务、创新等各方面典型,组成事迹报告团到各系巡回演讲,增强了思想政治教育的启发性、激励性、感染性。

3. 实施"青马工程",以科学理论武装学生

2009年3月,学校结合高职人才培养目标,依托校内外教育教学资源,从机构建立、计划制订、导师队伍组建、实践基地培育等多方面建立了独具特色的"青年马克思主义者培养工程"的实施方案。

4. 开展读书活动,用优秀作品鼓舞学生

学校每年开展"通读一本书、撰写一篇读书心得、举办一次读书学习报告会、组织一次学习心得交流会、进行一次读书学习成果展示"的读书活动,扎实打造书香校园。与提高人文素养相结合,制订读书计划,拟定学习专题,创新学习形式。

5. 开展阳光体育运动,用健康文化发展学生

学校重视阳光体育运动的推进,每年举办体育健康文化节。一是充分发挥定向体育课题研究成果,以体育课为主体,以运动会为品牌活动,开展丰富多彩的体育活动。二是成立9个俱乐部,把开展阳光体育运动与课外体育活动结合起来,努力提高学院的运动水平,促进学院体育在更高层次上普及。

(四)重视创业文化渲染,关怀学生成功发展

把大学生创业教育作为深化教育教学改革的重要内容,把培育创业文化、培养学生创新精神、提高创业能力作为人才培养工作的重要组成部分,形成了以"双渠道、三结合、多模式"为核心,以"早动手、成规模、有创新"为特色的大学生创业教育体系。

1. 践行绿色教育理念,铸就创业教育特色路

努力践行绿色教育理念,形成了以"双渠道、三结合、多模式"为核心、以"早动手、成规模、有创新"为特色的大学生创新与创业教育体系。"双渠道"是指课内、课外两个渠道,"三结合"是指学研产结合、课内外结合和校内外结合,"多模式"是指课内多样化合作学习教学模式和课外多样化自主创新学习模式;"早动手"是指在学生进入专业课程的学习之前进行创新与创业的启蒙教育,"成规模"是指在全校形成了校、

系、班三级的创新与创业教育网络,"有创新"是指在整个过程中在制度上、形式上、结果上力求新颖和富有成效。

2. 建设创新创业基地,开拓创新创业实践路

我校把为学生提供良好的创业条件和环境作为一项重要工作,建设了成梯度、成网络的创业实践基地。先后建成大学生创业教育园,为学生提供创业实践示范基地;建立以专业为背景的四个创新创业教育实践基地;不断加强与校外企业合作,分批次、有计划地遴选出部分企业,建设相对稳固的大学生创业教育实践基地。

3. 开展创新创业工作,铺设创新创业学习路

我校建立了"学研产结合、课内外结合、校内外结合"的独具我校特色的创业教育模式,积极探索不同形式的高职人才培养模式。开发了《职业发展与就业指导》教材,加强教学互动,提高课程实践性。开设了以《财务会计》《企业管理》等创业知识类课程。依托省大学生实践创新计划训练,鼓励学生参与并承担教师课题中的部分研究项目,为创业教育实践提供"源头活水"。学校通过设立大学生创业投资基金,帮助大学生解决创业难题。每年举办大学生创业计划和职业生涯规划竞赛,对学生进行创业教育。学生社团依托各专业优势,成立了"大学生商社"、"旅游协会"多个创业社团,调动了学生职业发展的积极性和主动性。

4. 构建创新创业体系,打造创新创业保障路

我校结合专业人才培养目标,探索具有学校特色的创业教育服务体系,形成创业教育长效工作机制。成立"就业创业工作小组",加强对创业教育工作的组织领导。制订学校创建江苏省大学生创业教育示范校建设实施方案,全面规划创业教育工作。成立大学生素质拓展教研室,开展创业教育研究、创业课程与教材建设,组织实施创业课程教学。建设大学生创业教育园,为开展学生创业培训、创业实践、创业指导、创业项目孵化提供基础保障。

5. 展示创新创业成果,造就创新创业人生路

全校创业文化氛围浓厚,学生创业意识增强。我校学生在各级创业类、技能类竞赛中获各类奖项达 95 项。学生创业热情高涨。近年

来,我校毕业生创业比例为5.6‰,学生创业典型不断涌现;学生创业实践的项目数量增多、内容丰富。创业教育研究成果颇丰。近年来,我校教师主持省市级创业教育方向课题6项,参编教材两部,编写校本教材一部,发表论文26篇。

二、建设成效与影响

(一)强化了学生自我管理

通过"四个文化建设载体"促进了学生党员的发展,壮大了学校团学组织力量。在院系两级共青团、学生会与学生社团的主要负责人中,学生党员、入党积极分子达70%。一大批学生党员活跃在学生工作第一线,成为学生"三自"教育的中坚力量,已精心打造出社团巡礼节、科技文化艺术节、职业生涯规划大赛、创业计划大赛等品牌活动和心理健康协会、藏纯杂志社、新荷文学社、大学商社、外语俱乐部、勤工俭学社和书友协会等品牌社团。

(二)提高了学生整体素质

通过"四个文化建设载体"的创新,促进了人才培养质量的提高。近两年来,我校在省级以上职业技能竞赛中获得各类奖项66项。我校学生英语等级考试通过率为86%,计算机等级考试通过率为88%,职业技能考试通过率达90%,特别是医学系护士职业资格考试连续两年一次性通过率100%,总平均分达到86.61分,名列全省第一;参加自学考试的学生占学生总数的9.86%;每年有近300名学生通过江苏省专升本考试,社会用人单位对毕业生的思想道德素质和职业素质评价满意率达95%以上,毕业生就业率已连续多年在98%以上,每年毕业生创业比例为5.6‰左右。

(三)促进了校园的和谐稳定

学校先后获得了"平安校园"、"文明宿舍"、"文明食堂"等称号,实现了维护安全稳定工作"六个不发生"和防范处理邪教问题"三个零指针"的总体目标。未发生一起集体上访事件,未发生一起群体性滋事事件,未发生一起重特大刑事案件和重大治安灾害事故。学校校风正,学风好,呈现出一片祥和、安宁、有序的良好局面。

（四）提升了学院发展软实力

学校从学生实际出发，以"四个文化建设载体"为突破口，进一步丰富和发展了"天人合一"、"面向人人"、"君子不器"的绿色教育办学理念，进一步培育和弘扬了"自强不息、明德树人"的校训精神，进一步理解和认识了"质量立校、人才强校、特色兴校、科研优校"的发展理念，进一步巩固和深化了"体制机制创新、特色办学、质量工程、人才强校、开放办学"等五大战略，使学校形态、文化神态、师生心态内外和谐，办学实力、学校活力、文化魅力刚柔相济，全面促进特色鲜明的校园文化建设，使学生成长、成人、成才、成功。

三、建设经验与启示

（一）坚持党委领导建设校园文化

学校始终从坚持社会主义办学方向、培养中国特色社会主义事业建设者和接班人的战略高度重视做好大学生思想政治教育工作。学校把校园文化建设纳入学校教育事业发展规划，始终把握校园文化的前进方向，不断完善校园文化建设的政策与措施，形成党政领导直接领导、党政工团齐抓共管的校园文化建设机制。

（二）坚持持之以恒建设校园文化

校园文化建设是一项长期的、系统的工程，是一个逐步完善、定型和深化的过程。对于高职院校来说，要确立适合自身发展的校园文化，更需要一个长期探索和积累的过程。在校园文化建设中，经过不断沉淀、积累、提炼而来的新的校园文化建设过程，就是从"校园义化"到"文化校园"的过程，是大学对文化规律的遵循和大学文化本质的回归。

（三）坚持以生为本建设校园文化

校园文化建设应当借鉴美国校园文化中"以人为本"的教育理念，使学校的一切工作以学生为中心，一切围绕学生的成长，满足学生的需求，为学生尽量提供自主、宽松的学习环境。教师与学生的地位是平等的，教师注重引导学生养成独立思考、冷静分析、自主决策的习惯，培养学生的创新意识和创造能力。坚持"以生为本"，还应该结合高职教育职业性特点，关心每一名学生的成长、成人、成才，以真情、真心、真诚教育和影响学生,提高思想政治教育的针对性、实效性。

（四）坚持全员共同建设校园文化

校园文化建设,须依靠师生员工的整体努力。学校党委要求基层党组织要在资助生活困难学生、做好师生心理疏导、帮助毕业生就业、维护校园安全稳定等方面发挥政治核心作用和战斗堡垒作用,党员要发挥先锋模范作用,教职员工要为人师表,发挥垂范作用。要充分调动广大学生的积极性和创造性,引导学生积极参与校园文化建设,做校园文化建设的主人翁,让他们将文化内化于心、外化于行。

和谐校园的建设既要依赖外在的制度管理,更需内在的文化引领。我校本着潜移默化、以文化人的理念,不断创新校园文化建设载体,形成了富有特色的校园文化,有力地推动了学校思想政治教育工作的顺利进行。

参考文献：

[1] 中共中央国务院. 关于进一步加强和改进大学生思想政治教育的意见[EB/OL]. 教育部门户网站_MOE. GOV. CN http：//www. moe. edu. cn/publicfiles/business/htmlfiles/moe/moe_1408/200703/20566. html

[2] 何兴国,王炜波. 技术文化:高职文化建设新视野[J]. 江苏高教,2015(9).

[3] 张麦秋,张孝理."校企合作"模式下高职文化建设的冲突与共建[J]. 中国高等教育,2011(10).

[4] 姚军. 论高校校园文化建设的思想政治教育功能[J]. 黑龙江高教研究,2012(10).

[5] 姚军. 以社会主义核心价值观统领大学生思想政治教育研究[J]. 教育探索,2008(12).

美国隐性教育思想对我国高校的启示

曹小妹

（江苏海事职业技术学院，江苏 南京 211170）

隐性教育贯穿于美国教育的全过程。由于美国是一个多种族、多文化、多宗教的移民国家，具有多样性和复杂性的特点，就必然存在各种各样的分歧和矛盾，因此，对人们的思想教育就增加了难度。美国是一个发达国家，其教育学研究也是被全世界推崇和认可的，他们在教育研究方面积累了深厚的教育理论和教育思想，特别是杜威的实用主义教育理论，是学习和研究的主要对象。美国政府通常会将教育目的贯穿在社会环境、课程设置和社交活动上，注重教育信息的隐蔽性和教育顶层的设计。

一、美国隐性教育的特点

（一）在教育内容中蕴含隐蔽性

由于美国具有宗教信仰多元化、宗教观念普遍化等特点，政府就利用公民的宗教信仰作为实行统治的重要思想舆论工具，通过宗教团体的规模化和宗教活动的社会化，来渗透西方主流意识形态的教育。在美国，只要是发生过重大历史事件或者能体现美国精神的活动，都会把它作为爱国主义教育的题材，供世界游人参观，增强美国公民的自豪感。比如，他们通过航空航天飞机发射活动，宣扬美国精神；利用博物馆在历史文化遗产和世界科技领先水平方面充分展示其辉煌成就，使美国人民了解艰难的创业历史，启发创新思想；通过重大节日的庆典活动以及升旗仪式，向人们灌输效忠国家的思想。我们发现，美国只要有人居住的地方，都挂有美国国旗。同时，美国还通过竞选活动强化公民的民主意识，增强政权及共同体的支持。

（二）在教育方法上体现隐蔽性

1. 渗透教育法

美国高校的课程设置一般包括通识教育课程和专业教育课程。利用课程设置将通识教育课程渗透于各学科中，使得在专业课的教学讲授中将主流意识形态渗透到大学生的思想中，培养符合西方资本主义所提倡的价值观。

2. 间接教育法

美国开设课程具有很强的灵活性，各大学都是由各个州或者各自学校根据自己的实际情况来制定，但是都要开设包含 5 门左右的通识课程和一些思想品德课，通过这些课程的开设，可以传播美国资本主义色彩，对大学生进行间接教育。

3. 灌输教育法

在美国教育实施的过程中，通常采用的是一种隐蔽式的灌输教育方法。比如，采用对话方式进行双向互动的灌输形式，在课程教学过程中，教师扮演启发者的角色，开展讨论式教学，在轻松活泼的气氛中将西方资本主义的思想和观念灌输给学生。他们还通过一些政治家的演讲活动，对美国人民进行灌输教育。

（三）在教育途径中贯穿隐蔽性

1. 在公共环境中，凸显隐性思想

美国博物馆遍及美国各州，通过博物馆陈列前人遗留下来的遗物，对美国公民进行历史文化遗产教育和国家发展前景教育。在首都华盛顿，我们发现有许多著名的博物馆和以美国历任总统的名字来命名的纪念馆，这些建筑不仅传播着美国精神，而且还记载着美国的历史文化，通过对历史的回顾与学习，树立民族自豪感和积极的人生观，即一种隐性的思想教育。

2. 在课堂活动中，开设隐性课程

这类课程主要包含社会学、政治学、哲学、文学等，以美国文化、人文社科为主，其在美国各大学普遍开设，因为其所涉及的领域较广，在各学科教学中带有渗透性的作用，其隐蔽性特点常常不为人所知。美国高校还通过自然科学将道德教育和传授知识紧密结合起来，开展学

科的交叉性学习,对大学生进行间接性的渗透教育。

3. 在多种活动中,体现隐性教育

美国大学的校园活动主要包括俱乐部、文体活动、社团活动以及学术活动,这些丰富多彩的大学校园活动是进行隐性教育的重要途径。美国高校非常重视校园活动,在社团活动中,贯穿学校追求的社会价值与培养目标,对学术交流起到隐性牵引作用,是课堂教学的合理补充。学校还通过毕业生典礼、学校庆典、学术演讲等活动,来培养学生爱校爱国的思想。同时,美国大学还通过提倡学生参加社会实践活动,增长学生的道德认知,培养道德情操和社会实践服务能力。

(四) 在教育队伍上打造隐蔽性

在美国,主流意识形态的教育主要是由教堂的牧师这一队伍来承担的,各个教堂也就成为思想教育的阵地。牧师的工作具有职业性和专业性,在美国要想成为一名专职牧师,一般都要具备博士学位,同时还必须是男性。他们通过专业学习和职业训练,取得神学学位,具备很深的圣经文化理论知识及高超的演讲水平,才能从事相关工作。美国是一个重信仰的国家,教堂很多,人们的信仰都是建立在这样的一支精干队伍上,这支队伍扮演着传播西方主流意识形态的角色,因此,牧师在美国教育过程中,对美国人民发挥着积极的引领作用,切实保证了西方主流思想在教育中的主导地位。

(五) 在教育体系中强调隐蔽性

在美国的教育体系中,贯穿着社会教育、学校教育和家庭教育的共同责任,使得美国教育更显蔽性。在美国大学的教育过程中,学生家长可以高度参与,家长有权监督学校,社会也承担着相应的教育义务。父母具有教育子女的义务,也有权利决定自己的孩子上学的问题,他们关注学校的教育质量和办学能力,学校也容许学生家长的参与,当地社区会紧密结合学校和家庭的需求,承担着不同的教育义务,提供相应的政策支持和监督责任,这样社会、学校、家庭都围绕着统一的主流意识形态,对年轻一代的教育发挥着各自不同的作用,这种隐蔽性的教育体系,起到了很好的"社会水泥"作用。

二、我国高校教育现状

改革开放以后,由于多元文化和市场经济的影响,我国高校中并存着各种理论思想,而大学生正处于人生价值观还未成熟的时期,对于新生事物,愿意接受但又不能正确辨别是非,很容易受其他社会思潮的影响。在这种背景下,西方资本主义国家借助经济、文化、科技等隐蔽途径对我国大学生进行意识形态的侵略与同化。而我国当前的教育仍沿袭以"灌输式"和"说教式"为主的显性教育模式,向受教育者传授社会需要的思想和政治观点以及道德规范。社会意识是由社会存在决定的,随着客观环境的变化,当今90后大学生变得更为自我的特点,对这种灌输、说教式的教育产生逆反心理和情绪抵触,因此更增添了教育工作的难度。主要表现在以下几方面:

(一)主流思想与多元文化并存,需要隐性教育发挥疏导作用

我国大学生在完成应试教育后,在大学的宽松环境中初步接触社会,社会中的多元文化和思想逐步影响他们,很容易受到外界各种思潮的影响。一百个人就有一百个观点,由于他们正处于思想观念的发展阶段,从不同角度去判断同一事物,就会产生不同的标准和不一样的结论。当学生面对各种不同的思想时,如果没有主流思想的疏导,就会使学生在思想上产生困惑,甚至发生偏激的行为。显性教育主要是传授理论层面上的思想观念,却忽视对现实社会中思想观念的引导与辨别,更不可能针对学生的思想疑虑和现实中的多元文化进行分析或给予解答。因此,我们可以借助隐性教育,创设情境环境,来疏导大学生接受符合我国国情的主流思想。通过开展课外活动,来掌握学生的思想状况,积极应对当前的各种社会思潮和多元文化。

(二)显性教育无法消除"应然"与"实然"的差距

当今的大学生在学习和生活中出现"知行不一"的现象,"应然"与"实然"的差距一直困扰着高校教育工作者。从大学生群体的认识层面来看,无论是学生的考试成绩,还是各种调查问卷显示的结果,都表明学生大体认同我国教育所倡导的价值导向,具有一定的教育效果。但是在实际选择时,由于以自我为中心的个性特点,却不会按照既定的价

值标准来进行考虑和行动。例如，一些大学生对环境保护的意识很强，面对他人时提倡文明环保，但是在实际生活中，自身也会发生诸如不节约用水或乱扔乱倒等现象。显然，显性教育消除不了"应然"与"实然"之间的差距，但是教育者可以通过隐性教育活动，采用创设情境的方式，以相对具体的形式来理解抽象的教育理论，言传身教，帮助教育对象实现将教育理论转化为实际行动，实现"应然"到"实然"的转换。

（三）功利化的价值追求，增加了正面说教的难度

部分学生进入大学后就认为可以高枕无忧，在个人生活上开始追求享受，对学习要求比较放松，上课就是为了能取得学分，对所学内容一知半解，只关注期末考试能否通过，甚至依赖老师划重点复习来通过考试。上学就是为了混一个学历文凭，找工作赚大钱，部分学生对上课还会产生逆反情绪。这种误解完全忽视了教育教学的规律。在教学过程中，教师对学生思想领域出现的需求和问题，应给予及时的教育和引导。如果借助隐性教育的特点，我们可以让学生感受不同的价值追求，从而客观面对现实、面对现在的学习和将来的生活，增强学习的主动性，科学理性地规划自己的人生，达到教育目的。对那些上课存在偏见的学生，同样会在共同的环境下接受隐性的教育，隐性环境的影响将会促使他们逐步树立正确的世界观、人生观和价值观。

三、借鉴与启示

（一）优化教育方式，重视"渗透式"教育

我国的高等教育一直具有政治倾向明显、旗帜鲜明的特色，时刻体现着党的绝对领导地位。但是随着全球化的影响，社会环境逐渐多样化，网络传播和人文氛围正急需我们在方式方法上进行创新，我们要在继承优良传统的同时，转变观念，注重通过渗透性手段进行传播教育，不单单依赖正面灌输的固有方式，以多种渗透式的方法将隐性教育的理念引入我国高校教育领域，使我国高校教育能触及学生的心灵深处，健全教育体系，优化教育方式，起到"润物细无声"的效果，将显性教育与隐性教育有机结合起来，增强教育的可接受性，让广大受教育者乐于接受，达到"此处无声胜有声"的目的。

(二) 拓展教育空间，丰富隐性教育内容

我国高校教育应从"一维"向"多维"转变，触及整个受教育者的大环境。国家层面要重视主流社会意识形态的思想传播和氛围创造，通过文化建设，打造社会教育与学校教育相统一的人文环境。学校层面要注重对专业课和学生的业余文化生活进行科学设置，加强教育的渗透作用，让大学生亲身感受改革开放之后我国社会所取得的巨大进步，增强民族自豪感。充分利用社会这个大课堂，对人民群众中的先进典型加以宣传，为大学生树立人生目标，提高思想素质；借助社会教育基地和各种纪念馆、展览馆丰富的教育资源。重视校园空间布局的思想性，完善校园的生态环境，有目的地建立校园景观。在高等教育中，要将专业课教育与思想教育紧密结合起来，各学科中不能空谈学术，要针对社会现实承担思想教育的任务，在专业课教学中丰富思想教育的内容，通过高校课程的改革，推进隐性课程的研究。

(三) 发挥高校教师在隐性教育中的正面影响

在高校，学生接触最多的是学校里的老师，其在学术和教学中的一言一行都会直接或间接地影响着学生。教师的"身教"，中国自古以来就被人们所提倡，教师渊博的知识、积极进取的精神将能激发学生学习的欲望，成为学生学习的榜样，其价值取向的方向也将直接或间接地影响学生的思想和对生活的态度。教师个人的人格魅力，以身作则的精神，会增强教育过程的说服力，正所谓"亲其师、听其言、信其道"。师生之间建立良好的关系，不仅有助于学生培养良好的个人品格，促进身心健康成长，而且更有助于学生学业的提高。当前，随着"以生为本"的学校育人理念不断推进，师生之间更需要建立民主平等、相互尊重的关系，提倡教学相长，学生与老师之间建立一种人格平等的朋友式师生关系，在教育教学过程中，创造轻松的学习环境，让学生更能在情感上接受教师传授的教育思想和内容。因此，对教师综合素质的提高就更为重要。

(四) 辩证对待显性教育与隐性教育的关系

在我国高校无论是教育还是管理，都在以不同的形式对学生实施着影响，都在以不同的内容对学生的心灵进行着塑造，都是从不同的角

度对学生的人格进行着培养。我们要坚持创新教育模式,以显性教育为主阵地,隐性教育为补充实施教育。显性教育通过进课堂的形式对学生进行教育,灌输社会主流思想的信息,教育者通过教育资源的优势,将教育信息从教育者到教育对象实现传递。隐性教育只能作为显性教育的有益补充,而不能完全代替显性教育。如果仅仅依赖学生的主观能动性,在教师设置的隐性教育过程中,只强调学生的自我学习,不借助显性教育的优势,那么就不能保障教育的方向性,学生在预设的隐性教育活动中就不一定得到收获,预期的教育效果也就得不到保证。隐性教育发挥的辅助作用主要体现在两个方面:一是强化和巩固成果。隐性教育可以采用寓教于乐的方法,发挥自身的优势特点,通过显性教育对学生产生的影响,加深学生对所学内容的印象,让其在不知不觉中接受教育。二是弥补不足。当显性教育的灵活性不足时,学生会出现不配合教育产生抵触情绪,使得思想问题无法解决,教育者应借助社会和家庭的力量,对教育对象传递教育信息,解决思想上的问题,从而使家庭教育、学校教育和社会教育形成合力。

高等教育是我国改革和发展事业的有机组成部分,肩负着民族精神的弘扬和创新、先进文化的传播和发展、科学技术的开发和推广,在引领社会潮流、树立社会风尚、促进社会发展、创新民族精神等方面发挥着巨大的积极作用。中国和美国两个国家由于社会制度不同,教育目标和教育内容在本质上就会有区别,我们应坚持马克思主义立场,借鉴美国隐性教育思想,不断改革和创新我国高等教育的方式方法,拓宽我们的工作思路,做到批判地吸收和加工,提高我国教育的实效性,构建出适合我国国情、具有中国特色的教育制度和体系。

参考文献:

[1] 揭晓,陈卓武.中美大学生主流意识形态认同教育比较研究[J].黑龙江高教研究,2012(3).

[2] 白显良.论隐性思想政治教育的实践准绳[J].理论前沿,2008(9).

[3] 陈安杰.美国高校隐性"思想政治教育"的实现途径探析[J].理论消费导刊,2009(8).

[4] 托克维尔.论美国的民主[M].上海:商务印书馆,1988.

[5] 王锐.美国思想政治教育特点分析及其借鉴[J].教育研究,2011(3).

[6] 贺才乐.美国高校思想政治教育方法及其启示[J].广西教育学院学报,2011(1).

[7] [俄]康斯坦丁·德米特里耶维奇·乌申斯基著,郑文樾编选.乌申斯基教育文选[M].北京:人民出版社,1991:7.

[8] 纪武昌,杨金花.美国高校思想政治教育"隐蔽性"对我国思想政治教育的启示[J].职教研究,2011(9).

美国高校道德教育内容与途径探微

朱冬梅

(南京师范大学, 江苏 南京 210023)

一般认为,在美国高校,公民教育(Civic Education)就是我们所说的道德教育。美国高校道德教育的内容从总体上看是围绕公民教育进行的,美国要求大学教师或学生事务工作者必须帮助学生成为一个合格的美国公民。因此,大学德育也基本上是围绕公民教育的基本内容而展开。

一、美国高校道德教育的主要内容

(一) 爱国主义教育

美国高校的爱国主义教育包括美国的政治、经济、文化、社会制度教育。爱国主义教育具体渗透在对美国历史的认识教育以及对美国现状的分析评价中。各类学校普遍开设公民课程,讲授美国法律、政治结构、社会制度、公民责任等,强化学生的社会责任感,让学生在潜移默化中提升对国家的认同感和归属感。

(二) 法制纪律教育

美国强调遵守法律的重要性,目前大部分学校均按照法律要求开展了宪法和相关法律教学,强化学生遵纪守法的意识。作为公民教育的一项重要内容,学生的日常行为规范也被纳入法制与纪律教育中。美国高校有严格的学生行为守则和违纪处理条例,如有学生违反法律和校纪校规则有专门的机构负责处理。

(三) 诚信教育

诚信教育是美国高校道德教育的核心内容之一,而学术诚信更是美国高校诚信教育的重点。美国政府早在1989年就成立了科学诚信办公室和科学诚信调查办公室,用以监督、调查学生和学者的学术诚信问题。很多高校在新生入学时就签署一份学术诚信承诺书。有的高校成立学术诚信鉴定委员会,对学术不端行为进行裁决。有的高校实行"荣誉法则(Honor Code)"制度,列举不诚信行为的各种表现形式,帮助学生明确哪些行为属于学术不端,学生只有签署荣誉法则才可以入学。有的高校施行荣誉考试制度,类似于我国高校的"免监考班级"。即所有考试不设监考,学生保证在考试期间无作弊行为。如果发现谁违反这一制度,一经核实立即开除。以此培养学生的诚实品德,增强师生之间的相互信任。

(四) 责任教育

责任教育贯穿于美国高校道德教育的始终,强调大学生必须认识到作为一个合格公民,应该对自己、他人以及社会负责。美国高校对公民意识的理解是对社区的贡献和对团队的反馈。要求学生充分利用自身的优势,在校期间参加多种形式的社区服务,毕业后能反哺母校,回馈社会,勇于承担公民责任,成为高效且负有责任的公民。

二、美国高校道德教育的途径

(一) 课堂教学中融入道德教育

美国高校几乎没有专设的道德教育课程,其道德教育渗透在历史学、公民学类课程中。美国的历史课程在不同的阶段,形式和内容相应有所不同。小学主要以历史故事、伟人轶事为主,采取阅读、讲授、角色扮演等形式;中学侧重于学习历史事实和过程,强调历史的系统学习,主要采取讲授、讨论等形式;大学则侧重对历史的理论分析以及历史对现实的借鉴作用,以讲授、研讨、辩论等形式为主。通过历史教育,培养学生对国家的深厚情感,树立自尊心与自信心。公民学类的课程主要包括美国宪法和法律、美国政治生活中的道德问题、政治与社会制度、艺术和社会、亚洲政治思想、伦理学等方面的课程,促进学生对美国的文化和精神传统有基本的体验和理解,使学生从中获得道德熏陶,提高道德判断力和选择的自觉性。近年来,美国高校更加注重在学生的学科专业课程中渗透道德教育。要求学生对每一门主修专业课程都要从历史、社会和伦理学的角度学习研究,回答几个问题:这个领域的历史和传统是什么？它所涉及的社会问题是什么？未来的发展前景如何？要面对哪些伦理和道德问题？通过回答这些问题,帮助学生明确所学课程的目的和意义,在教学过程中向学生灌输一些具体的道德规则和国家倡导的价值观。

（二）开展丰富多彩的校园文化活动,注重学生在参与中获得道德发展

美国教育的一大特点是重视学生自主判断和选择能力的发展,而不是简单地服从特定社会或集团的规范。美国教育界普遍认为,每个人都应该根据各自的价值观去选择,教师不应给学生灌输某种既定的规范,而应该着力于引导他们如何进行选择。教师需要对选择的后果提供观点及证据,永远站在学生身后,以理解和支持的态度鼓励学生自由选择,勇敢地尝试,并学会对选择的后果负责。美国高校经常组织各类校园文化活动,包括形式多样、内容广泛的各类学术活动;丰富多彩、学生积极参与的校园文艺与体育活动;校庆、国庆、入学仪式等全校纪念性活动等。这些活动都由学生自己策划、自己筹措经费、自己组织参与,在活动中形成信赖、尊重、责任、公正、宽容、坚定等积极的品格特征。以加州富乐敦州立大学为例,他们非常重视每年的新生教育活动,会在新生动员大会上发放学生需求调查问卷,告诉学生学校的各项规章制度,围绕新生入学开展为期一个月左右的校园文化活动,一方面是展示多姿多彩的学校校园文化生活;另一方面也是对学生渗透道德教育,包括美国政治经济和文化的教育、学生的行为纪律教育、道德品质教育等。

（三）积极组织学生参加社会服务,增强道德教育实效

许多美国学者认为,道德伦理规范的灌输无济于学生道德水准的提高,真正的教育途径就是实践,让学生在实践中增强道德认识,培养道德情感,提高道德责任感。由此提出"服务学习"的理念,即社会服务与专业学习相结合,学生通过参加计划详细、组织周密的活动来满足社区的需要,培养社会责任感。服务学习是一种体验式学习,它为学生提供关怀他人的机会,将学生的学习扩展到社会,增强道德教育的实效。

美国大学生经常参加的服务学习活动包括社区服务、资金募集、环境保护、关爱弱势群体、慈善演出、社会福利机构义工等。这种教育方式得到美国政府的大力支持,有的州从政策上做出规定,要求学生必须参加此类实践活动达到规定时间才能毕业。有的州对此类活动下拨专款支持,根据活动内容和实际需要下拨款项额度。还有的州在辖区内以及跨地区之间建立社会服务联盟,聘请专门人员指导、协调社会服务活动。正因为如此良好的外部环境,美国大学生普遍愿意参加社会服务活动,在活动中培养自我教育、自我管理、自我服务以及社会生存、团结协作、人际交往、服务他人的基本能力,使其自尊、自爱、自主、自重。通过实践锻炼,学生将道德原则内化为自我的道德信念,提升道德情感,培养道德意志,不断认识自我、了解社会,这是课堂教育的有益补充,是美国大学道德教育行之有效的途径。

（四）注重道德教育环境营造,加强隐性德育

在美国,道德教育潜移默化、润物无声。美国非常注重道德教育氛围的营造。国旗不仅在节日悬挂,平时也有很多广场、商店、企业、学校悬挂国旗,给人星条旗无所不在的感受,增强国民的民族自豪感。在美国首都华盛顿,国家投入大量资金建设诸如国会大厦、白宫、华盛顿纪念堂、林肯纪念堂、国会图书馆等建筑场馆,航空航天博物馆、国家艺术馆等各类场馆免费开放,使置身其间的人们深切感受到美国的价值观念以及雄厚的国力。公共环境成了无所不在的"泛德育"课堂。在美国独立纪念日、阵亡将士纪念日等特殊时间节点举行纪念活动进行爱国主义教育。平日通过活跃的社团活动、心理咨询、义工和慈善活动来进行隐性道德教育。

三、对我国大学生德育工作的启示

（一）转变教育理念,突出德育对象的主体性

美国高校道德教育充分体现出平等和尊重。这一点在我国高校德育中尚未得到充分显现。表现在教育内容上,忽视个体价值;在教育形式上,缺乏层次性和连贯性;在教育方法上,以单一的讲授为主,忽视学生的主体地位。这就使得道德教育缺乏针对性和实效性,吸引力、感染

力不强。我们要借鉴美国道德教育以学生为中心的理念，突出学生的主体地位，帮助学生进行道德认知，明确道德原则，让学生自己进行道德行为判断和选择，并对自己的选择负责。道德教育的过程中强调尊重人、理解人、服务人、发展人，充分调动大学生的积极性、主动性，引导他们自我教育、自我管理、自我服务。

（二）将道德教育与专业教学、第二课堂相结合，重视道德教育的全方位渗透

道德教育不是任何一门专门教学可以完成的，必须融于不同学科的教学之中。应注重挖掘各门学科的德育资源，指导学生了解每门课程的历史、现实与未来。例如，生物学科结合专业知识的传播，强调尊重生命，帮助弱者，关心他人，为社会尽责；地理学科鼓励学生保护环境，珍惜自然资源，加深对国土的认识，增强国防观念等。同时，加强道德实践，鼓励学生大力开展校园文化活动、社会实践、志愿服务活动等，丰富第二课堂活动，注重活动的长期性和实效性。通过专业知识的拓展学习和服务社会带来的道德体验，往往比单纯的道德说教更能体现德育实效。同时，我们还要大胆探索符合学生特点的德育方法，使学生感到德育目标明确具体、可亲可信，并将这种目标内化为自己的主动追求，德育工作才会真正收到实效。

（三）积极营造良好的道德教育环境

优化高校德育环境，营造一种有利于大学生道德健康发展的良好氛围，发挥德育环境的渗透性作用，开展无形教育、无声管理，是大学生道德教育的有效途径。首先，应注重物质文化环境建设，增强其育人功能。将学校自然山水的设计、道路楼宇的命名等与校史、学校人才培养的目标相结合，在陶冶学生的情操、塑造学生美的心灵的同时，让学生自然而然地受到感染、暗示和启迪。其次，应构建良好的精神文化环境，积极建设富有历史内涵、时代风格和校本特色的大学文化，营造锐意进取、积极向上的健康氛围，帮助大学生积极践行社会主义核心价值观，培养科学态度和高尚人格。

参考文献:

[1] 彭雨,管宁. 韩国、美国高校道德教育特色与启示[J]. 洛阳大学学报,2006(1):119-122.

[2] 牛晓玉. 中美高校思想道德教育比较[J]. 河南社会科学,2009(3):182-185.

[3] 万美容,姬会然. 国外道德教育的基本方法对我国学校德育的启示[J]. 学校党建与思想教育,2007(4):78-80.

[4] 梁茜,吴志强. 美国大学诚信体系及对我国大学生诚信教育的启示[J]. 高教论坛,2012(10):16-17.

心理健康教育

美国心理咨询职业化历程对我国高校心理咨询发展路径的启示

蔡智勇

（南京审计大学，江苏 南京 211815）

《国家中长期教育改革和发展规划纲要（2010—2020年）》将"以人为本、全面实施素质教育"确定为此轮教育改革发展的战略主题，在回答"培养什么人、怎样培养人"的重大问题上，提出要面向全体学生、促进学生全面发展，加强心理健康教育，促进学生身心健康、体魄强健、意志坚强。高校的心理咨询和心理健康教育作为高校履行人才培养使命、保障全体学生全面发展的一条有效途径，将得到越来越多的重视。

由于社会转型、贫富差距、价值多元、教育体制僵化、人口政策单一、传统家庭功能弱化、人口大规模迁移等因素的共同影响，大学生心理健康问题呈现出频发、复杂、极端的趋势，如有些恋爱情感问题同时涉及同性恋并伴随抑郁甚至出现自杀倾向。大学生心理问题已引起政府、社会、学者的广泛关注，进而促进了高校心理咨询工作的迅速发展。但是，当前大学生对心理咨询服务的直接或潜在需求与高校供给之间仍存在着较大的落差。这主要体现在：首先，并非所有学校都设有心理咨询机构，并非所有学校都有足够的心理咨询师，并非所有学校的心理咨询师都能提供足够的心理咨询；其次，学生使用心理咨询服务资源的意识和需求未能得到有效引导和开发；再次，咨询师的职业素养、专业技能、临床经验无法应对大学生所遭遇的心理问题。如何尽快地缩小这种落差已成为高校心理咨询下阶段发展所要解决的重要课题。

笔者有机会到美国加州富乐敦州立大学进行实地考察，并与该校心理中心主任进行交流。"他山之石，可以攻玉"，本文试图通过对美国高校心理咨询的运行机制与发展轨迹的梳理来探索我国高校心理咨询的角色定位与发展路径。

一、中美高校心理咨询的发展历程回顾与现状概括

著名心理学家赫尔曼·艾宾浩斯曾说过："心理学有着长久的过去，但是只有很短的一段历史。"心理咨询作为一种专门职业的存在以及学校心理学的产生也都只有不到百年的时间。但是，在这短暂的发展过程中，心理咨询已清晰地界定了它的专业功能、服务对象和范围，并发展出一套行之有效的原理、方法、技能以及相关的培训体系、鉴定标准和认证制度。我国高校心理咨询工作起步于20世纪80年代中期，虽已有长足发展但仍明显滞后，主要是机构使命不清、职责不明、功能不全、运行不畅、经费不够，以及人员数量不足、受训不够、伦理不严等情况。美国是心理咨询职业化的先驱[1]，通过对美国高校心理咨询职业化历程的考察，有助于探索我国高校心理咨询的发展途径，并加快发展步伐，提高发展质量。

（一）美国高校心理咨询的职业化历程

弗洛伊德的精神分析开创了一种以谈话为形式的治疗，即心理治疗或咨询，也代表了一种新职业的诞生。美国心理咨询的兴起源于19世纪中后期的工业革命给人们生活所带来的深刻影响，以及20世纪初美国社会改革运动和学校指导运动的兴起、公立教育迅速普及、心理测量的出现和迅速发展等因素的共同作用。

1. 美国心理咨询的两条线路

美国的咨询专业在诞生之初就先后沿着两条线路进行发展，有两个历史渊源，存在着两种取向，即"咨询取向的心理咨询"与"心理学取向的心理咨询"，它们都有各自的资格认证标准和程序。其中，由指导运动发展而来的心理咨询英文习称为Counseling，它并不强调心理的含义，并一直独立于美国心理学会而存在，其当前的全国性组织是"美国咨询协会"（ACA）[2]；来源于以心理测量为基础的临床咨询模式的心理咨询的专业组织是成立于1946年的美国心理学会（APA）成立了第17

分会,即咨询与指导分会(1952年改为咨询心理学分会)。这两种居于不同传统的心理咨询模式之间的竞争与合作共同推动了美国心理咨询的职业化发展。

2. 职业心理咨询的萌芽与发展

20世纪40年代,卡尔·罗杰斯(Carl Rogers)的咨询理论和第二次世界大战期间及战后美国政府对心理咨询的参与对心理咨询的实践产生了巨大影响。罗杰斯于1942年出版的《咨询与心理治疗》(Counseling and Psychotherapy)一书提出了"以人为中心"的咨询模式、"不指示"(Nondirective)的咨询原则,将咨询者定位于一种不判断的(Nonjudgmental)、接纳的角色,这对心理咨询和心理学的发展都产生了革命性影响。二战后,美国退伍军人管理委员会(VA)通过提供奖学金的方式,鼓励更多的学生接受心理咨询和心理学培训,并对职业咨询者的专业角色也进行了重新定义,进而创造了一个新名词"咨询心理学家"(Counseling Psychologist)。VA的参与对大学的心理咨询专业教育产生了深刻的影响,使专业教育的内容更加明确、针对性更强。1952年,美国心理学会第17分会放弃使用"指导"这一概念,改名为"咨询心理学分会",更专注于为"正常人"提供服务,更加关注正常人的成长和发展问题,而不是临床心理学家所关心的服务对象,这样第17分会的专业特征就更加明确了。同年,成立于1913年的"国家职业指导学会",改名为美国人事与指导协会(APGA),它也是ACA的前身,目的是把那些对职业指导、心理咨询和人事管理感兴趣的研究者组织起来,并积极地开展活动。第17分会和APGA的成立与存在,对心理咨询作为一种职业的成长与发展发挥了重要的作用,咨询心理学开始作为一种明确的职业与职业指导相分离。

3. 心理咨询认证制度的确立与完善

美国心理咨询认证制度的特点之一是将资质鉴定与资格认证分开,对咨询员的培训机构和培训课程的认证,称为资质鉴定;对申请者是否达到咨询员的特定标准以及个人开业资格的认证,称为资格认证。认证制度的另一个主要特点是非官方的行业协会认证与官方认证相结合。资质鉴定旨在向公众保证一个培养机构所提供的心理咨询专业课程的教育质量,由行业协会负责,主要是 APA 和 ACA。资格认证是对个体进行评价的制度,它衡量一个申请者是否达到特定标准,是否有资格成为咨询员并对外正式开业,这种资格认证既有官方的也有行业的,分为州强制的资格认证与国家水平的自愿资格认证。前者由州政府控制,后者由行业协会负责。根据认证的严格程度和法定强制性的不同,还可以将资格认证分为三种形式:执照、认可和注册。[3] 执照一般由州政府控制和颁发,只在该州范围内有效,但有些州之间会相互承认执照。州执照持有人经简单的登记就可在承认本州执照的州执业。州政府认证的执照咨询员是一个广义的概念,包括执照心理学家(Psychologist)和执照咨询员(Counselor),由州心理学执照委员会、美国—加拿大心理学联合执照委员会(ASPPB)和 APA 等组织共同负责,前者颁发普通咨询员执照,ASPPB 主要颁发专门领域咨询员执照,如学校心理、团体心理治疗、儿童心理治疗等,这两种执照可以兼得。获取执照必须同时满足教育、考试和督导下的实践经验这三个方面的条件[4],不同的是,大多数州规定心理学家执照所需的教育水平是博士学位而咨询员执照要求的最低学位是硕士。最后,需要特别指出的是无论培训机构的资质认证还是咨询员资格认证都是有一个有效期的,需要定时更新认证,如州政府颁发的咨询员执照每 5 年需要重新认证一次。

咨询员资格认证制度的建立和发展源于 20 世纪 50、60 年代 APA、APGA 的推动,这项制度也直接推进了咨询员的职业化进程。1953 年,美国心理学会咨询心理学分会规定了正式的心理咨询专家培养标准,这一"培养标准"后来成为教育训练委员会研究生院博士课程培养计划的认定标准。同时,这一分会还向美国心理专业职业考试委员会派出常任代表,积极参与颁发"心理咨询指导员"的特别执照。同年,美国心理学会伦理基准委员会公布了 APA 伦理纲领。次年,由 20 余名心理学家发起创办了《咨询心理学杂志》,该刊物成为心理咨询的专业杂志。1955 年,美国心理学会开始正式颁发心理咨询专家执照。APGA 则在1961 年公布了"心理咨询者的道德规范"条例。

1963 年,美国颁布了"社区心理健康中心法案"(Community Mental Health Centers Act),使得各个社区有权力建立自己的社区心理健康中心。这些中心开始公开招聘教育系统以外的心理咨询工作者,心理咨询开始向社会渗透,职业化特征更加明朗。

70年代中期,美国各州的心理学家考试委员会设置了更多、更为严格的限制性措施,例如进行心理学职业资格考试等,以保证心理学家具有高质量的专业水准。此举极大地推进了在州和国家的水平上建立心理咨询人员的资格证书制度和开业执照制度,促进了心理咨询的职业化进程。1973年,咨询员教育和督导协会建立了第一个咨询员执照委员会。1974年,APGA也开始为执照运动努力。1976年,弗吉尼亚州成为美国第一个通过立法,实行心理咨询执照制度的州。现在,美国已经有47个州和哥伦比亚特区实施了咨询员执照制度。[5]

4. 美国高校心理咨询的职业化和专业化

如前所述,心理咨询一开始并不是以一种专门职业的面貌出现的,而是被许多人视为学校的某些功能,或把它与指导(Guidance)等同起来,认为它只不过是某种教育功能的花样翻新。心理咨询作为一种专门的职业,其专业功能、服务对象和范围,其所运用的原理和方法等,都是在发展过程中逐渐明确和丰富起来的。从某种意义上说,美国心理咨询最早的活动领域主要在大学和学院,高校心理咨询是心理咨询的最初形式,同时也是心理咨询职业化和专门化的一个标志性发展成果。

美国学校心理咨询起步很早,20世纪30年代,就有部分高校开始向在校生提供"心理咨询"服务,但直到1945年APA成立学校心理学家专业委员会(后改为学校心理学专业委员会),学校心理学才正式获得社会的承认。[6]二战之后,美国大学的心理咨询服务迎来了快速发展的黄金期,这主要得益于APA的学校心理学分会(1945年)和咨询心理学分会(1946年)的相继成立。这不仅宣告高校心理咨询已经有了自己的专业组织,而且高校心理咨询服务也正式从临床心理学和精神科领域中分离出来,走上自己的独立发展道路,它对高校心理咨询的职业化和专业化发展意义深远。

1954年,在纽约州西点市召开的学校心理学家会议,强调学校心理学家首先是心理学家,同时要接受教育训练并具有一定的实践经验。会议还专门讨论了学校心理学家的作用、资格和训练方法,并形成了一个促进学校心理学发展的指南针文件。1958年,《国防教育法》的颁布与实施更是极大地刺激了高校心理咨询的发展。这部法案规定政府拨付资金提高学校心理咨询教育的水平,建立咨询与辅导研究机构,提供资金和助学金培养心理咨询专门人才。到1965年,美国学校心理咨询工作者已达到3万人,到1968年,几乎有三分之二的心理咨询师服务于教学机构,从事教学、服务和管理工作。[7]

高校心理咨询的迅猛发展,让什么是心理咨询服务、高校心理咨询机构的使命和职责是什么、高校心理咨询人员应该具有哪些素质或接受怎样的教育、高校心理咨询机构如何才能提供高质量服务等问题的重要性日益凸显出来,并逐渐引起了广泛重视,并最终导致高校心理咨询的人员任职资格和机构建设标准的相继出台。1970年11月,大学心理咨询中心主任特别委员会(University and College Counseling Center Directors Task Force)开发出首部《大学心理咨询服务指南》,并随即被各大学心理咨询中心主任采用作为心理咨询中心建设的标准,以促进大学心理咨询中心的发展并维持高标准的运作状态。此后,国际心理咨询服务协会(IACS)每隔十年左右对该标准做一次修订,至今已公开发布4个版本,即1971版、1982版、1994版和2003版。[8]目前,美国、加拿大和澳大利亚都采用国际心理咨询服务协会制定的2003版的大学心理咨询中心鉴定标准,以确保提供高质量的服务。[9]另外,2000年美国自己修订发布的《美国大学和学院心理咨询中心资格鉴定标准》也明确界定了心理咨询机构在美国高校中的定位和作用、角色和功能、伦理要求、队伍建设等,勾勒出美国高校心理咨询服务系统的框架。[10]

当前,美国的大学心理咨询中心都已经是学校的正式机构,而且名称也相对统一,基本上都称为Counseling and Psychological Services(咨询与心理服务中心)。大学心理咨询中心也已经形成了一套相对成熟稳定的运行机制。在大学内部,心理咨询中心基本上归属于学生事务领域,但保持行政上中立,不参与招生、奖惩等事务,只是为了保证组织目标和任务的完成而必须与学生事务负责人和其他关键管理者紧密协同,并从人性发展的角度为管理者和学生家长提供建议,即所谓的商讨(Consulting)。在大学外部,美国各大学心理咨询中心需要在专业上受美国大学心理咨询协会管理。该协会每隔一段时间都会从中心的角色功能、伦理标准、专业队伍建设情况等方面对各高校心理咨询中心进行资格评估，并将评估结果在网上公布。

美国大学心理咨询中心之所以能提供高质量的服务，不仅在于其成熟有效的运行机制，还在于完整合理的人员结构。美国高校心理咨询队伍由专业员工（Professional Staff）和支持员工（Support Staff）组成，成熟的心理咨询中心的专业员工队伍包括心理咨询师（Psychologist）、精神科医生（Psychiatrist）、咨询员（Counselor）、精神科护士从业者（Psychiatric Nursepractitioner）、注册临床社会工作者（Licensed Clinical Social Worker）、实习生（Predoctoral Fellow，Postdoc fellow）。[11]专业员工一般都应具有咨询心理学、临床心理学、精神病学和社会工作领域的博士学位，并持有州专业资格证书。其中的心理咨询师如果要拥有处方权，必须具有临床心理学、医学或精神病学的博士学位。心理咨询中心主任的任职除了上述基本条件外，还有一些特殊规定，如应该获得咨询心理学、临床心理学或其他密切相关的专业的博士学位，接触过大学生群体，在被提名为中心主任之前至少还应有3年临床或咨询工作经历，其中至少有1年是处于临床或行政的管理职位。支持员工主要负责前台接待和后台服务，如咨询时间安排、数据处理、心理测试和调查的处理、海报宣传等，他们都必须接受心理咨询相关知识的培训。美国高校心理咨询中心最低员工学生比为"1名全职专业人员：1 000～1 500名学生"[12]。

笔者访问的加州富乐敦州立大学心理咨询中心有13名专业人员和7名实习人员，其中的专业人员均具有博士学位和教授职称，并需自行负责更新州政府心理咨询委员所颁发的执照。所有专业人员在入职之前都需要具备高校心理咨询中心的相关经验。

（二）我国高校心理咨询的发展历史与现状分析

2014年正好是我国高校正式提供心理咨询服务的第30个年头，在这短短的30年内，我国高校心理咨询服务经历了一个"从无到有、快速发展、基本普及、逐步规范"的发展过程。这迅猛的发展趋势得益于深刻的社会变革、丰富的学科资源以及密切的国际交流。改革开放以后，我国社会发生了翻天覆地的变化,竞争日益激烈,生活方式日趋多样化,价值观念逐渐多元化,这直接加剧了大学生的适应困难,进而影响情绪稳定、引发各种行为问题,精神疾患发生率逐年升高,由恋爱、学业和人际关系等原因导致的自杀事件也呈上升趋势。高校心理咨询服务面对着巨大的社会需求。与此同时,伴随着人们对健康与疾病认识的不断深化,中国心理学在经历了20世纪90年代中期的恢复阶段后也进入了顺利发展阶段[13],这为心理咨询的发展与普及提供了强有力的专业和人员支持。美国、德国、日本和香港地区、台湾地区的优质师资与先进经验也为我国高校心理咨询从业人员的技能培训、知识积累、工作模式探讨发挥着重要作用。

1. 我国高校心理咨询的发展脉络

1984年4月,我国高校第一个为学生服务的心理咨询机构在浙江省湖州师专成立,由该校心理系教师担任咨询员,并从当地精神病院聘请两名医生。1985年,上海交通大学和华东师范大学也相继在校内成立了心理咨询机构,为学生提供个体心理咨询,并开展各种形式的心理健康教育。1986年,清华大学、北京医科大学、浙江大学、山东工业大学也相继开展心理咨询和教育活动。截至1986年年底,全国共有30多所高校为学生提供心理咨询服务。[14]随后,全国各地高校的心理咨询机构如雨后春笋般地不断涌现。

1990年11月27日至30日,中国心理卫生协会大学心理咨询专业委员会在京成立,至此,大学心理咨询活动有了统一的专业组织。1991年6月,大学心理咨询专业委员会邀请日本咨询学会理事、大学心理咨询学会秘书长、筑波大学心理学系咨询心理学教授松厚达哉到北京开办培训研讨班,迈出了我国大学心理咨询活动国际交流的第一步。大学心理咨询专业委员会为高校心理咨询工作者提供了一个经验分享、人员培训、对外交流的宝贵平台。

进入21世纪,高校心理咨询与心理健康教育迎来了历史上最好的发展时期。这主要表现在政府的认识水平不断提高,推动举措不断加强;心理学学科发展迅速,心理学毕业生大量补充到心理咨询队伍中;行业学会的培训与监管不断加强,职业行为更加规范;继续教育与技能培训日趋丰富,国际学术交流日益密切;专项研究与心理类书籍层出不穷。

高校心理咨询和心理健康教育的发展需要政府的强力推动,尤其是国家层面的顶层设计和省级层面的具体规划。1995年,国家教委首次提出"心理健康教育",将其列为德育的十项内容之一,主要包括"心理健康知识教育、个性心理品质教育、心理调适能力培养"三项内容;但是没有明确提出心理咨询,也没有关于人员、机构和方法的专门规定。2001年,教育部颁发的《教育部关于加强普通高等学校大学生心理健康教育工作的意见》(教社政〔2001〕1号)详细规定了心理健康教育的主要任务、内容、原则、途径和方法,首次提出"要重视开展大学生心理辅导或咨询工作。高等学校开展心理辅导或咨询工作,对于解决学生的心理问题具有重要的作用";并规定"高等学校大学生心理健康教育工作,以学生思想政治教育工作教师的主体,专兼结合的工作体制,高等学校应配备专职人员作为学校心理健康教育工作的骨干"。2004年8月26日颁发的《中共中央、国务院关于进一步加强和改进大学生思想政治教育的意见》(中发〔2004〕16号)中的第18条规定:"开展深入细致的思想政治工作和心理健康教育,要建立健全心理健康教育和咨询的专门机构,配备足够数量的专兼职心理健康教育教师,积极开展大学生心理健康教育和心理咨询辅导,引导大学生健康成长。"这份文件着重解决了机构设置和队伍建设问题。2005年1月,教育部、卫生部和团中央三部门联合颁发《教育部 卫生部 共青团中央关于进一步加强和改进大学生心理健康教育的意见》(教社政〔2005〕1号),首次提出了转介流程,"发现存在严重心理障碍和心理疾病的学生,要及时转介到专业卫生机构进行治疗",进一步规范了心理咨询的职业行为;并在教育部成立全国大学生心理健康教育专家指导委员会,对全国大学生心理健康教育提供咨询与指导,进一步完善了心理健康教育的领导体制与工作机制,同时提出要"建设一支以专职教师为骨干,专兼结合、专业互补、相对稳定、素质较高的大学生心理健康教育和心理咨询工作队伍"。

刚刚迈入21世纪的第二个十年,教育部就连续颁发两份文件以推进高校心理健康教育工作。2011年2月,教育部办公厅印发了《普通高等学校学生心理健康教育工作基本建设标准（试行）》的通知（教思政厅〔2011〕1号），强调"高校应将大学生心理健康教育纳入学校人才培养体系"，并全面规划了高校心理工作的运行模式与建设标准，指导各高校围绕"体制机制、师资队伍、教学体系、活动体系、心理咨询服务体系、心理危机预防与干预体系、工作条件"等七个方面加强建设。5月，教育部办公厅又印发了《普通高等学校学生心理健康教育课程教学基本要求》的通知（教思政厅〔2011〕5号），突出了课堂教学在大学生心理健康教育工作中的主渠道作用，强调通过教学手段提高全体大学生的心理健康素质，并对课程性质与教学目标、教学内容、课程设置与教材使用、教学模式与教学方法、教学管理与条件支持、组织实施与教学评估等方面进行了详细规定。需要特别指出的是，早在1985年我国就着手起草的《精神卫生法（草案）》在经历了27年的漫长过程后，终于在2012年10月26日由中华人民共和国第十一届全国人民代表大会常务委员会第二十九次会议通过，并自2013年5月1日起开始施行。这是我国首次以法律的形式明确了精神障碍者的权益保护、心理咨询与心理治疗的界限、学校心理健康教育等内容，同时也标志着我国精神卫生事业整体跨入了一个新阶段。

　　与教育系统对心理咨询的推进相辅相成的是当时的劳动和社会保障部推行的心理咨询师的职业资格考试。面临社会对心理咨询服务的巨大需求，2002年心理咨询师被纳入《国家职业大典》，成为一门正式的新职业，2003年国家开始组织心理咨询师职业资格考试。尽管心理学界内很多人对劳动和社会保障部所培训出来的心理咨询师的业务能力与伦理规范存在很多非议，但是劳动和社会保障部根据《中华人民共和国劳动法》的有关规定，委托中国心理卫生协会组织有关专家制定的《心理咨询师国家职业标准（2005年版）》却弥补了当时心理咨询实践技能培训严重不足的现状，初步确立了"持证上岗"的观念，直接推进了心理咨询的职业化进程。实际上，很多高校心理咨询的兼职人员以及非临床心理学毕业的专职心理咨询教师都通过此培训了解了最基本的咨询设置和伦理规范，掌握了必要的临床技能，弥补了学历教育的不足。

中国心理学在经历了20世纪80年代的重建期、90年代的稳步成长期后,迈入了21世纪的快速发展期。继1999年科技部将心理学列为18个优先发展的基础学科之一后,2000年国务院学位委员会又将心理学确定为国家一级学科;截至2008年,心理学本科专业已发展到260多所高校,108个单位拥有心理学硕士学位授予权,24个单位拥有心理学博士学位授予权。[15]学历教育的兴起为高校心理咨询事业输送了大量的专业人才,这为高校心理咨询职业化与专业化储备了丰富的潜在力量。与学历教育同步兴起的是各类继续教育项目与各种理论流派的培训。2000—2002年,香港中文大学教育研究所与北京师范大学心理学院合办的"心理辅导博士班",培养了我国首批高校心理咨询工作的领军人物,如樊富珉、桑志芹、贾晓明、陶勒恒等教授,他们对我国高校心理咨询事业的探索、促进、提升发挥着不可替代的作用。需要特别指出的是,自1987年以来,一些德国和中国的精神病学家和心理学家就一直致力于在心理治疗领域进行一个不同寻常的跨文化合作,这就是有国际合作之典范、被誉为中国心理咨询和治疗界的"黄埔军校"之称的"中德班"。在此项目中,中方或德方教师都不支取薪水,且所有中方与德方教师的旅行住宿及生活费用以及翻译和必备物资的费用都由德方承担,甚至某些贫穷学员还得到了一定的资助。至2006年,将近420名中国同道参加了德中训练课程和研究项目,其中的钱铭怡、曾奇峰、肖泽萍、赵旭东、吴和鸣、童俊、施琪嘉等前期学员更已成为国内耳熟能详的培训师。他们的工作最大限度地弥补了学历教育的不足。

随着中国临床心理学和咨询心理学的不断发展,高素质的临床与咨询心理学专业人员、高水平的专业机构不仅成为当前社会的迫切需求,也关系到我国临床与咨询心理学领域的社会声望和学科的严肃性。专业的发展亟待建立对于从业人员存在现实的约束力,并有相应配套的专业人员和专业机构准入标准、培训机构认证标准,以及专业伦理规范等规定,以便专业学会实现对行业进行有效内部监控和自我管理,做到行业内部自律。于是,钱铭怡教授着手牵头创建了中国心理学会临床与咨询心理学专业机构和专业人员注册系统。该系统于2007年2月获得心理学会常务理事会批准后,并于2007年和2008年按照注册标准的审核并通过伦理审查,分别批准了两批专业人员为注册临床与咨询心理学督导师和心理师,在专业领域产生了良好的影响。第一批注册的临床与咨询心理师101人,督导师104人;第二批注册的临床与咨询心理师72人,督导师9人。目前全体注册人员521人,2013年新申请191人(其中督导17人,心理师121人,助理心理师53人)。实习机构9个。其中相当一部分注册心理师和督导师是来自于高校的专职心理咨询师。江苏省大学生心理健康教育专家指导委员会自2012年开始在南京审计学院组织全省的专职心理教师进行个案督导并统一申报注册系统。这预示着行业规范的成功实施。

2. 我国高校心理咨询的现状解析

经过30年的发展,我国高校心理咨询工作取得了长足的进步。以985高校为例,全国38所985高校均设有心理咨询机构,都能很好地将个体咨询与团体辅导相结合,积极开展各种心理服务满足在校生的需求。作为教育大省和教育强省的江苏,更是采取一些创新性措施来推进高校心理咨询的整体发展与机构建设。江苏省教育厅于2006年建立了仙林、江宁、苏南、苏北、苏中5个"大学生心理健康教育与研究基地",辐射与带动周边高校的学生心理健康教育工作,并于2009年6月启动了"大学生心理健康教育与研究示范中心"的遴选资助建设工作,遴选出包括南京大学和南京审计学院在内的16所高校大学生心理健康教育中心为省级示范中心予以重点建设。尽管成绩斐然,但我国高校心理咨询发展仍然存在着一些不足:

第一,发展主要源于外部行政推力,缺乏必要的内在需求分析。与美国高校心理咨询发展主要依靠需求推动和行业自身发展不同,我国高校心理咨询和心理健康教育的整体发展主要依赖于行政主管部门的发文与检查,高校内部心理咨询的发展水平则直接受制于行政领导的认识水平与意愿,这种做法短时间内极大地提高了发展的速度和规模,但也容易带来发展的不均衡性和反复性。这种被动的发展状态也导致了高校心理咨询发展上的先天不足,至今尚未形成自己清晰的界定与方向。

第二,人员数量不足,结构不够合理,学历、职称较低。大多数高校的心理咨询都实施专兼结合,以心理学和思想政治教育出身的教师为骨干,但实际上兼职人员远多于专职人员,专职人员的师生比严重不足。专职队伍内部分工、年龄结构、研究领域之间的搭配不合理,学历与职称较低。

第三,研究水平低下,尤其缺乏理论切合实践的研究。大多数高校的普及性教育活动丰富多彩,但心理咨询服务的数量与质量仍有待提升,研究的选题缺乏理论深度,咨询个案的质性研究亟须加强。

二、高校心理咨询机构的使命与价值阐释

加州富乐敦州立大学的咨询与心理服务中心留给本文作者最深印象的是其挂在等候室墙壁上显眼之处的一个有关机构使命(Mission)的画框。美国几乎所有大学的心理中心网站首页均有其对使命的详细描述。在美国,心理咨询服务被视为学校教育使命不可分割的一部分,它从多个角度支持营造良好的人文校园环境。

(一)重视使命,分析需求,转变发展驱动模式

美国高校心理咨询发展模式的一个重要启发是重视使命感的价值。高度发达的工业文明让美国形成了严格的职责界定、清晰的量化考核以及端正的职业态度,但这并没有让他们陷入所谓的绩效主义不能自拔;相反地,许多美国高校内部的管理措施和校园环境处处彰显着浓郁的人文气息。

绩效解决了一个机构"活下去"的命题,使命则关注的是价值观的延续,解决的是 个机构"为什么活下去"的命题。在新的发展起点上,高校心理咨询的管理者需要与其他成员一起主动思考心理咨询的存在价值与发展方向,探寻发展的内驱力,以保持发展的可持续。一般来说,大学主要有三大功能,即人才培养、科学研究、服务社会;这三者相互联系、不可分割,其中人才培养是大学的核心工作。大学生处于特定的人生发展阶段,来自不同的地区,成长于不同的文化背景与家庭环境之中,有着不同的教育经历,而且个性特征各异。这决定了心理咨询机构的使命在于促进有利于学生发展的校园人文环境的建立,致力于帮助学生达成他们的学术、专业和个人目标,从而有助于学校的整体人才

培养使命的实现。

(二) 在伦理规范与哲学思考的框架下完善与扩展功能

挂在美国高校心理咨询机构的另一块重要的画框是有关来访者的权益保护。咨询师通过帮助学生改善其合作技能,增强其人际交往能力,指导其大学规划,从创伤体验中恢复以及自我探索,彰显了学校心理咨询的存在价值与意义。其实,心理咨询包含的交流、合作、爱、认同智慧、生活意义、获得与提供支持等都是永恒的主题使命。

高校心理咨询机构在其发展过程中又逐渐扩展出另一项重要功能,即自杀预防与干预。所谓自杀,是指一个人有能力并蓄意通过某种方式达到结束自己生命的目的。自杀防治曾经面临着伦理困境的两难:是否对当事人的自主权造成侵犯?是否伤害了当事人,从而违反了不伤害的伦理原则?是否值得投入如此巨大的资源和心力,从而违反了公平正义原则?

存在主义哲学肯定了自杀防治的必要性。存在主义哲学认为"存在先于本质",而非"我思故我在",即一个人的自由或不自由,一个人的善与恶、对与错,都是在这个人是"存在"的基础上,才有谈论的可能性。只要还"存在"于世,"我"就有改变的可能性,"想死"的想法就有可能放弃,可见"自杀防治"是一项意义非凡的功能。

从另一个角度,我们也可以发现,其实自杀总是与足够多的生活苦难联系在一起的,"痛不欲生"就是最直接的体现。"不欲生"形容了"痛"的程度,从而将死亡与痛苦联系在一起,并暗示着死亡可以作为一种解决苦难的方法。这也反映出自杀具有工具的价值,只要能寻找出解决痛苦的替代方法,自杀是可以避免的,可见自杀防治是可行的。总之,任何功能的扩展都要接受伦理的检验,最大限度地保护来访者的权益,并且需要有哲学层面的思考,而不能仅仅是为了一些世俗的功利性目标或满足行政需要。

三、高校心理咨询机构的角色定位与内部管理

美国高校心理咨询机构非常值得我们借鉴学习之处还在于它们清晰的角色定位与职责规定,这主要表现在那相对统一的名字、独立的运

行机制以及完善的服务质量监控体系。目前,美国、加拿大、澳大利亚普遍采用国际心理咨询服务协会制定的《大学心理咨询中心鉴定标准》,认为心理咨询中心在行政上保持中立非常重要。[16]而我国高校心理中心的机构名称较为混乱,也没有相对一致的职责规定,专职人员的身份界定与工作量考核仍然有很多不完善的地方。这些问题都与运行机制混乱、优秀的心理咨询管理者严重缺乏有直接关系。心理咨询应作为一种服务加以界定,需对学生需求做具体分析,而且亟须一套针对心理咨询服务的科学的绩效评估方法以证明其价值,以保证其能沿着特定的专业轨迹发展。与此同时,中心主任的任职资格与行政职权需要进一步明确,需要重视对他们管理能力、科研能力、督导能力的重点培养。

(一)与学生事务跨专业协同

心理中心是学生事务系统的重要组成部分,其利用专业理论与技能,在奉行价值接纳与行政中立的基础上,搭建社会支持资源,和学生事务系统的其他部门与人员以及其他系统进行跨专业协同,共同为全体学生的全面发展提供服务与协助。

(二)与思想政治教育共存共荣

美国心理咨询起源于职业指导运动,我国高校心理咨询则是从思想政治教育逐渐延伸与发展而来。这就需要避免"说道理"的倾向,因为"道理"的另一个含义是"道德准则",从而让咨询关系残留着等级关系的模式,有悖于心理咨询平等、中立、接纳的基本原则。

虽然思想政治教育与心理咨询的总体目标都是服务于人才培养,但是在具体的内容、方法、人员等方面必须做出明确的区分。因为区分是共存、共荣的基础和前提。思想政治教育主要是通过课堂的形式来加以实现的,这种方法正被许多高校用以推动和实施心理健康教育。相比较于美国而言,这是我国高校心理健康咨询与教育的一种优势。

(三)严把人员入口关,推进绩效管理研究

成熟的人力资源理念只雇佣、奖励和容忍"成年人",避免将太多的时间用于拟定人力资源管理的条例,以应付一小撮与公司利益不一致的员工,因为这样的结果往往得不偿失。这个理念同样适用于心理咨询师的招聘。"员工的最佳福利,是与优秀者一起工作",设定高校心理咨询专职教师的任职资格与从业标准,严把人员入口关,是下一阶段发展要关注的重点,因为根据规定的师生比,专职心理教师的数量仍存在着较大的缺口。另外,在现阶段,有经验的高校心理咨询机构管理者更是一种稀缺的人力资源,他们在很大程度上决定了高校心理咨询的职业化和专业化水平,影响着未来的发展方向。因此,我们有必要借鉴美国的做法,对中心主任的任职资格与职权范围进行详细规定,并采取一定措施加以扶持、培养。

对心理咨询的数量与质量进行有效控制是高校心理咨询机构保持可持续发展的重要保障。加州富乐敦州立大学的 20 名心理咨询师都是博士学历,他们每周工作 40 小时,并保证其中 65% 的时间用来与学生面询。美国高校普遍采用的《大学心理咨询中心鉴定标准》列有专门的章节,用来规定心理咨询效果的测量指标,加州大学富乐敦分校咨询与心理服务中心等候室里摆放着一个专门用来收集来访学生咨询后的意见反馈箱。但我国高校心理咨询工作目前仍缺乏有效的绩效评估手段,这已逐渐成为制约其进一步发展的壁垒,因此探索并设计出心理咨询绩效的研究、评估方法已逐渐成为当务之急。

参考文献:

[1] 潘柳燕.高校心理咨询职业化发展方向探讨[J].心理辅导,2012(3):66 – 70.

[2] 江光荣等.美国心理咨询的资格认证制度[J].中国临床心理学杂志,2005(1):114 – 117.

[3] 祁雅琼.中美心理咨询资格认证制度比较与启示[J].黑龙江教育学院学报,2009(2):67 – 69.

[4] 江光荣等.美国心理咨询的资格认证制度[J].中国临床心理学杂志,2005(1):114 – 117.

[5] 江光荣等.美国心理咨询的资格认证制度[J].中国临床心理学杂志,2005(1):114 – 117.

[6] 潘柳燕.高校心理咨询职业化发展方向探讨[J].心理辅导,2012(3):66 – 70.

[7] 李焰等.中美高校心理咨询与心理健康教育的比较[J].思想教育研究,2010(7):50 – 53.

[8] 朱洁义.我国"985"高校心理咨询中心建设现状研究[D].武汉:华中科技大学,2011:1-70.

[9] 张爱莲.美、加、澳大学心理咨询中心的鉴定标准及启示[J].心理学探新,2009(1):18-22.

[10] 李焰等.中美高校心理咨询与心理健康教育的比较[J].思想教育研究,2010(7):50-53.

[11] 李焰等.中美高校心理咨询与心理健康教育的比较[J].思想教育研究,2010(7):50-53.

[12] 张爱莲等.美、加、澳大学心理咨询中心的鉴定标准及启示[J].心理学探新,2009(1):18-22.

[13] 黄希庭.改革开放30年中国心理学的发展[J].心理科学,2009(1):2-5.

[14] 樊富珉.我国高校心理咨询活动的回顾与展望[J].青年研究,1993(4).

[15] 黄希庭.改革开放30年中国心理学的发展[J].心理科学,2009(1):2-5.

[16] 张爱莲等.美、加、澳大学心理咨询中心的鉴定标准及启示[J].心理学探新,2009(1):18-22.

中美高校心理健康教育的比较及其思考

——以加州某高校与江苏省某职业院校为例

陶爱荣

（南京信息职业技术学院，江苏 南京 210023）

美国的心理健康教育起步较早，19世纪末20世纪初，由于工业革命和城市化的加速发展，促使各地移民大量涌入纽约、芝加哥等大城市，随之而来的是社会问题与日俱增，给人们的日常生活带来了众多压力。一些专家开始试图从心理方面找到解决问题的办法，在这种情况下，学校心理健康学应运而生。与美国一样，中国高校的心理健康教育工作也是顺应需要而产生的。20世纪80年代，随着我国改革开放的不断深入，先行接触到国外心理健康教育工作的学者，开始认识到心理健康教育在我国高校开展的现实需要。1982年，北京师范大学率先成立心理测量与咨询中心。1986年，华东师范大学成立了学生问题咨询所。这两所高校开创了我国高校心理健康教育的先河，随后，各高校的心理健康教育机构相继成立。从中美高校的心理健康教育源起时间看，相差了半个多世纪，许多国内的心理健康教育工作都是在向美国等国家学习，并在此基础上发展起来。

一、加州某高校与江苏省某职业院校心理健康教育工作之比较

（一）机构设置

加州某高校心理健康教育与服务中心隶属于学生工作事务系统，江苏省某职业院校心理健康教育与服务中心成立时，为院学生工作处

的一个部门,2012年2月成为学院独立设置的一个部门。

(二) 场地设施

加州某高校心理中心设有预约接待室,预约接待室布置得很温馨,里面配有舒适的沙发,齐人肩膀的、可爱的玩具熊,墙壁上的州心理学会颁发的执照醒目而让人有一种权威感,四周墙上有的地方挂着一些很有寓意的画,有些学生画的画,还有些标上了价格。有些地方挂着一些印刷正规的、有一定治疗作用的文字。等候的同学,随手可拿到各种介绍不同心理问题的折页,折页上会告诉你不同问题的应对方法。预约接待室和咨询室之间有一道门相隔,穿过这道门,有一个走廊,走廊两侧是一间间独立的心理咨询室,看上去很私密。

江苏省某职业院校心理健康教育研究与服务中心位于学院的商业街,两侧是学生宿舍,中心设有两间独立的心理咨询室。另有箱庭游戏室、音乐放松室、宣泄室、资料室、团体活动室等功能室。咨询室及功能室都面对学生宿舍,相对于加州某高校更具开放性。

(三) 师资人员

加州某高校心理中心有专职教师13名,均为教授,分别为医学、护理学及心理学背景的博士,拥有加州心理咨询师委员会颁发的咨询师执照。该校在校学生38 000人,咨询师和学生的比例为1∶2 923。

江苏省某职业院校心理健康教育研究与服务中心有专职教师5名,其中副教授一名,讲师4名,均拥有中华人民共和国劳动和社会保障部二级心理咨询师资格证。同时,一人为中国心理学会临床与咨询心理学专业人员与机构注册系统注册心理师。其余四人为注册助理心理师。该校在校学生12 000人,专职教师和学生的比例为1∶2 400。

(四) 工作要求

加州某高校心理中心教师每周工作40个小时,其中65%的时间要与学生面谈,如兼有其他工作,比如参与社区服务、担任实习生导师等,每周50%的工作时间需要与学生面谈。中心主任全面负责心理健康工作,对面谈等没有考核要求。学校对中心教师的科研,不做发表论文的要求,但要求专职教师参加学术会议,并在学术会议上做报告。

江苏省某职业院校心理健康教育与服务中心教师,每周与学生面谈不少于4个小时;承担全院心理健康教育课程;组织各种学生心理健康教育活动;挂靠指导分院心理健康教育工作等。学校对中心教师的科研工作量考核等同专任教师,每年40个学时。

二、几点思考

(一) 心理健康教育机构的设置

与加州某高校进行比较的江苏省某高职院校,心理健康教育研究与服务中心为独立设置的院正处级机构,这在江苏省高校中是较为少见的。一般高职院校的心理中心都隶属于学生工作处,少数隶属于院团委等。从多年的工作经验及对各高职院校现实情况的了解看,在我国目前的国情下,心理中心隶属于学生工作处的优势在于与各分院的关系较为密切,能够更有利于调动分院或系的工作积极性,让各分院更好地参与心理健康教育工作。劣势在于多数高职院校的心理中心的专职人员很难做到真正意义上的专职,他们往往是名义上的专职人员,事实上会兼顾学生工作处的其他事务性工作,没有时间和精力提升自身的心理健康教育工作技能,也会由于参与学工处的管理工作而在做心理咨询时较难和学生建立信任关系。此外,心理健康教育工作的开展,也会取决于学工处处长对心理工作的重视和理解。省内高校中,因为学工处处长或团委书记的更换,原来做得很好的心理健康教育工作重新回到原点的,屡见不鲜。独立设置的心理健康教育机构的优势在于专职人员有更多的时间和精力来从事心理健康教育工作,发展方向明确,更有助于调动专职人员的积极性,有利于心理健康教育工作职业化、专业化的发展。劣势在于与各分院的关系不再那么紧密,如何调动各分院参与心理健康教育工作成为一个新的议题。美国加州某高校的心理健康教育服务中心虽属学生事务系统,但人、财、物都是独立运作的。在我国现有状况下,如何寻找一个更具发展的机构设置模式,还有待于探索。

(二) 心理健康教育的场所建设

参观了加州某高校的心理中心后,让笔者更加感受到心理咨询场所的建设在学校心理健康教育工作中的重要性。一个布置专业的接待室、心理咨询室或功能室本身就会给来访者以安全感,有一定的治疗效果。从目前高职院校的心理咨询场所看,多数是只有一到两间的心理咨询室,地点有的设在教学楼,有的设在办公楼,也有的设在大学生活动中心,布置大多数较为简陋。可喜的是,目前省内各高职院校基本解决了心理咨询室的有无问题,接下来可以在现有基础上考虑,如何合理布局,让心理健康工作场所变得更专业。与加州某高校比较的江苏某高职院校,现有400多平方米的心理工作场所,所设的各功能室,近年来开始有争议,尤其是有学者认为通过击打充气人的方式来发泄情绪,有可能会收到一些负面的效果,但现实中发生的一些个案,又让管理者看到了设置宣泄室的功效,而非常赞同设置这样一间功能室。例如,有一位学生和同学发生了矛盾,他很想用刀去捅另外的一个学生,但是,最后他到宣泄室去捅了充气人,当他看到充气人倒下去的那一刻,自己开始有所觉察,庆幸自己幸好捅的是充气人。笔者以为,五年前建设的心理中心确有很多不太专业需要进一步整合和调整的地方。例如,初建箱庭游戏室时,咨询室都没有放置箱庭,现有条件下,再专门设箱庭室的意义不是太大。还有,可提供学生宣泄的不只有充气人和海绵墙,增加打击乐器等宣泄工具,把宣泄室改造成集各种器具为一体的多功能宣泄室的效果可能会更好一些。另外,可以充分利用室外的空间,多做一些宣传橱窗等,吸引过往的学生驻足观看,让学生在不经意间增长心理健康知识。咨询室内部的等候区域虽然较小,但其空间和墙壁也可以很好地规划利用。

(三)心理咨询人员的遴选制度

从加州某高校的师资情况看,美国的心理咨询专职人员有一套严格的遴选制度。所有从事学校心理辅导的人员必须达到由美国心理学会(APA)和全美学校心理学家学会(NASP)制定的专业标准,参加这两个机构审批认可的培训计划的培训并取得硕士、博士学位,并持有州政府颁发的资格证书。进入高校从事心理咨询工作,入职前还必须有一定时间的高校心理咨询工作实习经历。这样一些规定就使得美国高校的心理健康专职人员起点高,专业化程度高。而目前我国高职院校的心理咨询师队伍中,有相当一部分人来自思政教师、辅导员队伍,近几年,一些高职院校开始引进心理学硕士。但总的说来,这支队伍中的人员相对年轻,缺少咨询经验,成长的空间很大。由于从事心理健康教育的专职人员没有设置入职的门槛,所以,专业化程度相对较低。从现有情况看,设置门槛不太现实。那么,如何通过继续教育的手段培养现有师资就显得尤为重要。省内一些高职院校鼓励专职教师参加劳动和社会保障部组织的等级心理咨询师考试,并获得三级以上的资格证。笔者也参加过培训并取得了相应资格,最大的感受是培训的过程是非常有收获的,它可以促使你去比较系统地学习心理学的一些知识,收获较大。但存在的问题在于,一些从未有过咨询经历的人,通过了考试就可以取得资格证,甚至有些自己都有比较严重问题的人,也可以获得咨询师的资格,使得这支队伍鱼目混珠,质疑声也由此而生。江苏省内的一些专家审时度势,提出了在几年内,让省内高校专职心理健康教育工作人员,通过中国心理学会临床与咨询心理学专业人员和机构注册系统注册认证。要通过这一注册认证,对专职人员接受高质量培训时数及个案督导时数提出了较高的要求,这无疑为江苏省高校心理健康专职人员的专业化培养提供了一个方向。这也让我们看到,对心理咨询师的培养和作为一名咨询师的自我成长,是终生都有要求的。但现实问题是,如何争取各高职院校领导的大力支持。从目前的情况看,这还需要通过各层级的力量,提高高职院校领导的心理健康教育意识,以支持高职院校心理健康教师队伍的规范培养。

(四)心理健康教育师资的职责

从加州某高校的工作要求看,学校更重视的是心理咨询师工作时间内面见学生的时间,因而,学院聘任心理咨询师的目的很明确,面见学生做心理咨询是专职心理咨询师的主要工作。很显然,加州某高校的心理咨询师面对的主要是"问题学生"。这样一种模式,有值得我们借鉴和学习的地方,但照搬回来显然又和我们现在的模式有较大的冲突。从省内目前高职院校心理健康教育工作的现状看,关注的已经不只是"问题学生",而是面向全体学生进行心理健康教育,培养心理健康意识已经成为高职院校心理健康教育的重要内容。多数高职院校的心理健康专职人员,严格地说,只能称为心理健康专职教师而不是心理咨询师。这既与中国高校的心理健康教育隶属于思想政治教育系统有关，也与中国目前的许多现实状况有关。从某种意义上说，国内高职院校从事心理健康教育的专职教师的压力要远大于美国的一些高校，这不仅是因为他们需要承担的工作内容更为宽泛，而且在被理解程度及心理压力方面要更大一些。很多高职院校的专职人员都有过因为学生出现明显的异常，有自杀的风险，而家长不愿意送学生就医，学生自己也拒绝去医院而引发的焦虑。当与一些外国学者谈及这样的焦虑时，他们会觉得不能理解，因为学生已经是成年人了，他自己应该为选择不去医院负责任。这里面显然是有文化差异的，当然也有对心理健康教育工作的理解和认识。许多院校之所以在心理健康教育工作上花钱，很大一部分原因是学院的管理层担心学生自杀。把心理健康教育工作看成是高校维稳的一个重要部分本身没有问题，问题在于，所有的管理者还应该清醒地认识到，心理健康教师工作做得好不好确实与学生自杀率有关，它能够在早期发现、早干预上起到很好的作用，但也有突发事件是无法避免的。笔者曾经接触过由于学生自杀而长时间处于自责中的高校心理健康教育专职教师；也曾经听到过某高校因为出现了学生自杀而否定整个学校心理健康教育工作的案例。那么，如何肯定心理健康教育工作的成绩，为心理健康教育专职教师解决心理压力也是值得探讨的一个问题。

与美国加州某高校相比，省内高职院校对心理专职教师的科研考核也使得相当一部分老师每年为应付课题和论文花费大量的时间，无心在工作上精益求精。打开各类电子期刊，我们可以看到，有关高校心理健康教育论文的数量确实不少，但是雷同的比较多，有学习和借鉴意义的却很少。有教师坦言，自己写的东西是东拼西凑来的，搁笔后，自己都不想再多看一眼。笔者认为，让一些擅长做科研的人去做科研，而让一些擅于教书或心理咨询的人，潜心教好书，做好心理咨询，兼做一些教学或咨询方面的研究和总结，这样可能会更好地各尽其能，也有可能更好地调动专职教师的积极性，使得他们能够更好地服务于高职院校的心理健康教育工作。

参考文献：

［1］张福珍,纪晓明.中美大学生心理健康教育之比较[J].江苏高教,2011(1)：122－123.

［2］朱爱胜,崔景贵.中外大学生心理健康教育的比较[J].心理辅导,2007(4):76－80.

美国高校心理咨询服务工作研究

周 红

(南京师范大学,江苏 南京 210023)

美国高校对于学生身心健康的重视由来已久。早在1886年,被誉为"美国学校心理学之父"的Lighter Witmer在美国宾夕法尼亚州立大学建立了全世界第一个儿童心理咨询诊所,开创了心理学为教育实践服务的先河,随后许多大学也纷纷开展类似的工作。历经100多年的发展,美国心理健康辅导工作经过了"孕育期"、"问题期",直到20世纪70年代,美国高校的心理辅导工作进入"繁荣期",美国高校的心理咨询服务工作开始受到全社会的关注。[1] 如今,处在繁荣期的美国高校心理咨询服务工作正通过它独特的目标、理念与方式,给高校学生提供优质的心理服务。笔者试图通过中美高校心理健康教育工作的对比,以期对我国高校心理健康教育工作提出合适的建议。

一、美国高校心理健康教育工作的特色

(一)身心合一的服务模式,为学生的健康发展提供优质服务

美国高校的学生健康服务是一个综合的服务体系,通常的运行模式是将学生健康中心与学校心理咨询服务中心纳入一个综合的体系来建构,机构的名称为学生健康服务中心。学生身心健康服务包括心理健康、身体健康和所处环境的健康。服务中心的工作目标是通过提供一系列的服务来维护和促进学生的身体与精神健康、福利和安全,并以此整合力量,立足以生为本的理念,关注每个学生的发展,并为学生提供全方位的健康服务。美国高校的健康中心根据不同的服务对象、服务内容设立具有不同功能的办公室,具体包括门诊医院、残疾学生服务办公室、学生保健服务机构、儿童咨询中心(主要为社区提供服务)、心

理咨询与服务中心(美国高校统称为CAPS)、性侵犯与预防暴力应对中心等。学生健康服务中心由分管学生事务的副校长领导,由一位副校长助理负责指导具体工作开展。良好的身心合作建构的工作模式与建设体系,确保学生无论是身体健康遇到问题,还是心理健康遇到问题,都能够在同一体系内获得帮助。

(二)专业力量雄厚的师资队伍,为学生提供专业而及时的心理服务

美国高校心理健康教育工作者的培养以"科学家—实践者"模式为主,研究与实践相结合。凡是进入高校心理咨询服务中心工作的申请者,要进入美国学校心理协会(NASP)和美国心理学会(APA)认可的学校进行心理学专业学习。这样的学习经历至少需要三年全日制学习、60个研究生学时、54个小时的受督导实习、一年的学校心理健康教育见习期,才可以获得"专家"学位;而四年的全日制学习、90个研究生学时、78个小时的受督导实习、一年的学校心理健康教育见习才能获得博士学位。[2] 获得认证资格的从业者,在工作期间,每5年还要进行一次资格(或者叫执照)审计,从而确保队伍的专业化成长速度与发展水平。

除了对专业人员专业成长的要求之外,美国高校还对专业人员的经验和能力也制定了具体要求。比如,在马里兰大学,要求心理咨询服务中心的专职人员最好具有以下经验和能力:在学院和大学从事过临床工作;具有指导团体人际交往过程中的专业知识和技能;具有对男生做咨询的专业知识和技能;具备大学生心理咨询中心临床评估的专业知识技能;具备双语或更多种语言能力。[3]

除了具有较高的专业水平之外,美国高校都配备足额的心理健康教育工作团队。以加州富乐敦州立大学为例,该校心理咨询与服务中心有专职人员20人,其中13位是心理学博士,2位精神病学家。同时,每个学院有2位心理学家(心理咨询师)和1位博士后心理咨询研究人员,分别针对不同学院的特点开展心理咨询与服务工作。

(三)以人为本的个性化服务,充分满足学生个性化发展的需求

美国高校CAPS一直倡导以人为本、尊重学生并满足学生个性化发展的理念,这也是由美国社会倡导的自由、独立、平等的理念所决定的,美国社会奉行以人为本、尊重孩子自由发展的教育理念。美国高校的

心理健康工作在很大程度上也秉承了这样的理念与价值选择。美国高校心理健康教育工作的目标是为了满足学生全面发展、社会发展的需要,以人为本,以学生为主体,尊重学生的权利,公正、平等、有针对性地开展心理健康教育。以笔者考察的加州富乐敦州立大学为例,学校每年在开学初就菜单式地拉出心理健康教育的相关讲座供学生选择,这菜单式的讲座涵盖大学生活的方方面面,人际交往,酒精成瘾,学业压力,职业规划等。在不断普及讲座的同时,CAPS还针对特殊群体的学生开展大量的心理咨询服务工作,比如围绕新生适应的主题活动,特别是针对国际学生的适应问题而进行的活动很多;针对残疾学生的关爱活动;针对网络或者酒精成瘾的帮助活动。这些具有个性化活动的开展满足了不同学生的心理需求,很受学生欢迎。同时,中心还注重对不同种族、肤色等学生的心理教育和特殊关注。

(四)多方位、立体化的教育服务模式,形成了全员关注心理健康的氛围

美国高校的CAPS是以学校为中心、以社区为拓展、以家庭为依托的三位一体服务模式。其中高校心理健康教育服务是以学校心理学家为主体,以学生、教师和家长为对象,在关注学生性别、年龄、文化背景、家庭环境和智力水平差异的基础上,开展的心理预防、心理咨询、诊断性评价、行为矫正、学习和就业指导工作。美国高校的CAPS在做好学生心理咨询服务工作的同时,还注重对社区心理服务的拓展,以促进高校与社区的良好共建。与高校相比,社区心理健康教育服务对象的群体特点更为复杂,其对服务对象的关注已经拓展了经济能力、职业、婚姻状况、身体健康水平、族裔等多个层次。心理健康教育服务中心也十分重视发挥家庭在高校心理健康教育工作中的作用,通过提高家长的心理能力间接预防和矫正学生的心理问题。[4]

美国高校特别重视发挥教授在学生心理健康教育中的作用,通过给教授宣传心理健康教育服务的方法与途径,介绍心理健康教育的作用,向教授派送红色文件夹(对有重大心理问题并可能出现危机的学生的信息传递),引导教授在课堂教学过程中关注有心理问题的学生,并鼓励学生及时向心理健康教育服务中心求助。另外。美国高校拥有完

备的导师制度，每个学生都有自己成长的导师，导师对学生的学业、生活、规划等各方面提供指导与帮助。按照美国高校的规定，导师必须向学生公布可以接待并必须接待学生的时间，以让学生更好地知道自己应该在什么时间、什么地点寻求导师的帮助。

（五）完备的法律制度保障，为心理健康教育从业人员提供安全的心理环境

美国高校有非常强烈的法律意识，而且这种强烈的法律意识植根于教育教学的方方面面。教师与学生都善于利用法律的武器保护自己，因此工作中有非常明确的任务分工与责任意识，减少了很多不必要的矛盾与纠纷。据加州富乐敦州立大学的教授介绍，在美国，当心理有问题的学生一旦失去自主行为意识，或者已经达到严重心理疾病的状况，如果拒绝接受心理中心老师的建议与帮助，老师可以通过法律的途径获得问题的解决。非常值得关注的是，美国高校校园里有许多紧急呼叫设备（报警器），并且有校园警察，他们在维护校园稳定与安全方面发挥了非常重要的作用。尤其是校园一旦发生有学生斗殴、自杀等危机事件时，第一时间到达现场的是学校警察，而未必是学校事务管理者和心理健康咨询服务人员。

二、美国高校心理咨询服务工作存在的不足

（一）心理咨询服务的主动性不强

尽管美国高校十分重视学生的心理咨询服务工作，并形成了一套值得借鉴的做法，但是与我国高校相比，美国高校的心理服务大多处于被动等待状态，而且在重视个性化服务的同时，忽视对全体学生进行普适性的心理健康教育工作。心理咨询服务中心老师工作时间的65%用来接待个案咨询，几乎没有时间来从事更多的集体性心理健康教育工作，工作的主动性、全面性相对较弱。以笔者考察的加州富乐敦州立大学来说，按照规定，心理咨询服务中心的老师每周工作时间不得少于40小时，其中65%的时间用来接待个别学生的咨询，每个心理咨询老师都有相对稳定的、长程的个案数量，以确保他们可以达到65%的个案咨询时间。这样的工作模式势必难以有精力对更多学生提供心理服务。

（二）缺乏完善的心理普查制度，对于危机的发现与识别显得不够及时

美国高校很少对在校大学生进行全校性的心理普查，只为那些主动求助的学生进行心理测评。因此对高校大学生心理健康状况的总体把握不够，更难以进行及时跟踪与及时干预。

（三）没有系统的心理健康教育课程，心理健康教育的普及率与覆盖面不高

美国高校几乎都没有开设心理健康教育必修课，甚至以心理发展名义的选修课也不多。这容易造成相当数量的缺乏主动求助意识的学生，很难获得及时的心理辅导与心理帮助，容易造成重大的心理隐患，也难以营造较好的心理健康教育工作氛围。

三、美国高校心理咨询服务工作对我国高校心理健康教育工作的启示

（一）推广地区专业资格认证模式，加快队伍专业化发展步伐

长期以来，我国高校的心理健康教育专职人员队伍存在参差不齐、发展不均衡的现象。近几年，随着各地方政府及高校对于心理健康教育工作的重视程度的逐步提高，心理健康教育专职人员的成长步伐较以往有很大改善。但是与美国规范而严格的专业人员发展模式相比，我国高校的专业人员在进口关存在不够严格的现象，这不严格表现在专业限制、学历经历、实践经历、能力评估等方面。大约10年前，很多从事思想政治教育的教师在兼职从事心理健康教育工作，心理工作曾经一度成为思想政治教育的另一种面孔。历经10多年的发展，相当数量的心理学专业的毕业生加入到心理健康教育队伍中来，但是他们大多有专业背景，又缺乏专业实践，也缺乏一定的专业能力。因此，如何借鉴美国高校通过社会专业机构来认证心理健康教育专业人员的从业资格，并定期对其发展给予督导、监督与评估，从而确保队伍素质的专业化发展，是目前我国高校心理健康教育队伍发展迫在眉睫的重大问题。

美国各个州都有认定心理咨询服务专业人员资格的专业机构，从

而保证监督与评估的及时到位。借鉴美国的做法,我国也可以依托各地方政府,借助分散在各高校的专家资源,根据每个省发展的具体情况以及高校的实际需要,成立政府性质或者社会性质的专业机构,并形成每个省的专业评估标准与发展模式,以及规范科学的培训考核方案。考核方案既包括理论知识的掌握,也包括具体的实践技能,从而保证受训者具有良好的心理健康教育服务的基本专业素养与工作技能,帮助他们更快更好地适应并胜任岗位要求。标准与方案的制定以政府文件的形式产生,并在本地区高校推行,要求专业人员的加入必须经过这样规范的培训与考核,并取得合格的资格方可从事高校心理健康教育工作,否则不予准入。专业人员加入队伍后,同样也可以借鉴美国高校教师职后的继续学习与专业资格定期年审的做法,通过再培训、督导的方式促进专业人员与机构保持紧密的发展关系,不仅有利于专业人员获得良好的归属感,也可以更好地促进专业人员进一步发展的意识。

确保专业人员工作的专业性,也是我国高校心理健康教育工作教师成长的重要课题。在许多高校,心理健康教育咨询中心大多隶属于学生工作部门,心理中心的教师既要做心理工作,又要做思想政治教育工作,这样造成他们具有双重身份,即价值取向鲜明的学生工作干部身份与价值中立要求的心理咨询师身份,这双重身份容易导致心理老师产生角色冲突,从而引发职业困惑,甚至职业倦怠。[5]

(二)依据法律,建立完善的工作制度,为心理健康教育工作创设安全氛围

依据法律涉及两个层面的内涵。其一,对于心理求助学生的隐私权保护。在我国高校从事心理健康教育工作的老师,除了心理咨询外,还承担着其他与心理咨询相关的课堂教学与科研活动。在活动中,教师难免会提及自己的咨询个案,来说明一些心理问题。此时,必须注意信息保密,保护咨询学生的个人隐私,必须把学生所在学院、个人姓名、显著特征等容易辨认的信息全部隐去,否则便侵犯了学生的隐私权。[6] 即便在面对有重大危机的学生时,也应该在秉承保护隐私的前提下,有选择性地与家长及辅导员沟通,以确保学生不再受到伤害。同时要加强学生心理档案管理,不得随便泄露心理档案或者外借。

其二,对心理咨询师的身心保护。我国高校心理健康教育工作者感到最大压力的不是工作本身的辛苦,而是面对各类危机事件后引发的各种矛盾与复杂的关系,让专业老师倍感耗竭。与其说高校是对心理危机的恐惧,还不如说是对社会舆论的恐惧。因为,一旦学生发生心理危机事件,在几乎不问责任的前提下,高校与家庭同样成了危机中的受害者。面对媒体的传播、家长的责问甚至对抗,高校心理老师往往承受双重煎熬,并对这部分感到不安,这在很大程度上挫伤了教师的专业热情,更影响了教师对于这份工作的热爱与投入。

借鉴美国高校的具体做法,我国高校也应逐步发展到依法治校、依法办事的良性发展状态。在分清责任的前提下,高校按照自己的工作模式与应对方案去面对危机事件,不推卸责任,不漠视生命,同时又不惧媒体压力,不恐社会舆论,这样才可能通过有效策略促进危机事件的更好解决,避免消极影响的产生。重要的是,地方政府及公安机关也应为高校的合理合法行为给予支持,还高校一个以法律为准绳、按照教育规律办学办事的高等学府,更为专业人员的发展提供一个安全安心的工作环境。对于患有严重精神疾病的学生,由于大多缺乏自知力,容易对自我与他人造成伤害,因此,在危险可能发生而监护人不配合的前提下,可以请当地公安机关配合,将其送至专业医院治疗,并及时通知其监护人或近亲属。[6]

(三)推行导师制度,并建立合理的评估制度,保证导师制有效落实

美国高校专业心理咨询师的队伍比中国高校庞大,但是对学生发展发挥重要作用的还有学生的导师。而导师制能够得到很好的落实,不仅依赖于美国人良好的自觉与奉献意识,更重要的是依赖于美国极其强大的教师评估制度。美国学生不仅可以对专业老师的课堂教学进行评估,同样还可以对自己的导师进行评估,被评估为不合格的老师不仅面临减少工资的危险,甚至还面临被解雇的危险。严格的评估制度,可以督促美国教师更好地履行自己的岗位责任。我国有部分高校也有导师制,但不少名不副实,很少承担引导学生发展的义务。我国高校的专业教师大多正点进出课堂,很少有时间与学生交流,更难去关注学生的身心发展。如果一种名誉型的导师制,纯粹依靠老师的自觉与爱心

去完成这份工作,那是很难长期坚持的。只有推行真正意义上的评估制度,并把专业老师必须承担学生导师作为必须而纳入评估体系,把对老师履行职责的评价权还给学生,这样才可能保证导师制的持续运行,也只有这样,才可以形成全员关注、全员育人的教育氛围,而不是教书与育人的现实脱节。

参考文献:

[1] 余支琴.美国学校心理健康教育对我国的启示[J].黑龙江高教研究,2005(7):76.

[2] 姚本先,朱丽娟,王道阳.美国学习心理健康教育的内容、途径与督导[J].中小学心理健康教育,2009(11):19.

[3] 马晓红.美国高校心理健康辅导工作的管理探析[J].徐州师范大学学报(哲学社会科学版),2011(11):122.

[4] 李立杰等.美国高校心理健康教育服务体系的研究与进展[J].高等农业教育,2013(8):125.

[5] 赵崇莲,郑涌.高校专职教师职业心理倦怠与离职倾向的关系研究[J].西南大学学报(社会科学版),2009(4):22.

[6] 李秀云,刘希庆.高校心理健康教育工作中的法律问题[J].思想政治教育研究,2010(12):38-39.

学生资助服务

美国高等教育阶段学生资助制度刍议
——以美国加州为例

姚 军

(盐城工学院,江苏 盐城 224051)

美国高等教育在世界上最为发达,其学生资助工作体系也最为复杂和发达。在美国,无论公立还是私立高等院校,全部实行收费制,且高校收费差距很大:公立和私立有别,名牌和普通有别,热门专业和冷门专业有别,州内和跨州有别,大学学费占总支出的40%,少则几万美元,多达十几万美元。面对高昂的学费,经济困难学生接受高等教育可以说是望而却步。为解决贫困大学生入学问题,保障教育机会均等,美国政府从优化资助法制环境入手,多层面积极探索有效的学生资助模式,在充足、效率和公平三个维度取得了较大成功,其资助工作的成功经验成为世界众多国家借鉴的范例。

一、美国高等教育学生资助的类型与层次——以加州为例

美国在2007年之前高校资助工作的特征可以表述为:资助的目的是促进高等教育公平,资助的形式是以助学贷款为主,资助的依据主要是家庭经济状况,资助的对象重点是贫困生。但是2007年以后,增设了学术竞争助学金(ACG)及激励学生学习数学和自然科学的助学金(National SMART Grant),开始强化资助工作的培育精英功能。

美国加州的高等教育分为公众教育和私人教育两类,其中,公众教育机构又可分为三支:加州大学,简称UC;加州州立大学,简称CSU;加州社区学院,简称CCC。以加州为例,可见美国学生资助体系较为完善:从资助性质看,主要包括奖学金、助学金、贷款(贷学金)、勤工助学(从事校园内工作)等四种类型。[1]其中贷学金最为主要;从资助资金来源看,大致可包括联邦政府(包括直接出资和受政府担保的资金)、州政府、学校和社会各界及其他组织提供的资金或提供担保贷款等四类,其中,联邦政府提供的资助最多,几乎占到全部资助总额的三分之二以上,而州政府出资为最少。

(一)联邦政府提供的资助

1. 奖学金

"罗伯特·伯德荣誉奖学金计划"、"全国科学奖学金计划"、"保尔·道格拉斯教师奖学金计划"是美国中央财政资助系统中最主要的三种奖学金。三种奖学金的获奖资格、名额、标准不同:"罗伯特·伯德荣誉奖学金计划"针对的是学业杰出的学生,每州不少于10名,奖金1 500美元每年,可连续获得;"全国科学奖学金计划"是针对高中期间物理、工程、生命科学等领域优秀的且在大学继续学习这些专业的学生,最高奖金可达5 000美元每年,每个国会议员区设置2个名额;"保尔·道格拉斯教师奖学金计划"是针对成绩优异且毕业后从事教师职业的学生,在教师岗位上至少工作2年,奖金最高可达5 000美元每年。奖学金申请与学生家庭经济情况无关。

2. 助学金

美国联邦政府提供的资助方式还有佩尔助学金和增补教育机会助学金。佩尔助学金针对最低收入家庭的、攻读学位的本科生设立,由高校负责发放。金额每学年为400~4 050美元,根据学生的经济需要发放,无须偿还。经济资助需要=上学成本-预期家庭贡献,由于其计算比较复杂,故核算出美国各地区的参考标准,高等院校和学生家庭都可以根据这个标准来估算。联邦增补教育机会助学金是针对有特殊经济困难、不能获得第一个学士学位或职业证书的学生设立,金额100~4 000美元,仅适用于"预期家庭贡献"最低的本科生。2007年美国又设立了学术竞争助学金、激励有天赋的学生学习自然科学和数学的助学金,前者针对一、二年级本科生,后者针对三、四年级本科生,这两项助学金都以获得佩尔助学金为前提。

3. 助学贷款

美国面向高校的贷款主要有帕金斯贷款、斯坦福贷款、学生家长贷款和联邦直接助学贷款。帕金斯贷款是由联邦政府出资、学校负责管理,资助对象是特困大学生及研究生,优先考虑获佩尔助学金的学生,利率为5%,在校期间政府贴息,毕业或者离校后9个月开始还款。毕业后从事国家急需公益事业的学生,其贷款可以减免。斯坦福贷款是利用商业银行系统执行、政府担保的、面向有经济需要的大学生提供,贷款资格要求更为严格,利益高于帕金斯贷款,分为"政府贴息贷款"和"无贴息贷款"两种,家庭比较贫困的大学生享受的是"政府贴息贷款"。这是美国高校当前最主要的助学贷款形式。学生家长贷款由商业银行出资、政府担保,为有良好银行信贷纪录、子女在大学就读的家长提供。利率实行浮动,低于普通商业贷款利率。联邦直接助学贷款是由联邦政府不通过私营借贷者,直接管理贷款的发放与回收,从而减少贷款中间环节,降低运行费用,资助对象和利率与家庭教育贷款相似。

4. 联邦工读计划

联邦工读计划是由政府出资、学校负责管理、根据学生的经济需要而提供兼职工作,本科生和研究生均可,可以是校内工作,也可以是校外非营利性组织提供的职位,联邦政府根据职位的性质决定支付的份额,标准份额是70%,夏季,雇主为学生提供5%~10%的附加福利。同时,政府也允许学生在私人部门从事与未来职业生涯有关的兼职工作。

(二)州政府提供的资助

美国50个州的州政府也为高校学生提供资助,其资助政策不尽相同。以加州为例,加州州政府为本科生提供两种形式的助学金:加州A类助学金和B类助学金,都是以无偿资助的方式帮助学生支付大学费用。加州A类助学金实际不单纯以学生的经济需要为前提,而是以学生的成绩及经济情况等综合因素。加州A类助学金又可分为两种:权利性奖励和竞争性奖励,权利性奖励的申请条件是:高中毕业的学生年级平均分(GPA)至少达到3.0以上且能满足财政和学术的要求。加州

A类助学金竞争性奖励是依据学生的家庭经济状况、学业成绩、中学休学时间及是否单亲家庭等因素进行评分,择优给予奖励。加州B类助学金是专门为贫困生提供的学费资助和生活津贴,只有二年级以上才可用于支付学费。加州B类助学金也分为权利性奖励和竞争性奖励,权利性奖励要求高中毕业时年级平均积分至少达到2.0以上,并且要满足经济和其他要求。竞争性奖励在以上学生中,根据综合得分,择优给予资助。实际上,美国加州政府的资助更多地倾向于学业成绩的激励,是"奖优型"资助,而我国地方政府资助则是"助贫型"资助。另外,加州政府的资助重点考虑高中成绩表现,考虑本州籍学生资助,属于"大学就读前激励",而我国地方政府资助对高中成绩考虑很少,资助对象也不受生源户籍限制,只要是省内公立高校学生均可,故而属于"大学就读后奖励"。我国的各省(直辖市、自治区)政府可借鉴美国加州政府的做法,将资助重点可延伸至本地区高中毕业生,这样既会留住优质生源,又更可促进教育公平。

(三)学校提供的资助

美国高校根据自己的经济实力,往往会通过吸引优秀的学生生源来提升大学的软实力。获得联邦政府和州政府资助之后,仍不能满足其经济需要的学生,可以继续申请学校资助,如特长奖励金、特长奖学金。部分特长奖励金提供给家庭有较大财政援助需求的学生,其他供给不需要财政援助的学生。高校鼓励研究生参加导师的科研工作,并支付一定的报酬,这在美国大学十分普遍。

(四)社会资助

在美国,有许多机构为大学生提供社会资助。这些机构包括国家组织、地方民间组织和各种类型的基金会。许多职业协会提供奖学金鼓励学生从事自己所在领域的工作。

二、多元、效率、公平:美国高等教育学生资助制度的特点

美国大学生资助工作呈现出资助理念多元化、资助法制健全化、资助性质多样化、资助资金多渠道、资助项目多层次、学科分布差异化等特性,这种"混合资助模式"大大增加了大学生的受助机会,为高等教育

的健康发展提供了强大的物质保障,有效地促进了教育公平。

（一）资助理念多元化

美国的高等教育资助理念呈现"宗教、慈善"、"人人生而平等,为了国家利益"、"人力资本投入"和"高等教育机会均等"、"扩大选择自由"、"成本分担"等多元并存的局面。其中,教育成本分担理念是目前占主流的理论,教育成本分担受多种因素制约:一是国家经济发展状况;二是家庭收入水平;三是高校培养学生成本;四是学生毕业后社会收入差别。政府在制定学杂费标准的过程中,会充分考虑学费占人均收入的比重及学生生活成本,在制定资助政策的过程中,坚持高等教育受益各方责权统一原则,受益多的多分担,受益少的少分担。

（二）资助法制健全化

美国是法治比较健全的国家,其高等教育的形成、发展以及强盛的过程中都渗透着一股法治的力量,每项高校资助计划都以立法的形式,以法令法案带动资助,保证了资助工作的公正性、合法性和社会参与性。同时,国家根据社会发展的实际需求,会不断修改、完善相关资助政策。1965年通过的、旨在促进教育公平的《高等教育法》在美国高校资助事业发展中具有里程碑意义。这是第一部完全以学生经济需要为基础决定资助的法律,它授权提供了多种资助方案,从而构筑了美国多元资助模式的基本框架。[2]1972年通过的《高等教育法修正案》扩大了高校资助对象,将中等收入家庭列入其中;1978年,美国国会通过了《中等收入家庭的学生助学法》(MISAA),提高申请"基本教育机会助学金"的上限,取消申请"国家担保贷学金"的家庭经济状况调查的限制,这样使得学生资助的范围得到更大的扩展;《高等教育法1980年修正案》设立了"学生家长贷款计划";《高等教育法1986年修正案》设立了"学生补充贷款计划";美国教育部分别在1986年、1989年和1991年提出了新的学生贷款的管理细则;2007年通过了《大学成本节俭法案》(CCRAA)。2009年美国教育部修订了"根据收入还款计划"(Income BasedRepayment,IBR),简化贷款程序,降低还款上限,设置年限及服务行业免除贷款政策等,这一修订案将于2014年7月1日正式生效。最近,美国涉及教育资助改革的最新法案主要有两个,一是《2009年美国经济复兴和再投资法》,加大贷款投放,增加资助标准[3];二是《2010年医保与教育协调法》中的SAFRA,即《学生资助和财政责任法》。这些法律的颁布为大学生带来更多的受资助机会以及公平享有资助权利提供了法律上的保障。

(三) 资助形式多样化

美国资助形式的多元混合表现在:资助机构多层次、资金来源多渠道、资助性质多样化、资助项目层次化、学科分布差异化。美国政府、民间机构、慈善机构、公司企业以及成功人士都设立了不同金额的奖助学金,投资高等教育已成为全社会共同关注和参与的行为,从而保证了资助资金的丰富来源。其中,政府投入最大,占主导地位,资助标准大大高于我国,且没有指标限额。贷款形式多样:既有政策性贷款,也有商业性贷款;既有面向特困学生的贷款,也有面向一般贫困生的贷款,更有面向中产阶级家庭的贷款。资助从性质上可以分为"赠予性资助"和"延迟付费性资助"两大类,奖学金、助学金及勤工助学都属于"赠予性资助",而助学贷款则属于"延迟付费性资助"。贷款还款充分考虑了大学生毕业后的收入情况,形式灵活,期限长,并且还设置合理有效的贷款减免、代偿制度。当然,责权一致,美国也借助网络技术建立相对完善的诚信体系,对学生的就业去向、收入状况、偿还记录及信用等级进行追踪,以避免大学生"贫而获助,助而失志,无志不学"的现象出现。同时,设置较为严厉的惩罚制度,如不按合同及时还款会受到以下处罚:一是失去申请期还款及债务免除的资格。二是将其情况报告给信用局,其信用评价受到损害。严重者交专门的追债机构进行追讨,对恶意拖欠者诉诸法律,申请法院强制执行。对于学生贷款拖欠率达40%,或连续三年拖欠率达25%的高校将会失去获得贷款的资格。美国通过比较完备的偿还机制发挥作用,其高校助学贷款还款率达85%,是世界上还款率较高的国家之一。

(四) 资源效益最优化

美国大学生资助金额实行量化计算,"资助包"配置。"资助包"是将大学生所有受资助的项目整合打包,按照其经济资助需求来安排供给,使所有资助资源统筹考虑,合理配置,从而发挥其最大效用。经济资助需要＝上学成本－预期家庭贡献。如学生获得其他资助,就必须主动报告,以便及时调整。联邦政府法律规定:禁止联邦政府资助获得者的资金超过他们的实际需要,一旦发现报告不准确,该学生就可能被取消全部资助资金。同时,学生资助机构完善,从而为资助资源的优化配置提供了保障。美国联邦政府成立专门的学生贷款中心和催还款机构,各高校均成立了学生贷款办公室,对学生经济资助工作进行服务和管理,并进行咨询和指导。

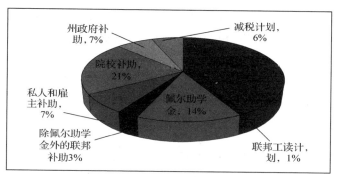

图1 2008年美国本科生获得资助的来源构成

数据来源：Sandy Baum & Kathleen Payea[4]

（五）资助覆盖面广

总体来看,在美国公立学校就读的全日制本科学生近50%可以接受各种各样的资助;研究生的资助覆盖面更大:硕士研究生可以达到85%以上,而博士研究生几乎可以达到95%以上。另外,缘于美国多元混合资助模式及资金来源渠道多元化,其各类学生资助总额度大大高于我国高校各类学生资助总额。美国研究生获得的资助不仅可以抵付全部学杂费,而且还能满足大部分生活费,在很大程度上弥补了学生经济上的困难,使学生可以不被经济问题所困扰,全身心地投入到学业中去。而我国,由于资助资金的来源不多,多元混合资助模式正在形成之中,故而本科阶段学生获得的资助解决不了全部学杂费和生活费,贫困生经济问题和心理问题比较严重;但是研究生阶段,大部分名牌高校基本上可以解决学生的衣食和学杂费之忧。2014年我国研究生教育实行全面收费,很多省,如浙江、山东等地省政府纷纷大幅度提高研究生奖学金标准。

20世纪中叶以来,美国高等教育经历了精英化、大众化阶段,现已达到较高水平的普及化阶段,贫困大学生资助模式实现了"以政府投入为主"到"政府主导、多方投入"的转变,从"以无偿资助为主"到"有偿资助方向"的转变。当然,美国高等教育学生资助制度中也存在问题:一是资助种类多,资助要求各异,资助面广,给认定和操作带来不便。二是部分政策非人性化,助学金主要用于支付学费,贷款及其他资助主要供学生生活开支。助学金的申请以是否贷款为前提。三是有较为严重的拖欠贷款现象,有些年度追踪贷款的经费接近贷款总额的一半。四是与资助密切相关的"预期家庭贡献"计算较为复杂,难免会出现偏差,常常会有失公平。

三、美国高等教育学生资助制度对我国高校学生资助制度的启示

我国高校学生资助制度从1987年开始,历经数次重大变革,2007年《国务院关于建立健全普通本科高校高等职业学校和中等职业学校家庭经济困难学生资助政策体系的意见》为我国高校资助工作提出了方向和原则。又经过数年的实践和不断努力,目前,我国已经初步形成了"奖、贷、助、补、减"及入学"绿色通道"六位一体的资助体系。[5]我国大学生资助金额从2007年的416.08亿元逐年增长到2012年的547.84亿元,资助水平不断提高。但是相关专家、学者的研究指出:我国高校学生资助体系覆盖面虽高,但是资助力度不够,资助人的认定界线不清,学生存在"等、靠、要"的惰性思想,受资助人责任不明确等,这些问题影响了资助政策的实施效果。[6]美国大学生资助模式为我们结合国情进一步做好贫困生资助工作提供了有益的启示。

（一）构建政府主导、投资多元的资助模式

根据成本分担理论,在高等教育发展过程中受益的各方均应分担高等教育成本。我国多元化的贫困生资助体系正在形成中,但立体化的程度不高。这种立体化不高不仅表现在资助方式不够灵活多样,更重要的是表现在资助主体不够多元,全社会参与到大学生资助工作中的氛围尚未形成。我们应该着力构建以政府资助为主、社会及学校资

助为辅、家庭和学生自助的多位一体的资助体系。政府的主导作用不能弱化,哈贝马斯曾对美国联邦政府把高等教育推向市场、逐步弱化资助责任的趋势进行了无情的批评,他指出这是"把精心考虑的公共领域残余出售给追求利润最大化的金融投资者,把文化和教育的命运交付给随着市场波动而变化的资助者的利益和情绪"[7]。我国政府应在加大教育投入的同时,要通过相关资助法律法规、优惠政策,鼓励和吸纳各种社会资源参与到资助工作中来。社会资助主要的非政府组织或个人面向高校设立的奖、助学金,在我国不同高校、不同地区发展很不平衡,一线城市的高校、老的名牌高校资源较丰富,社会资助项目多,资助资金丰富,受助学生数多,而一些新建高校、二三线城市高校则不那么乐观。美国高校根据企业的需要,要求受企业资助学生到这些企业工作一定的年限值得我们学习。我国也有一部分高校在这方面做了积极的探索和有益的尝试。我国的各高校也应通过校企联合办学,扩大特殊技术专业学生定向培养,争取更多的国家科研基金等方法,扩展和吸纳多种助学渠道及资金,形成立体的资助格局,为贫困大学生顺利完成学业提供安全保障。

(二)需要进一步规范"家庭经济困难学生认定"

美国有一个"家庭预期贡献"公式,经济资助需要 = 上学成本 - 预期家庭贡献。上学成本 = 学杂费 + 书费文具 + 食宿费 + 交通费 + 其他费用;预期家庭贡献 = (家庭收入 + 财产 + 学生个人积蓄) - (平均生活开支 × 家庭人口)。计算虽然复杂,但毕竟能比较客观真实地反映学生的家庭经济状况。我们现在的家庭经济困难学生认定,一般采用"定性"与"定量"相结合的方法,因为光是定量较难掌握其真实数据,光是定性又过于主观。但不管怎么说,要使家庭经济困难学生认定准确,就要有一套行之有效的办法,能够得到学生家庭的准确收入情况和支出情况,学生本人及社会组织机构能够真实提供相关家庭经济状况的数据。高校学生资助管理部门要建立健全贫困生信息库,动态掌握其学习、经济状况和诚信状况。另外,还应该搭建网络平台,使政府民政部门、高校资助部门和勤工助学用人单位的信息能够共享,对贫困生进行定期普查或跟踪回访,及时更新管理信息,提高资助工作效率及透明度。

(三) 加大贫困生资助覆盖面

2009年,美国大学的各类奖助学金达2 300多种,每年大约有75%的学生接受不同形式的资助,其中45%属于助学贷款,55%属于奖助学金及税务减免。而我国国家奖学金资助面大约为0.3%,国家励志奖学金资助面大约为3%,国家助学金资助面大约为20%。至于助学贷款,2008年的资助面仅为3.14%。[8]总的来说,我国高校贫困生资助工作存在资助品种少、资助面低等现象。

(四) 最大化发挥资助资金效益

美国高校的多元资助制度从不同方面对学生进行资助,当前,我国高校贷款加多元混合的资助政策正在形成,许多资助方案还很不成熟,各项资助措施的资助目标和标准,以及它们在对学生整个资助体系中应处的位置、应担当的职能、所占的资金比例等界线不清。如何将这些资助尽量帮助更多的学生解决困难,而尽量减少出现过渡资助和资助不到位现象,发挥资助资金的最大化"效益"。借鉴美国的"资助包"做法,可以解决资助项目组合与贫困生阶层相对应的问题,使资助政策与贫困生阶层相适应,更便于学生有计划地规划学习和生活,同时能使学校复杂的资助工作变得简单易行,更加便于操作。

(五) 有偿资助为主,增强育人功能

美国赠予性资助比例较少,有偿资助比例较高,这有利于使贫困大学生在感受来自政府和社会关怀的同时,增强社会责任感及感恩意识,实现资助育人功能。相反,我国资助方式中赠予性的比例偏多,我们应借鉴美国的做法,使之向有偿资助转化,弱化无偿资助。同时加大助学贷款力度,推行贷款减免和代偿制度,由政府和高校共同出资,设立高校勤工助学岗位,使更多的贫困生能自助。相关调查表明,大学生对资助方式的倾向率依次为:勤工助学→助学贷款→减免学费→奖学金→困难补助→社会资助,说明绝大多数贫困生具有自立自强意识,更倾向于接受有偿资助模式,既锻炼了能力,又解决了经济困难,还维护了自尊心。另外,还要加强对学生的诚信教育,在目前金融征信体系的基础上,建立个人信用体系,家庭经济困难大学生如实向学校反映其家庭经济状况,有助于学校客观认定,在条件差不多的情况下,受资助名额限制,不是去争取资助,而要发扬"友善"精神,将机会让给更加需要资助的同学。特别是国家助学贷款要按合同按时履行还款手续,不能出现违反合同的现象。如果受助学生和社会资助单位签订就业协议,也要严格按协议约定履行相应的义务。

参考文献:

[1] http://edlabor. house. gov/documents/111/pdf/publications/SAFRA-FactSheet. pdf[Z].

[2] 许桂清. 试谈美国高等学校的大学生资助方式[J]. 沈阳师范学院学报(社会科学版),2001(6):77-80.

[3] 王志强. 2009年美国复苏与再投资法案教育项目解读[J]. 比较教育研究,2010(4):62-66.

[4] Sandy Baum & Kathleen Payea, Trends in Student Aid[M]. New York: College Board Publication, 2003.

[5] Yang, P. Who gets more financial aid in China A multilevel analysis[J]. International Journal of Educational Development, 2010, 30(6):560-569.

[6] 杨钋. 高校学生资助影响因素的多水平分析[J]. 教育学报,2009(6):80-90.

[7] 蓝汉林,高靓,金帷. 美国联邦学生资助体系的变革[J]. 教育发展研究,2010(7):58-65.

[8] 张燕军. 高等教育资助问题及奥巴马政府应对政策[J]. 现代大学教育,2010(2):66-72.

高校资助育人实践的路径探析

——基于美国大学生资助体系的启示与思考

朱以财

(泰州学院，江苏 泰州 225300)

为了进一步提升从事学生工作者的工作实践水平，拓宽学生工作的国际视野，从而以国际化的战略发展角度反思和改进学生工作。2014年1月10—24日，江苏省高校学生事务管理研修团一行25人，赴美国开展了为期15天的培训学习与考察。此次培训，重点考察和学习了加州富乐敦州立大学、乔治城大学、普林斯顿大学、纽约城市大学、哥伦比亚大学等5所高校。本次培训期间，学习、交流形式多样，内容丰富，听取了美国高校学生事务管理有关专家的讲座，与相关高校专职从事学生事务工作人员进行了交流，参观了学生事务中心等；交流学习的主要内容涉及美国文化背景知识、高等教育发展的历史与未来发展的方向、新生入学教育和指导、就业与创业指导、心理健康咨询与指导、经济困难学生资助等方面的学生事务管理。

美国既是一个经济发达、高等教育规模庞大的国家，又是一个阶级和种族矛盾深刻、贫富悬殊、高等院校种类繁多的国家。要在如此庞杂的系统中，公平有效地向大学生提供资助，必须有一套完备周密、社会支持、易于操作的政策体系。研究美国高校学生资助体系的构成、理念及其做法，对于完善我国高校学生资助体系具有借鉴意义。

一、美国高校学生资助体系

经过长期的历史演进，美国的大学生资助体系已比较成熟和完善。目前，美国联邦政府高等教育资助政策被视为美国高等教育政策的核心。美国实行在收取学费的基础上对大学生进行多元化混合资助模式。

首先,美国有一半以上的大学生都曾接受过不同类型的资助,每年用于学生资助的经费高达数百亿美元。其资助范围之广、数额之大是世界独一无二的。性质各异、不计其数的资助项目构成了美国大学生资助体系的主体。从资金来源看,来自美国政府的财政支持有奖学金与助学金。美国政府和各大学为学生提供了比较充分的财政支持,如哈佛大学,每年接受各种财政支持的学生在69.5%以上。

其次,美国的学生资助还包括来自校方的经济补助:奖学金与勤工助学金。各大学一方面提供奖学金,奖励学业优秀和有特长的学生;另一方面提供众多的勤工助学工作岗位,使学生一边学习,一边挣上学所需学费。在很多大学,几乎每一个办公室里都聘请了学生助理。勤工助学金是由联邦政府向进入高校学习且具有经济困难的本科生和研究生提供工作机会,使他们通过工作获取需要支付的教育费用。

另外,形式多样的贷学金也是美国大学生资助体系中的重要组成部分。除各种奖、助学金和学生贷款外,政府还对低收入家庭子女上大学实行减免税政策。各州政府都有自己的大学生财政资助项目。

二、美国高校资助育人的实践模式

美国作为大学生资助体系比较发达的国家之一,采用的是"资助包"的资助管理模式,其核心理念是通过规范合理的资源配置,使每个学生都能获得与其困难程度相称的经济资助。具体而言,美国的资助育人模式有以下三个特点:

(一)资助认定科学

美国教育发达程度高,金融体制发展也比较完备,对家庭经济困难学生的资助方式也比较多。同我国一样,美国的资助政策也要对家庭经济困难学生进行家庭情况调查及贫困认定,但他们的贫困认定方式更加细化科学,对不同的贫困等级的认定有具体科学的计算公式,并根据不同的贫困等级配置不同的资助方式。公式为:经济资助需求=大学教育成本-家庭能够分担的成本。其中,上学成本=学费+杂费+书本费文具+食宿费+交通费+上学期间的其他费用;家庭能够负担的成本＝家庭收入＋财产－平均生活开支×家庭人口－重大意外开支。[1]美国之所以能以家庭收入作为贫困学生认定的标准，其原因主要在于美国有完善的收入查证和收入税征收体系。

（二）资助方式多元

目前，美国已经形成了比较成熟的资助体系，包含多种理念的美国大学生混合资助模式，在资金和类型上呈现出多元化的特点。它的资金来源有四个渠道：以联邦政府出资为主，每年大概约占总资金的60%；大学、州政府和其他渠道约占40%。州政府主要的资助方式是助学金，约占资助总额的8.5%。大学出资只占总资金的20%。同时，美国具有完善的助学贷款政策体系，贷款的来源既有联邦政府和州政府直接拨款，也有金融机构出资设立专门基金。贷款的对象有具体的筛选标准，能做到资源的合理分配，对于不同的贷款方案使用不同的贷款规模，以保证贷款金额足够满足学生的生存和发展需要。据2000年统计，贷款占74%，助学金占24%，联邦政府高校学生贷款总额达353亿美元。美国的助学贷款覆盖面比较广，既有面向中低收入家庭的学生贴息贷款，也有面向全体学生与家长的付息贷款，还有面向低收入家庭的低息贷款。[2]此外，美国还借助奖学金、助学金、贷学金及校园工读混合资助包等方式对家庭经济困难学生进行与其困难程度相称的经济资助。

（三）重视就业能力提升

美国不仅为家庭经济困难学生提供经济资助，而且也为他们提供众多的勤工俭学岗位。此外，美国还注重对家庭经济困难学生能力的培养，通过与企业有偿合作的形式帮助其将所学习到的东西与实践相结合，从而提高家庭经济困难学生的就业能力。近年来，美国出现的"产、学、研相结合的合作教育"就是有偿合作最有代表性的资助方式之一。"它通过有报酬的工作，不仅在一定程度上帮助学生解决生活和学习上的费用，而且帮助学生掌握实际知识和技能。美国实行合作教育的学校数量已达到1 100多所，参加学生的数量占在校生人数的30%～50%。基本形式以工学交替为主，一般为3～5个学期，每学期3个月，占总在校时间的30%～50%。"[3]这种有偿合作的模式不仅可以帮助家庭经济困难学生获得工作报酬以完成学业,而且也能提高其社会实践工作能力,甚至部分学生可以毕业后直接由实习生转为正式合同工,从而顺利解决就业问题。

三、美国高校资助育人实践模式对我国高校资助育人工作的启示

为帮助高校家庭经济困难学生顺利完成学业,促进教育公平,履行政府公共财政职能,2007年,《国务院关于建立健全普通本科高校、高等职业学校和中等职业学校家庭经济困难学生资助政策体系的意见》(国发〔2007〕13号)颁布实施。同年,财政部、教育部制定了包括《普通本科高校、高等职业学校国家助学金管理暂行办法》(财教〔2007〕92号)在内的系列资助政策。自此,国家在高等教育阶段构建起了"奖、贷、助、补、免、减"等多种形式并存的高校学生资助政策体系,通过近几年的发展,高校资助育人工作取得了全面的发展,资助范围不断扩大,资助领域不断延伸,资助标准也不断提高。

2007年秋季开学起,新的资助政策全面实施,新资助政策资助的力度大、覆盖面广、政策导向性明显,凸显了国家资助政策的人文关怀,顺应了教育跨越式发展的需求,不仅帮助了大批家庭经济困难大学生顺利完成了学业,也为全面开展高校思想政治教育工作提供了有益的平台。

(一)我国高校资助育人工作的现实困境

1. 贫困生认定标准有待优化

首先,学生家庭所在地经济状况的差异导致相同的标准在评价不同学生时遭遇科学性的质疑。对高校贫困生的认定,国家和各省市都有自己的评价标准,各高校也有自己相应的标准,这些标准都有一定的参照物,但面对来自不同地区的贫困生时,这些标准往往存在操作过程上的困难。

其次,高校对贫困生的认定依据过于抽象化和随意化,一般是由高校发给学生"家庭情况调查表",由学生到当地民政部门、乡镇(街道办)、村委会(居委会)或父母所在单位盖章,然后将"贫困证明"(俗称

"三级证明")交给辅导员(班主任),最后由辅导员(班主任)结合对学生平时学习、生活的观察与了解,对学生是否贫困进行确认,并上交学校进行最终认定,由于辅导员(班主任)对学生的观察、了解途径和机会所限,难免会出现主观推断及情感偏好等情况,从而难以保证认定的客观性和公正性。[4]同时,由于学校无法对"贫困证明"的真实性进行实地调查、了解,而目前也尚无政策对出具"贫困证明"的单位、部门进行有效监督、约束与责任追究,加之一些单位、部门、个人将出具"贫困证明"作为一种资本和权利资源,使得一些原本并不贫困的学生凭借特殊的社会关系或是人情关系而得到"关系证明"、"人情证明",而有些家庭经济困难的学生因开不到"贫困证明"而失去贫困生认定资格。

最后,高校评定贫困生的办法过于简单,一般是"本人申请"(即学生向辅导员、班主任提出贫困生认定申请)+"资格审查"(即辅导员、班主任对贫困大学生提供的证明材料进行真伪和程度审核)+"诉苦大会"(即贫困大学生在全班同学会议上进行家庭贫困情况陈述)+"同学票决"(即全班同学根据贫困大学生各自陈述和对相关同学的了解进行无记名投票)的方式,这种做法看似程序完备、公正,但无意中也给贫困大学生的自尊心带来了极大的伤害。贫困大学生本身就承受由于经济贫困导致的学习、生活、身心等多重压力,往往羞于或不愿意让别人知道自己的真实困境;也有些家长由于"面子"心理,或担心"贫困生"的帽子会给自己的孩子带来心理上的负担,不愿意给自己孩子打上"贫困生"的烙印,这也造成部分家庭经济条件困难的学生无法得到资助。

2. 资助形式有待完善

这些年,尽管国家对高校的教育投入在增加,但国家教育经费占国民生产总值的比重,还远远低于世界平均水平,囿于国家教育经费投入的局限,高校在贫困生的资助力度上也是鞭长莫及、爱莫能助。

同时,由于国家奖学金名额极少,要求极高,而国家励志奖学金、助学金只面向贫困生群体,这就使得学业成绩并不太突出,又无法提供"贫困证明"的学生群体处在"无奖"、"无助"的尴尬境地,而这一校园"夹心层"在高校中占据绝大多数,面对金钱的诱惑,他们往往"助"令智昏,纷纷加入申请贫困生认定的大军,使得原本用来资助贫困生完成学业的国家资助政策变得越来越功利化、世俗化，有的学生为了得到补助，不惜贿赂辅导员，有的拉拢同学给自己投票，得到资助后，再请同学吃饭，这些都背离了国家资助政策的初衷。

再一方面，国家近年来对贫困生的资助力度逐年加大，覆盖面已达20%左右，由于国家助学金金额大、竞争少，部分贫困生产生了"等"、"靠"、"要"的不健康心理，一部分贫困生认为获得资助是理所当然的事，觉得"不要白不要，要了不白要"，有的甚至由于拿了助学金，不愿意参加勤工俭学，不愿意通过自己的努力解决实际困难。

3. 资助政策实施标准有待调整

目前，我国主要实行的是以"奖、勤、助、贷、减"和"绿色通道"为主要内容的资助体系，"奖、助、减"为无偿资助，只要符合相应的资格条件，贫困生本人提出申请，即可获得；"勤、贷"和"绿色通道"为有偿资助，除了符合相应的资格条件外，还需支付如参加劳动、偿还利息等方面的社会成本。在整个救助体系中，"绿色通道"没有附加要求，奖学金主要参照学业成绩来评定，其他几项资助除了具备"贫困"这一条件外，还必须符合评定方设置的学业成绩这一评价标准，从这方面来说，只有学业成绩相对优秀的贫困生才能得到资助，这就使得资助机制更多地转向了激励。[5]

4. 贫困生诚信意识有待增强

贫困生诚信意识缺失这个问题主要凸显在国家助学贷款的偿还上。受社会不良风气的影响，部分学生为申请助学贷款故意隐瞒家庭经济情况，使银行对贷款学生的家庭经济状况调查缺乏科学依据。由于国家助学贷款实行的是无须担保、靠信用维持的方式，贷款的偿还在很大程度上依靠学生的诚信度。但就目前的状况来看，高校中存在着严重的不按时还贷的失信现象。

目前，高校助学贷款在学生毕业前是由银行贴息，在银行审批后学生要与银行签订贷款合同，同时在毕业前学生要与银行及时进行毕业还款确认，学生要完整真实地填写自己的就业信息和联系方式，以便今后银行、学校资助管理中心、辅导员能及时联系到贷款学生，提醒、督促其按时还款。然而，部分贷款学生在进行还款确认时随便编造就业单位,错填联系方式,或在确认后随意更换就业单位,更换联系电话又不及时在贷款系统中更新,毕业后不按时还贷款利息和本金,甚至故意躲避银行、学校助贷管理中心工作人员追贷工作。如此高的违约率不仅对学校声誉造成影响,而且也对今后的助学贷款申请工作产生不良影响。[6]

5. 资助工作的育人功能有待挖掘

目前,我国已经为高校贫困生搭建了较为完整、多样的资助平台,资助的力度、深度和广度也在不断提升。但在近些年的高校学生资助育人工作中,不难发现,高校普遍存在"资助"与"育人"相分离的现象。在资助中忽视育人功能,在育人中不注重融合资助作用,出现育人困境无法摆脱、资助效果无法改善的局面。体现在实际的资助工作中,过多地追求单一的物质化,强调助学金的政策性、准确性和及时性[7],看重的是评审程序是否公平、公正,评选程序是否合乎规定,资助是否能按时、足额发放到学生手中等一系列事务性程序,在此期间,却忽视了资助本身所产出的育人效果。高校贫困生资助过程中蕴含着无穷的德育资源,有待于高校资助管理工作者用心发掘。

同时,由于高校未能增强受资助贫困生的主体性,导致其责任意识弱化,加上高校对学生得到资助后的资金使用、个人行为没有相应的管理约束机制,少数受资助学生拿到助学金后摆阔气、请客吃饭、购买高档生活用品,在同学中引起了反感,影响育人功效的发挥。

(二) 提升我国高校资助育人实效性的现实路径

1. 探索科学、合理的贫困生认定标准

由于高校贫困生资助问题的长期性,探索一套科学、合理的贫困生认定标准势在必行。一方面,通过学生评议、日常观察、消费调查等方式,多渠道、全方位地了解学生的家庭经济状况,辅导员要结合日常工作中加强对学生衣食住行等各方面的调查与了解,必要时可以进行电话采访或实地走访。[8]

另一方面,应建立一个由个人申请、政府相关部门出具证明、学生评议、评议小组初评、公示、接受监督、调整评定结果、最终公布等环节组成的动态的贫困生认定体系,确保各项资助工作公平、公正、公开进行,主动接受师生监督,加强对学生的诚信约束,不断提高贫困生评定的准确度。

最后一方面,应制定相关政策和制度,对缺乏诚信的学生,高校和社会要共同采取惩罚措施,提高其造假成本和风险。同时,应建立相应的监督和惩戒机制,避免生源所在地单位、部门在资助过程中出现违规操作。[9]

2. 优化资助项目设计,合理配置资助资源

高校应结合学校实际,坚持"规定动作"与"自选动作"相结合,因地制宜地设计一些适合不同需求的资助项目,实现常规资助与临时资助相结合、大额资助与小额补助相结合、无偿资助与有偿资助相结合。[10]同时,高校还应加强在学生中进行资助项目的宣传,让学生正确了解学校的各项资助项目,以便其根据需要和个人情况做出合理选择。在做好以上两方面工作的同时,还应尝试以年级为单位及时创建并及时优化学生资助档案,动态关注学生的基本情况,合理地配置资助资源,使有限的助困资源得到合理配置和效益最大化。

3. 寻求政府政策支持,拓展资助资金来源

高校资助育人工作不仅是一个教育问题,而且还是一个社会问题。做好资助育人工作,办好人民满意教育,也是国家的一项长期而重要的任务。政府作为国家资助政策的制定人和主要的经费投入方,同时又掌握了大量的公共资源,因此,作为国家资助育人工作的主要推动者和实施者,高校应积极寻求政府的支持,发挥政府在资助育人工作中的主体作用,着力构建政府主导、学校主体、社会企业多方参与的资助体系。

充足的资金是做好资助育人工作的重要前提和保证。目前,我国高等教育最主要的经费来源还主要来自中央和地方政府财政以及高校事业性收入,社会捐赠在一些重点高校占有一定比例,但大部分高校,尤其是一些层次较低、名气较小的高校,还很难分到社会捐赠这杯羹,这不利于高校与社会的联系,某种程度上也限制了高等教育事业的发展。因此,要大力培育社会慈善理念,深入挖掘社会资源,通过立法和政策支持,开辟社会筹款渠道,鼓励更多的社会资源自觉参与到资助育人工作中来[11],为高校教育捐助提供有力的政策支持。在这方面,可

借鉴美国的大学教育捐赠制度。

4. 分层设计,多维资助

目前,在高校,大学生可划分为贫困生和非贫困生,而具体对贫困生层次的划分常分为三个级别,即一般困难、贫困和特困。分层设计,为不同的学生群体"量身定做"面向全体学生的资助体系,鼓励和引导学生通过个人努力获得相应的资助,对于提高学生的学习积极性,全面促进学风建设,将会起到积极的推动作用。首先,高校可尝试设立更多形式的奖学金性质的资助,以满足在各方面综合发展的优秀大学生群体。其次,还可尝试在生源地助学贷款的基础上,构建由国家提供风险补偿、学校提供信用担保、金融机构承担利息的资助模式,进一步解决贫困大学生就学的资金难题,保证贫困大学生不至于因为家庭经济困难而无法顺利完成学业,促进教育"机会公平"。再次,应进一步拓展校内、校外勤工助学岗位,深入挖掘勤工助学资源,缓解贫困生生活压力的同时,培养和提高他们的自身素质和工作能力。最后,结合就业、创业教育,为贫困生搭建高效务实的创业平台,使其在成就自主创业理想、圆其求学梦的同时,成功摘去"贫困生"的帽子。

高校应该以培育和谐的校园氛围为铺垫,创新思路,打造"以满足学生深层次、多样化发展需求为中心,以经济建设为根基,以制度建设为支撑,以文化建设为抓手,以能力建设为核心"的多维资助育人模式[12],进一步完善资助育人制度,在感恩、自强、诚信、励志的文化环境中,培养贫困大学生的认知、学习、创新能力。

5. 推进"造血式"贫困生圆梦工程

家庭经济困难大学生在走进大学的同时,往往肩负着家庭经济的重担和全家的希望,他们在完成自身学习任务的同时,还要帮助家庭减轻生活压力,过早地承担了生活的压力,这也造就了一部分自强自信型寒门学子,但由于大学生的人生观、世界观、价值观还没有完全成熟,过早地接触社会,也使得部分家庭经济困难大学生的性格、心理受到了一定的负面影响。很多家庭经济困难大学生由于家庭条件不好而自卑,不能以一个正常的心态与同学们交往,想得到学校的资助,又怕别人知道自己是贫困生,对自己的学习生活造成了很大的困扰。基于这一现状,高校应努力改变以往学生被动接受资助的"输血"型资助模式,建立健全资助工作激励机制,在帮助经济困难大学生提升能力的同时,始终保持坚定的理想信念,尽快走出封闭的自我,悦纳自我,塑造乐观、自信、积极进取的心理品质,并能以积极的心态去面对困难,面对以后的人生挑战。例如,可以开展一些团体辅导和拓展心理训练,加强诚信教育、励志教育、责任教育、感恩教育,增强贫困生的诚信意识、责任意识和感恩精神,培养他们自强自立、吃苦耐劳的精神和自信阳光、乐观宽容的心态,激发他们不断进步、实现自我的强大动力,做其追梦、圆梦的助力者。

6. 塑造综合素质,提高贫困生就业能力

美国十分注重对家庭经济困难学生就业能力的培育,通过在高校设立勤工助学岗位,提高学生的实践工作能力。学生就业能力的提高直接关系到其就业竞争力,就业竞争力的保障来源于学生综合素质的提高。要塑造家庭经济困难学生的综合素质,有效提高其就业能力,笔者认为可从以下几方面做起:

(1) 提高抗挫折能力。家庭经济困难学生相对于其他学生而言,其心理更为敏感,自尊更为强烈。因此提高家庭经济困难学生的心理素质,从心理上增强学生的挫折承受能力非常重要,只有当学生拥有坚强的意志,才能在求职的路上不因失败而气馁,才能做到坦然面对挫折,继续重振信心,重新出发。

(2) 培养自立自强精神。只要正确对待,贫困其实是一笔财富。要想让家庭经济困难学生懂得这个道理,首先就要加强他们的自立自强意识,然后再培养其自立自强精神。高校应当树立自立自强典范,通过设立勤工助学岗或者励志强能项目等,激励家庭经济困难学生学会自力更生、艰苦奋斗,通过自食其力的方式解决个人的生活问题,通过课外实践,将所学知识理论运用于实际工作中,在实践工作锻炼中成长成材。

(3) 增强生存发展能力。生存是发展的基础,发展是生存的目标。要发展成为社会的精英,首先要学会生存,这就要求家庭经济困难学生要有一定的生存能力,只有顺利就业才能独立生存,只有生存好了才能求得更好的发展。因此,要获得较好的生存发展就必须先将自己的专业学好,将自己的社会活动能力提高,将自己的综合素质完善,才有可能在求职过程中脱颖而出,才有可能谋得更好的出路。

7. 服务就业依托,拓展贫困生社会资本

高校应当为家庭经济困难学生就业提供更多的服务,使他们感受到不是一个人在奋斗。高校通过资助育人的方式为家庭经济困难学生人力资本的增强提供了重要支持,此外,高校还应当为家庭经济困难学生提供更多的就业服务,以此增强他们顺利步入职场的社会资本,从而全方位地提高他们的就业竞争力。具体而言,可从以下两方面做起:

(1)突出社会参与的助学形式。助学渠道可以多向,助学形式可以多元,如通过国内外社会捐赠、创立校友基金会、校友捐赠或家长联谊会等形式吸收更多的助学基金,为家庭经济困难学生顺利完成学业、顺利求职走上社会提供服务依托。

(2)推行校企产学研合作模式。产学研合作模式是指学校与企业合作,共同培养学生,实现理论与实践对接的新型模式。具体做法是学校与企业签订人才培养订单,学校按照用人单位的工作需求培养学生,企业按照学校制订的培养计划安排实践,双方共同设立专业教学任务标准,完成联合办学目标。校企产学研合作模式在很大程度上缓解了我国大学生就业难问题,也成为我国毕业生就业的一大特色。这种合作模式如果能用于家庭经济困难学生则意义更大。一方面,学生可以通过在企业实习的机会,获取一定的工作报酬,解决日常生活开支费用;另一方面,学生可以通过实践提高自己的社会适应能力,为日后走向更心仪的岗位做准备;此外,如果企业与学生相互满意,学生也可以通过转正或者是竞聘的方式争取留下任职,就地解决就业问题。

参考文献:

[1] 杨晴. 中国高校贫困生贷款资格判定[D]. 武汉:华中科技大学,2005:22-29.

[2] 李从松. 国外助学贷款的进展和启示[J]. 湖北财税,2003(2):27-28.

[3] 何丹,孟祥龙,董伟英. 国外高校贫困生资助模式及启示[J]. 辽宁教育研究,2007(6):85-87.

[4] 马彦周.大学生发展型资助体系构建研究[D].武汉:华中农业大学,2012.

[5] 梁红军.德育视野下的高校资助育人体系研究[D].赣州:赣南师范学院,2010.

[6] 刘畅.高校助困育人的现存问题及对策[D].长沙:中南大学,2012.

[7] 沙爱红.育人为本背景下高校学生资助工作研究[J].内蒙古师范大学学报(教育科学版),2013(3):92.

[8] 车荣华.浅析高校资助育人工作的实效性[J].思想理论教育,2011(5):93.

[9] 郝俊霞.高校贫困生认定方式初探研究[J].淮南师范学院学报,2013(2):101.

[10] 金昕.实施"双线资助"确保高校学生资助可持续发展[J].中国高等教育,2009(Z1):70.

[11] 杨波.高校家庭经济困难学生资助与育人结合研究[D].南昌:江西师范大学,2011.

[12] 黄建美,邹树梁.高校资助育人创新视角:构建多维资助模式的路径探析[J].中国高教研究,2012(4):83.

就业创业指导

美国高校学生就业指导工作具体实务的借鉴与思考

——以加州富乐敦州立大学为例

聂邦军

(南京工程学院，江苏 南京 211167)

学生的就业与职业发展对学生个体来说是至关重要的，对学校而言，是关系到学校的长远发展和学校声誉的重要因素，也是学校人才培养质量的重要评判标准。尽管中美两国在社会制度、文化背景、经济发展和个人价值理念上有明显区别，在高校管理和运作模式上也有很大的差异，但是对学生就业工作都非常重视，对如何帮助学生高质量就业都非常投入。因为就业工作涉及的内容十分广泛，既有政府层面、社会层面的制度、文化等，也有每个具体学校的人才培养、制度措施等微观内容，又与学生个体的人生目标、家庭文化、教育背景等密切相关，应该说是一个系统化的体系在学生个体就业方面的体现。本文仅从加州富乐敦州立大学在学生就业指导与服务的微观层面，探讨高校学生就业工作的具体举措，以冀有所启发和收获。

一、富乐敦州立大学学生事务工作理念与主要内容

加州州立大学(The California State University，简称CSU)，是美国公立大学体系的重要成员之一，有23个校区、447 000名学生和45 000名教职员工，号称世界"第一大学"。富乐敦州立大学是加州州立大学23个分校之一，成立于1957年，位于南加州橙县富乐敦市，主校园占地1 440

亩,在校生38 000人,专兼职教师2 019名,专兼职管理与服务等其他人员1 882名,2013—2014学年经费预算是35 600万美元,有九个学院,提供107个学位,涵盖学士、硕士、博士学位。被2013年《美国新闻与世界报道》列为全美最佳公立大学之一和美国西部综合性公立大学第七名。

学生工作在美国一般被称为学生事务(Student Affairs),它是指高等学校通过非学术性事务和课外活动对学生施加教育影响,以规范、指导和服务学生,丰富学生校园生活,促进学生发展成才的组织活动。学生事务在美国经过近200多年的发展,无论是思想理念从最初的"代替父母制"到今天的"促进学生终身可持续发展",还是手段目标从以管理、约束为主到以教育、服务为主等,都发生了重大的变化,也日臻成熟。今天,美国公立大学几乎都有明确的学生事务工作机构,有学生事务副校长专门负责。具体的事务机构涵盖了除学术性事务之外的与学生相关的几乎所有工作,如学生注册、招生转学、就业指导、心理健康咨询辅导、学生自治、体育音乐活动、学习支持服务、学籍管理、考试中心、学生资助、住宿餐饮服务、残疾人退伍军人服务、国际学生服务、校友服务等,内容十分丰富,各部门分工明确、职责清晰、管理规范。如富乐敦州立大学学生事务副校长直接领导的有27个学生事务部门和项目,其中就业指导中心就是特色鲜明的学生事务工作机构之一,主要负责以学生就业为中心的工作。

富乐敦州立大学的学生事务工作目标是通过给学生提供以学生为中心的特别项目、服务和机会,促使学生在学业上、个人身心发展上、职业生涯上最大限度地挖掘潜能和达到目标,帮助学生成为有所作为的、负责任的公民和全球社会的领导者。核心价值理念是以生为本、诚信、多样、合作和杰出。而职业指导中心的工作就是体现和贯彻这些目标理念的具体表现。

二、富乐敦州立大学学生就业工作体系与举措

富乐敦州立大学高度重视学生的就业工作,学生事务的很多方面都是围绕提高学生的就业竞争力而开展的,而不是简单地局限于那一两个部门的工作职责。由分管副校长的助理统筹协调相关的部门工

作。如与就业关系密切的机构或者项目有就业指导中心(Career Center)、实习与社区服务(Center for Internships & Community Engagement)、学生院长办公室(Dean of Student's Office)、新生项目(Freshman Programs)、技术服务(Technology Services)等。主要的就业工作内容如下。

（一）指导学生开展职业生涯规划

富乐敦州立大学要求学生必须开展职业生涯规划，而且在新生入学伊始，就指导学生开展职业生涯规划设计。并且在以后的学年中，生涯规划的侧重点不断发生变化，体现"生涯探索—学习认识—生涯决策—实现目标"的演变轨迹，老师不断帮助学生修改和完善职业发展目标。

（二）鼓励学生参加社会实践与岗位实习

学校通过支持学生组织、社会中介组织、社区机构、雇主单位等联系与合作，鼓励学生参加社会实践、岗位实习、社区服务等。很多学生从入校开始，就不断参加各类实践活动，一直到大学毕业。学校还在校内设立实践和见习岗位，招聘学生参加实践锻炼。如富乐敦州立大学校园超市、食堂餐厅、图书馆等，处处都是学生工作人员的身影。学生通过实践，不仅仅是参与和了解社会，更重要的是积累经验，培养公民意识和提升职业技能，对学生顺利就业十分有益。

（三）开设与就业指导相关的课程

就业指导中心开设了就业指导课程（选修，2学分），聘请校友和雇主等举办就业专题讲座，邀请社会中介组织如全美高校和雇主协会的专家开展就业辅导和咨询等。

（四）举办各类与就业密切相关的校园活动

富乐敦州立大学非常重视校园文化活动，通过开展职业生涯规划大赛、校园模拟招聘会、就业工作坊、校园情景剧、演讲与征文比赛、就业沙龙等学生喜闻乐见的活动，普及就业知识，营造就业氛围，提升就业技能。

（五）提供丰富的就业指导和服务

就业指导中心从指导学生职业生涯规划开始，组织开展网上个人职业测评、专业与职业关联测评等，帮助和指导学生开展个人求职规划、就业信息搜寻、个人简历制作、求职信书写。组织学生模拟面试，并且提供现场摄像,提供给学生自己观摩学习等。中心还印制出版了《职业指导》杂志,详尽地介绍就业准备工作的各个环节和时间节点等,提供各类测试的表格和简历、求职信的模板,发布相关就业信息和网站地址等,非常实用。就业指导中心的网站内容也十分丰富,而且实现双向动态沟通,所有的相关辅导资料和信息都可以在网上浏览。学生可以在网上预约就业指导和咨询,中心一年接待的学生预约的个案咨询和辅导近4 000人次,基本满足学生就业的个性化需求,成效显著。

(六)举办校内专场招聘会

学校每年都组织多场各类的校园招聘会,据统计有接近一半左右的毕业生是通过校园招聘会找到理想岗位。

三、富乐敦州立大学就业工作的借鉴与思考

从上面的叙述来看,富乐敦州立大学就业工作处处强调以学生发展为中心,注重学生个体需求,帮助学生培养就业能力。就业工作体系完善,就业服务内容丰富,就业指导水平专业。开展比较研究对我们国内高校进一步提升就业工作专业水平有一定的借鉴意义。

(一)就业工作理念有所不同

由于中美两国的社会制度和文化背景有明显区别,美国高校注册的大学生毕业后去向多元化,社会评价体系不同,所以,富乐敦州立大学没有明确的毕业生就业率指标排名的压力,就业工作的重点是强调以学生为中心,以提供和满足学生需求为第一目标,重视学生职业测试、人岗匹配,关注长远发展等,是以学生个性化需求为导向的提供式服务,注重就业质量。我们由于有统计就业率指标的压力,更注重学生的直接就业,在学生的职业匹配上和长远发展上投入不够,常常强调"先就业后择业",我们不仅要满足学生的需求,还要激发学生的需求,在职业指导上更多地是面向全体学生,提供的是规范统一的培训和指导,带有一定的强迫式,投入精力往往很大,却很难做到满足学生个性化的需求。

(二)就业指导机构设置与队伍建设存在差异

富乐敦州立大学就业指导中心是独立设置机构,有独立的工作场所,配备有现代化的办公设备,如电脑、可视电话、复印机、传真机等一

应俱全,还有专门的就业图书专区,提供与就业相关的各类资料供学生查阅。还开辟必要的讨论专区,方便开展小组研讨或者个案咨询等。富乐敦州立大学的就业指导中心现有 12 名工作人员,基本上都具有教育学、心理学等相关专业的博士、硕士等学位,同时所有的就业指导人员还要通过培训,取得相关的岗位资格证书。人员之间也有明确的分工,有负责学生职业测试、咨询辅导、能力评估、求职服务等,还有专司对外联络、校友服务等。中心还提供实习岗位,招聘众多的学生实习助理参与一些服务工作等。中心每年投入的经费有 100 万美元。相比较而言,我们国内的大学生就业指导中心有相当一部分隶属于学生工作部门,无论是硬件设施还是人员配备都需要加强,尤其是就业指导人员的专业化、职业化建设任重道远。

(三) 就业工作的具体内容侧重点有所不同

富乐敦州立大学就业工作一般涵盖职业规划、专业与职业分析、职业能力测试、岗位匹配测试、社会实践与实习、求职咨询与服务、简历求职信制作与面试辅导、就业信息发布与校园招聘组织等,服务内容十分丰富,尤其是在个案咨询上,做得非常好,如富乐敦州立大学就业指导中心一年接待个案咨询接近 4 000 人次。我国高校大多是通过开设就业指导的必修课,统一传授就业相关的共性知识,而针对学生个体的职业测试、岗位匹配测试等研究不够。由于就业指导中心的人员忙于事务性工作投入的精力更多,比如各类上报的统计指标、协议书的管理盖章、人事档案和户籍关系转接办理、校园招聘信息发布、招聘单位的接待安排等,所以也很少有足够的精力来针对学生个体开展就业咨询与服务,再加上人手不足、人员素质参差不齐等,就业服务的质量上有待提升。

(四) 社会中介组织、雇主和校友作用的发挥明显不同

美国的社会中介组织在大学生就业方面发挥着独特而重要的作用,如美国咨询协会(ACA)、全国生涯发展协会(NCDA)、美国高校咨询协会(ACCA)、美国就业咨询协会(NECA)、全美高校和雇主协会(NACE)等。其中,成立于 1956 年的全美高校和雇主协会是最重要的高校毕业生就业信息来源,其目标是帮助学生寻找合适的工作岗位,是毕业生和雇主之间的桥梁。同样,美国企业也非常重视大学生的招聘,

往往会提前提供实习的岗位,主动邀请学生利用假期等参加实习工作,而且提供一定的报酬。富乐敦州立大学非常注重校外资源的整合和利用,在就业指导中心有专人负责校际联络,与中介组织和雇主保持密切联系,建立校友网络,发布各类信息,提供历届校友工作信息资源,组织和辅导学生参加各类中介组织或者雇主的相关就业活动。学校还有专门的项目,提供资金支持学生参加海外或者大公司的游学实习等实践活动,以增加就业机会。相比较而言,国内的社会中介组织鱼龙混杂,没有相对权威的针对大学生就业的中介组织,企业对招聘在校学生参加岗位实习锻炼也没有积极性,校友与母校的联系也相对松散。

（五）网络技术手段在就业工作中充分运用值得学习借鉴

富乐敦州立大学就业指导中心网站内容十分丰富,覆盖了整个就业的所有环节,除了发布常规的各类就业信息之外,职业生涯规划的辅导资料都发布在网上,学生足不出户就可以获得足够的信息支撑。同时组织学生开展在线的网络职业测评、上传个人简历、网上在线咨询、网上模拟招聘、网上沙龙等,双向互动积极,实现实时迅疾的交流与指导。反观我们的就业网站,一般停留在单向的信息传递,缺乏互动与辅导,作用发挥不够充分。

总之,由于近年来,随着美国整体经济振兴乏力,州政府财政拮据,加州州立大学系统财政预算困难,高校学生就业工作也面临着新的挑战,但是,他山之石,可以攻玉。学习和借鉴美国高校的相关工作理念,对于完善和提高我们的学生工作水平,适应社会全球化发展,培养具有国际视野、面向未来的大学毕业生具有十分重要的现实意义。

参考文献：

[1] 王惠燕,卢峰.美国高校就业指导专业协会的角色功能与启示[J].教育探索,2010(3):147-149.

[2] 陈禹,谷峪.美国高校就业指导模式与特征分析[J].外国教育研究,2011(2):91-95.

[3] career guide sixth edition[EB/OL].[2014-02-16].http://www.fullerton.edu/career/.

美国大学生社会适应性培养相关问题研究

周春开

(扬州大学，江苏 扬州 225009)

在高等教育改革与发展的浪潮中，社会适应能力培养是世界各国都十分重视和加强的核心要素之一。2014年1月，我参加了江苏省教育厅组织的为期半个月的赴美高校学生事务管理学习研修。通过短期研修访学，对美国部分高校大学生的社会适应性教育与培养方面颇有心得。

大学生的社会适应性主要是指他们在与社会环境的交互作用过程中，主动顺应、调控和改变环境，最终达成与社会环境间的平衡与和谐。在我国，大学生往往到毕业季，纷纷感叹就业难，在美国同样遭遇类似问题。就业难与经济社会发展关系紧密，与学校及家庭的社会适应性教育也密不可分。我们仅从美国高校的几个视角来概要分析他们在培养大学生社会适应性方面的做法。

一、美国高校重视学生社会适应性培养的举措

(一) 高效的管理体制适应学生需求

美国高校学生管理方式具有制度化、规范化、科学化三大特点。美国的大学比较重视学生服务，各种服务机构门类繁多，五花八门，经费相对宽裕，服务水平也比较高。美国高校学生服务机构除了我国高校常见的招生、注册、学籍管理、学业指导、职业发展、住宿管理、心理咨询、医疗保健、经济资助、社团(学生会)指导之外，还专门设有迎新、体育竞赛、文化娱乐、法律事务、参军与退役士兵服务、留学生服务、宗教服务、残障服务、评估研究、基金发展、同性恋双性恋服务等。这些机构

的设置不是徒有虚名,而是涵盖学生服务的众多方面,学生事务与学术事务机构之间的合作与联系也非常紧密。虽然机构较多,但人员比较精干,分工明确,讲究工作成效。人员素质也较高,即使诸如宿舍管理等后勤服务部门,也有许多工作人员具有博士学历。由于学生事务经费来源、管理体制以及较为严格的效率效果评估,学生事务管理部门必须以学生为中心。在这些管理的过程中,非常重视人性化,注重满足学生的需求,强调教育与引导,增强了学生对教育方式的理解、适应与配合。

(二)将迎新作为学生适应大学生活的重要起点

美国很多高校的新生入学教育从高中阶段开始。它被视为学生尽快适应大学生活以及高校学生事务管理的起点,其成效直接关系到学生注册率和满意度等。新生入学教育既针对新生本人,又针对其家庭成员;既面向已经录取的学生,又面向那些徘徊观望、忙于择校的潜在生源。入学教育的内容几乎事无巨细,甚至细小到怎样使用公寓区的洗衣机,如何到学生食堂用餐,如何在图书馆下载打印文件,还安排高年级的志愿者带新生到教学楼参观"踩点"等。新生也可以在与学长或者导师的互动交谈中比较详细地了解如何使用学校的选课系统,如何结合自己的兴趣爱好和实际情况来安排第一学期的所学课程,还可以一起讨论将来的专业选择方向和职业生涯发展规划。近几年来,针对外国留学生不断增多的趋势,许多高校非常重视留学生和少数族裔学生的迎新,他们也会针对这部分学生采取多种措施,尽快让他们融入群体,同时也让本国学生在迎新与服务中了解异国文化。另外,美国的很多高校和研究机构会专门针对大一新生开展适应性调查,从而研究分析他们的适应和发展情况,通过跟踪调查,掌握这些新生在第一年的大学生活经验对他们今后的大学生活以及走向社会后成长的影响。

(三)充分发挥学生的主观能动性

美国高校十分重视个性化培养,特别重视培养学生面向未来社会的适应能力。美国高校的学生社团很多,而且不是流于形式,学生活动非常丰富。很多学生社团活动都十分重视能力的培养,而且注重与社会接轨。比如,美国高校的学生会,并不仅仅局限于组织校园文化活动，他们也像一些社会机构一样，成立董事会，设董事会主席。学校提供较为优越的活动场所，学生会甚至拥有咖啡厅、图书屋等经营性场所，类似公司化，学生会自筹资金，自主运营，自负盈亏。这些运作过程让学生提前实践社会经济生活，从中锻炼很多方面的能力。再如，高校的迎新活动，虽然是由学校组织的，但是学校只提供一些必要的迎新条件，具体的活动设计策划以及具体实施，主要都是由学生来参与完成的。而且并不是所有学生都能轻而易举地获得为新生服务的资格，学校学生事务办公室面向全校公开招聘有意愿担任迎新的学生，然后就像找工作一样，报名参加的学生要经过面试等环节，模拟社会用人单位的招聘模式。

（四）重视面向社会需求的教学改革

面对激烈的竞争和社会对人才培养与评价的要求，美国高校特别注重教学改革推动教学质量提升。美国很多高校的所谓教学计划具有较大的弹性，一般由各类必选课、限选课和任选课组成，以适应学生的需要。美国高校的教学与课堂气氛比较活跃，大力提倡研讨式、启发探究式教学，鼓励自由提问，互动交流。专业设置重视根据市场经济的发展变化而变化，注重以生为本，非常重视帮助新生适应全新的大学环境和学习方法，完成由中学阶段向大学阶段的顺利过渡。许多高校专门有新生研讨课，其课程目标是适应新环境、转换学习方式、接触著名教授、结识新朋友。美国高校的教学不仅要让学生学习主修与辅修课程，还非常重视有关认识、情感、意志和社会方面的知识，重视情商培养，使得学生今后走向社会能够拥有健全的人格和应变能力。因此，他们的这种厚基础、宽知识、强能力、重素质弹性化教学模式，所培养的人才就更能适应社会的发展。

（五）注重环境育人与养成教育

美国大多数高校都有着悠久的历史，美丽的开放的公园式校园清爽整洁，风格各异的建筑，非常别致的教学楼与图书馆，个性化的校园文化，较为先进的服务设施，优越的体育活动场所，给人留下深刻的印记。这也是环境育人的一个重要方面。走进美丽如画的校园，环境幽雅，立即被缤纷的色彩、光线和各种服务设施、体育活动场所所吸引。

学生可随时到电脑上通过网络检索信息。此外,校园里、教室内还有展示台、图书架、衣服柜、饮水机、咖啡厅、洗手池、娱乐休憩角等,供学生进行研究学习时使用。还有文化氛围墙,许多教学楼有捐赠人的鲜明雕像,有的楼内过道有历任校长的画像,有专门的校园纪念品专卖店,这些都是很好的校史与励志教育的润物细无声的教育素材。他们比较注重社会公德和人道主义精神的教育。抓最基本的道德教育,即养成教育、行为规范教育。美国学者介绍,儿童从小怎么吃饭、怎样过马路这些细微的方面都要在课堂上教育与演示。

二、美国高校学生社会适应能力培养对我们的启示

随着我国社会变革的逐步深化,高等教育由精英型教育向大众化教育转变、应试教育向素质教育转变的过程中,其规模速度和影响与招生数量和高校规模的迅速扩张不相适应,应试教育仍然起着核心指导作用,而教育与人才市场化趋势却明显增强。面对急剧变迁的社会生活,面对自我角色的迅速转变,面对新的职业要求与社会用人选择,在应试教育体制下成长起来的大学生,很多人显得无所适从,有的茫然无措,有的很长时间不能适应岗位要求,很多人在认知、心理、职业认同等方面出现困惑。我国于2010年3月发布了《国家中长期教育改革和发展纲要》,其中强调指出要培养学生的社会适应能力。这就是说虽然我国教育政策与体制、教育手段、学生的培养方式等不同于美国高校,但是作为高等学校培养人才的目的是相似的。在我国深化改革的形势下,高校培养适应社会发展的有用人才显得十分迫切。

(一)加强新生入学教育的前移与学生主导性

新生进入陌生的大学校园,面对新环境或多或少会有暂时的不适应状况,也有一些新生出现了自理能力较差、缺乏独立生活能力、不知如何自主学习、如何合理规划消费、如何有效使用图书资料、与同学室友相处困难等。现在有些高校的新生入学教育也前移了,但大多只局限于填志愿前的踩点式的招生宣传。这里我们可以借鉴美国高校的经验,入学教育的前移不仅是到少数中学的招生宣传,还要加强对家长的宣传,加强对大学生活以及学生职业发展等内涵方面的宣传。迎新中,

要充分调动高年级学生的参与积极性,加强学长的榜样与引导,以高年级学生为主导,利用同伴与朋辈教育的优势,积极主动地参与到学校的迎新活动中去,包括通过结合时代发展的多媒体手段提前介入与加强联络宣传、迎新活动的策划与组织实施,让高年级学生的传帮带成为新生互助交流与学习的重要载体,形式多样地帮助新生了解大学生活及注意事项,尽快熟悉学校的各种服务和活动项目,积极向新生传递人际交往的经验,辅导他们学习与专业成长和职业发展的经验与技巧。通过以学生为主导的迎新活动,能够让新生缩短适应新环境的时间,丰富与充实他们的校园生活,以便更快更好地适应大学生活。同时,参与迎新的高年级学生也锻炼了组织领导能力、表达能力与人际交往能力。

(二)改革课程设置与教学方法

在我国改革的进程中,高校扩招和规模建设可谓突飞猛进,但是专业与课程设置跟不上形势发展,跟风现象比较严重,什么专业热就上什么,严重忽视师资条件与社会实际需要,忽视学科交叉与融合,教学质量与效果提升不快,学生和自主性学习明显不足。这样知识面和知识结构及实践能力受到一定约束,从而出现许多以前较热门的专业在就业中频亮红灯,学生就业面狭窄,进入社会不能适应。现代社会需要能够主动学习、有所创新的具有复合型的知识结构的人才,特别需要一专多能。因此,高校的专业设置、知识结构体系要紧跟社会经济形势的发展变化而变化。高校的培养目标要具有前瞻性,要使培养人才的方向与社会发展的大方向基本保持一致,这样才具有生命力,也才能使培养的学生更好更快地适应与融入社会,进一步推进社会经济的发展。深化改革教学方法,要切实改变传统的比较单一的教学方法。大力加强各种类型的教学以及社会实践活动,不能一味纸上谈兵,教学不能仅仅停留在以培养学生知识为基础,要以突出培养学生能力为基础,在调动学生加强课堂学习的同时,多给学生一定的可选择空间,在各高校都热火的新校区建设与老校区改造中,要注重学生学习与学术氛围的营造,包括给学生读报栏、学术墙、广告宣传栏等细节,重视让学生在教学与研究中培养和发展语言表达能力、逻辑思维能力、团结协作精神以及解决问题的能力。

(三)高度重视数字图书信息建设

美国众多高校的图书馆是校园景观的亮点之一,许多图书馆成为大学的标志性建筑,具有神圣的地位,让人走进就肃然起敬,走进知识的殿堂。他们的图书馆十分重视图书信息系统建设,网络覆盖校园,为大学生提供人性化的服务,借还书系统不仅局限在馆内,还在校园里设置了自助系统,使用也十分方便。大学图书馆是学校培养人才的必不可少的重要阵地,应高度重视图书馆的外观与内涵建设,使之成为学生向往之地。要加强对大学新生的入馆教育,将其作为新生入学教育的必修课之一。要采取有效措施指导他们如何高效利用图书馆,如何更便捷地利用图书资料信息来拓展专业知识及前沿发展。大学图书馆的数字化、信息化发展地位尤为突出,方便快捷的数字图书馆可以使大学生查找资料及存储资料更简单易行,获得的现代科技文化知识更新更全。这样他们能够站在社会发展的前沿,将来可以更好地与社会接轨,发挥聪明才智。

(四)强化学生的竞争与社会服务意识

强化对大学生的竞争与社会服务意识,既能培养他们勇于拼搏的精神,又能使学生在丰富的社会服务活动中增强合作意识,提高社会适应能力。各种类型的体育竞赛是培养学生争先拼搏与合作的重要载体。我国高校的学生活动场所和体育设施与美国高校差距甚远,活动的高度参与性和表现出的凝聚力也无法相比。美国高校常有的校际比赛或校园俱乐部等活动,可以更好地让大学生在比赛中培养集体主义精神、竞争与合作意识、组织分工能力、直面挫折的能力、人际交往能力、心理适应能力及责任意识。我国高校要重视加强学生的体育及活动场所建设,通过营造氛围,组织激发他们活力的活动,使学生得到潜移默化的教育。美国高校中社会服务能力被作为考察合格大学生的标准。在大力加强文明民主富强社会建设的今天,高校要大力提倡和引导大学生参加校内外的社会服务活动。在宣传走上街头深入社区服务的同时,要避免不能只是一时的到社会上去应应景,流于形式,少数人参加等,而且志愿者服务也不能舍近求远,忽略了校内也需要大量的志愿服务。同时,这些社区服务活动也能够帮助社会缓解压力,志愿者可以为社会分担诸如照顾残疾人、老年人等需要帮助的人,也可以指导青少年安排课余生活及辅导,帮助他们了解大学生活,让青少年及早对大学有正确的认识。鼓励大学生在校期间多去企业实习及适当参与社会打工,建立沟通信息的平台,在给大学生提供信息的同时,也能够保障大学生在外工作的人身安全。通过社会实践能够培养大学生的人际交往能力、适应挫折的能力、工作的能力和学习的能力,提高自信,增加社会工作经验及就业机会,提高大学生的社会适应能力。

参考文献:

[1] 游敏惠.美国高校学生事务管理的变革及启示[J].重庆邮电大学学报(社会科学版),2009(5).

[2] 王飞.美国高校学生组织管理研究及启示[J].思想政治教育研究,2013(5).

[3] 韩天.美国高校管理理念对我国高校学生管理的启示[J].中国成人教育,2013(23).

[4] 哈瑞·刘易斯.失去灵魂的卓越:哈佛是如何忘记教育宗旨的[M].侯定凯等译.上海:华东师范大学出版社,2012.

[5] 顾明远.学习和解读国家中长期教育改革与发展规划纲要[J].高等教育研究,2010(7).

立足发展 构建大学生就业指导体系
——基于美国州立大学就业指导体系架构及启示

秦艳霞

(南通职业大学，江苏 南通 226007)

随着我国高等教育大众化进程的不断深入，越来越多的毕业生涌入就业市场。教育部统计数据表明：2014年全国高校毕业生总数达到727万人，比被称为"史上最难就业季"的2013年再增加28万人，创下历史新高，预计未来2年毕业生人数仍有上升，毕业生的求职竞争凸显激烈，就业难已成为社会共同关注的问题。如何帮助大学生合理职业规划、科学择业决策、促进自身发展，已成为高校就业工作人员无法回避的课题。

就业指导起源于美国，早在1894年美国加州工艺学校就有人指导就业；"就业指导之父"弗兰克·帕森斯(Frank Parsons)1909年即使用"就业指导"的概念；哈佛大学于1911年首开先河，在大学生中开设了就业指导课。[1]100多年的发展，美国就业指导的理念、制度、模式都比较成熟，考察分析它的先进做法和经验技术，对我国大学生就业指导体系的构建及实施，有着重要的借鉴意义。

美国加州富乐敦州立大学(California State University, Fullerton)(下文简称CSUF)是加州州立大学体系23所大学之一，设有9个二级学院，来自全美50个州以及世界80多个国家和地区约38 000名学生就读于CSUF，其商学院在加州规模最大、全美规模排名第五，传媒、护理、土木工程等专业在全美享有很高的知名度。作为一所传统的美国高校，"让学生在课内外得到发展"的学生事务管理教育理念，"以生涯发展为核心、关注个体发展、注重服务实效"的就业指导模式，颇有代表性地反映了美国公立大学就业指导的状况及总体特征。

一、美国高校就业指导概况及主要特征

（一）以"发展为核心"的就业工作理念

美国高校学生就业指导是伴随着社会的变革而发展的。历经百年，就业指导经历了从"人职匹配"的职业辅导阶段到"关注个体终身发展"的生涯指导阶段的发展与变革。职业生涯发展理念成为美国高校就业指导的核心。以"发展为核心"的就业工作理念，着眼于学生的职业生涯可持续发展的规划及决策能力，终极目标是每个人的终生发展、全面发展。基于此视角下的就业指导模式是把就业指导涵盖人的一生所有的职业历程，通过专业咨询、辅导，帮助学生自我认识、自我悦纳、自我发展，在将来的工作中，通过满足社会需要来展现自我，求得自我的发展与完善。[2]主要包括以下几个方面：

1. 职业生涯规划能力的培养

科学合理的职业生涯规划是迈向成功的基石。美国高校从新生进校伊始，即为学生打包制定一套详尽的职业生涯规划"套餐"（Four Year Checklist），根据不同年级的不同任务和特点，制定不同内容的指导规划，形成不同年级不同任务的连续性发展，并一一列出切实可行的操作指南。以 CSUF 为例，第一、第二年的职业目标（Fist and Second Year Career Goals）：(1)熟悉校园环境以及各类组织、资源等。(2)进行自我评价。指导学生运用梅尔斯-布里格斯类型指标（the Myers Type Indicator）以及职业兴趣量表（the Strong Interest Inventory）等在线评估工具进行个人分析。(3)了解专业。鼓励学生通过浏览学术咨询中心网站，拜访学术顾问、教授、助理院长或职业咨询中心专家，参加职业咨询中心、学术咨询中心举办的讲习班等，全面了解专业。(4)探索职业。学校职业中心网站、图书资料室、计算机室（尤里卡数据库 EUREKA Database）为学生提供认知职业的各类资源，并借助弗格森在线职业指导数据库（Ferguson's Online Career Guidance Database），帮助学生进行职业生涯深度探索，分析和预测职业发展的前景，了解企业人才需求等，从而使大学生能更好地进行职业定位，明确职业目标。第三、第四年的职业目标（Third and Fourth Year Career Goals）：(1)优良的专业知识。(2)开始

职业准备。引导学生掌握就业信息搜集、制作简历、撰写求职信等技巧。(3)获取相关实践经验和未来职务设计。要求学生主动参加学校职业中心组织的各类培训、会议、实习以及招聘机会,全方位帮助学生掌握面试、求职、升学申请等技巧,为未来进入职场或进入研究生院打下坚实的基础。

2. 自我认知能力的培养

客观认识、评价自我是完善人格的核心内容,对个体的心理和行为起到内在的、全过程的调节作用。开展职业心理测试,是美国高校最常用的方法之一。通过问卷调查、团体辅导以及个别约谈等形式,帮助学生认知自我兴趣、自我能力、自我性格以及职业方向、职业期望等,探究自己的职业心态与特定职业的匹配程度,破解职业的困惑,从而引导学生树立正确的择业观,理性职业定向和职业选择。

3. 创业能力的培养

美国明确提出要把高等学校办成"创业者的熔炉","大学生应成为工作岗位的创造者",创业教育已成为美国高校的普遍选择。[3]美国高校非常重视培养学生的创造意识和创业能力,设立了一系列必修与选修、理论与实践相结合的创业教育课程体系,采用角色扮演、案例、实践、探究式教学等多种形式,学生的参与度非常高,极大地培养了学生的兴趣,增强了自信心。经常邀请知名企业家、校友到学校开设讲座,模拟经营,组织联谊会,培育学生自我创业意识和企业家精神。此外,美国高校非常注重技术与创业、专业与创业的结合,课程的实用性、引导性非常强。同时还把国家法律法规、财务税收、企业管理、营销策划等作为就业、创业课程或讲座的重要内容。

4. 领导力训练计划

美国高校将领导力教育放在重要位置,不仅把领导力教育作为大学生素质提高的有效途径,而且也作为解决毕业生就业难问题的有效方法。许多高校单独设立了协调机构来统筹各部门的资源。例如,CSUF的领导力开发项目是由设置在学生事务管理部门的学生奖学金及领导力训练中心管理的,除职业中心的老师外,各学院助理院长、各社团、运动队指导老师均承担学生领导力的培养任务。大学生领导力的项目主要从领导知识、领导技能、领导品德、价值观等方面对大学生实施全面培养,涉及商业、经济和公共管理、创新精神、实践能力等相关知识,通过鼓励学生参加社团、体育运动队、参加各类讲座、社区活动等形式,加强学生自我管理、组织管理、沟通协调、决策力、影响力、自信心、耐挫力、应变力以及创新能力的训练,引导大学生正确处理职业生涯危机,帮助学生掌握职业生涯发展策略,以提高学生的领导水平,为毕业后的职业生涯做好能力储备。

(二) 就业服务个性化

"个性化、分类就业指导"是美国高校就业指导的突出特点。职业发展中心是美国高校进行就业咨询、个性测试等个性指导的常设机构,直接由分管学生事务的副校长领导。例如,CSUF 的职业中心,设有图书资料室、计算机室、就业咨询室,接待学生的个别约谈,内容涉及职业兴趣测评、职业适应性、专业前景、职业描述、企业信息、企业对人才素质的要求、简历修改、模拟面试、求职技巧、员工关系处理等,帮助学生积累求职经验,掌握应对技巧,并针对暴露出的问题加强调整和改进。组织校友会、行业协会和企业家讲座等,帮助学生了解职业前景、行业发展、人才需求、素质要求等方面的基本情况。满足多元需求,针对不同的学生群体进行分类指导,不但要面向就业和创业群体的,还要面向升学的、半工半读的、休学临时就业的、退伍军人群体、女性就业、少数族裔以及不同年级、不同院系、不同专业设课程、开讲座、预约咨询。其中,帮助学生进入研究生院深造已成为 CSUF 常规工作之一,为学生选择专业、填报志愿、教授推荐、面试技巧提供服务。

(三) 师资队伍专业化

专业化、职业化、专家化的师资队伍是美国高校就业指导的一大亮点。美国高校对职业指导人员的要求非常严格,除了要求具备教学能力和科研能力外,还要求具备心理学、辅导学、咨询学、高等教育学以及学生事务管理等方面的学识和能力;同时要具备国家生涯指导员资格证书,而且只有经过考试合格才能上岗。就业指导人员有明确的岗位职责分工,设有中心主任、主管、职业顾问、对外联络员等。以 CSUF 为例:职业咨询中心(Career Center)设有主任 1 名,副主任 1 名,职业发展专家1名,员工关系处理专家1名,产业分析专家4名,其中教育、健康领域1名,商业领域1名,艺术、娱乐、通信领域1名,科学与工程技术产业1名,专业地帮助学生了解产业发展前景和学业规划,另外还配备秘书1名。此外,各二级学院也有专人负责,据了解,该校商学院有6人,其余学院由2人负责。

此外,美国的职业指导贯穿于大学生活的始终,是中小学职业教育与指导工作的衔接和继续,开设了丰富完善、覆盖面广的就业指导课程体系;就业服务对象多元化,不仅为在校生和已毕业的校友服务,而且服务的触角向下延伸至高中,进高中学校指导学生填志愿,帮助规划,向上拓展到为学生继续深造的指导;重视"校友网络"建设,关心校友的职业发展,为校友提供各种工作机会;调动一切资源服务学生,就业指导课授课老师不仅是职业中心的专家,而且与心理咨询中心、教授、校友、职场人士合作授课,"教授推荐、校友推荐"已成为CSUF学生择业的主要渠道。

二、我国就业指导与大学生就业现状的再思考

正如上文提到的,高等教育大众化15年来,毕业生人数激增7倍,而目前我国每年新增就业机会在900万个左右,服务业等三产需求旺盛。就业人数的激增,就业结构矛盾的扩大,严重制约了大学生的顺利就业,而毕业生求职并非简单的选择与被选择,学生的可持续发展能力已成为用人单位选才的主要考察点。[4]重新审视我国就业指导的现状,无论是工作理念、职能的发展、帅资队伍的建设,还是理论研究,仍处于起步阶段。如何满足学生的不同需求,帮助他们获得理想的职业,以及发展潜能,是摆在每个高校就业工作人员面前的一个难题。

三、美国生涯发展的职业指导理念对我国高校的启示

(一)建立生涯发展理念下的全程就业指导体系

全程就业指导可分为三个阶段,第一阶段为学前指导,第二阶段为素质培养,第三阶段为职场点拨。(1)学前指导阶段的实质是高考填报志愿和高校新生入校时,开设"职业前瞻与专业认知"、"职业生涯规

划"课程,由专业老师介绍专业课程体系、培养方式及目标,帮助学生了解专业前景和未来发展,规划职业目标、专业学习、社会实践、专业技能等各方面的知识能力储备。这个阶段,学生基本处于一个盲目的状态,有了因势利导的学前指导,可以激发学生的专业学习热情,树立正确的成才意识。(2)素质培养阶段实际是目前国内高校就业指导的主体工作,主要是培养学生正确的成才观,引导他们从心理状态、知识储备、实践操作等各方面提高自己的综合素质,指导他们树立正确的职业观,准确定位职业目标,同时为他们提供就业和升学的政策和信息等咨询。(3)职场点拨阶段究其实质是指就业后服务,目前,高校就业指导往往忽视了这一块,其实,初入职场,全新的环境以及自我角色的转变,许多学生困惑迷茫,此时的点拨也许是学生更需要的。[5]加强这一阶段的指导不仅可以把关注人的生涯发展理念真正落到实处,而且也能及时从校友那里得到信息反馈,有利于及时调整高校人才培养模式。

(二) 整合多方资源,建立全员就业指导体系

政校企多方联动,共同承担高校毕业生的职业发展。一方面,政府部门要继续给予高度重视,提供政策、经费、场地、人员的充分保障;高校要把"一把手"工程真正落到实处,从师资、经费、课时等方面给予充分保障;企事业单位应切实承担起应尽的社会责任,在大学生就业培训以及校企合作方面给予大力支持。另一方面,高校就业指导应成为所有教育者共同的职责,不仅是就业指导部门、院系书记、辅导员、班主任的工作,而且校领导、专业教师、行政人员、校友、学生家长甚至实习基地的领导和员工,都应该成为大学生就业指导的施教者。

(三) 完善专业结构,建立专业化、专家化、职业化的师资队伍

我国高校的就业指导工作大多由学工处或招生就业处承担,人员多为学生思想政治管理人员。由于许多高校实行轮岗制度,部门人员流动较快,且部分人事代理辅导员,因身份、待遇诸多因素影响了工作热情,离职现象也时有发生,使得就业指导队伍经常处于临时拼凑状态,这也势必制约了职业化师资队伍建设的进程。同时,很多老师从学校到学校,缺乏实际工作经验;而具备心理学、管理学、人力资源等专业背景的专业人员占比较少,造成"专职不专业"的尴尬局面。因此,配备

一支专业化、专家化师资队伍是提升我国高校就业指导水平的重要保障,通过外引内培等多种形式,逐步改善从业人员的专业结构,不仅要掌握扎实系统的教育学、心理学、管理学、社会学、人力资源等基础知识,熟练运用群体辅导的方法和个体咨询的技巧,具有较强的协调能力、应变能力、沟通能力等,而且还要熟知有关大学生就业政策、就业管理业务和就业教育方法,能够从专业的角度分析学生的就业现状,进而有针对性地进行个别咨询和辅导,提出建设性的意见和建议,为学生顺利走向市场提供帮助。[6]为切实保障职业指导专人专职,高校还应从人员待遇、干部任用、职称评聘、业务培训等各方面给予就业指导人员相应的保证,增强他们的成就感、归属感和责任感。[7]

（四）满足多元需求,开展就业指导个性服务

我国高校毕业生的实际需求也呈多样性变化,已不仅仅表现在毕业就业,选择继续深造、出国留学、考公务员、待就业的比例日趋上升,高校不仅要关注学生的择业,更应关注学生的可持续发展,为学生升学、出国留学以及就业后续服务提供有力的帮助。

（五）教学相长,培养学生参与的主动意识

与美国个性化的咨询相比,我国的就业指导主要以群体服务为主。尽管各个高校都设有就业服务中心,提供个性化的辅导,但主动咨询的学生比例较低,自觉自愿独立探索的意识也比较差。究其原因:一方面学生"等、靠、帮"的概念较深;另一面,缺少自信。为此,我们一要从改进课堂教学方式着手,采用课堂讲授、项目引导、任务驱动、模拟训练、小组讨论等多种方法,引导学生积极主动地参与到课堂活动中去,提高学生的主体意识;二要开展领导力教育,培养学生的领导力,增强学生的自信心。

总之,大学生就业形势的发展变化给我们提出了新的重大课题,作为一名高校就业指导人员,应当以科学发展观为指导,加强学生生涯规划教育体系构建的研究,为学生的可持续发展助力。

参考文献:

[1] 马克·波普.美国职业指导工作的发展历程与职业指导员的培训[J].中国职

业技术教育,2000(3):54-56.

[2] 陈禹,谷峪.美国高校就业指导模式及特征分析[J].外国教育研究,2011(2):91-96.

[3] 夏人青,罗志敏.论高校人才培养框架下的创业教育目标[J].复旦教育论坛,2010(6):56-60.

[4] 秦艳霞,方一鸣.大学生职业指导体系构建的探索和实践[J].科技信息(学术研究),2008(29).

[5] 秦艳霞,方一鸣.大学生职业指导体系构建的探索和实践[J].科技信息(学术研究),2008(29).

[6] 徐幼文.美国、日本高校学生就业指导工作分析比较[J].浙江海洋学院学报,2007(1):125-129.

[7] 秦艳霞,方一鸣.大学生职业指导体系构建的探索和实践[J].科技信息(学术研究),2008(29).

基于中美比较的中国高校创业教育机制研究

王梦倩

（中国矿业大学，江苏 徐州 221008）

对于大学教育而言，其功能不仅是简单的知识灌输与人才培养，培养具有"创新、创业、创优"精神的人才更是大学教育的应有之义。继欧美等西方发达国家率先发展创业教育以来，我国在充分考虑国内实际情况和吸收先进国家经验的基础上，自20世纪末起亦将高校大学生创业教育提上日程，并开展了许多有益尝试。但就其现状而言，仍存在对创业教育认识不高、课程体系不完善、支持体系不健全、师资力量匮乏诸多问题。习近平同志曾深刻地指出："唯创新者进，唯创新者胜，唯创新者强。"将创业教育作为一项培养大学生开拓进取精神的有效途径和促进社会经济蓬勃发展的有力抓手，已显得尤为紧迫。

一、美国高校创业教育取得的实践经验与特色

1947年《新企业管理》作为世界上第一门创业教育课程登上哈佛大学商学院的教学舞台，由此拉开了美国高校创业教育兴起的帷幕。经过60多年的探索与实践，目前，美国高校在创业教育领域已经遥遥领先世界其他国家并独具特色，成为世界其他国家纷纷学习和效仿的对象。笔者在赴美国加州富乐敦州立大学学习期间，从美国高校创业教育课程、师资培养、保障体系、行政管理四个方面系统分析了美国高校创业教育的实践经验与特色。

（一）合理的创业教育课程设置

创业教育课程设置贯穿于整个美国公民教育之中。以加州为例，从基础教育开始就将创业教育课程作为中小学生的必修课程，从培养

创新意识、提高职业兴趣入手,将增强学生对今后从事职业及开展创业活动的信心为培养目标。进入高校后,创业教育则以创业过程为导向设置课程,且随着大学生专业知识面的拓宽而不断深入,并能够保证开设课程与学生所学专业的结合度不断提高。同时,在课堂教学上,主讲教师能够充分选取学生关注程度高和教育针对性强的创业案例作为分析对象,并将其应用在创业教育的案例教学中。因此,合理完备的创业教育课程设置促成了美国以培养创新创业精神为主要特色的国民素质教育体系。

(二)科学的创业教育师资培养

美国高校在创业教育过程中始终致力于拥有一支高素质的、稳定的、专兼结合的教师队伍。对教师的梯队化配置和教师视野、知识面的要求极高。主要通过三个途径:一是建构了科学、完备的创业教育体系,特别将创业教育等同于一门专业人才培养的培养模式能够满足培养具有专业化知识和技能的教师。二是企业积极参与整个培养过程,为高校能够招揽一大批在实践经验丰富基础上又具备学术背景的企业界人士作为骨干师资。三是重视对教师后期的充电培训,由于时代发展日新月异,不断提升教师的创业前瞻性,能够极大地促进创业教育的教学和科研水平。

(三)专门的创业教育管理机构

调研表明:在已开设创业教育课程的美国高校中,专职负责创业教育管理的机构普遍存在,其性质与我国高校学校层面一级的行政部门相当。日常工作主要负责组织师生进行创业课题研究和实践环节,并整体协调全校不同年级、不同专业的课程设置与考核,同时还通过组织申请、答辩等环节对特别优秀的大学生创业项目给予相应的配套支持和帮助。通过专职负责创业教育管理机构的设立,有效改善了美国高校创业教育的校内外实践环境,并且通过多渠道融资、吸引校外企业投资、基金冠名赞助等手段,极大地缓解了创业教育资金来源紧张的问题。

(四)完善的创业教育保障体系

美国政府高度重视创业教育,主要体现在不断完善创业教育保障体系。通过近几十年的发展,美国政府不但相继制定了一系列旨在促进中小企业生产发展和鼓励创业教育的法律、政策,为创业教育的发展提供了政策上的保障;而且通过加大对非营利性创业教育推进了组织机构,如SBA、EF、YEK等扶持力度,设立了国家创业教育基金。由于信仰基督教的缘故,美国教会所辖的各种福利性基金会在创业教育中也扮演了投资者的主要角色。此外,在美国高校中,均配备了相应的管理者专职负责学校创业教育管理工作。

二、我国高校创业教育的发展现状与瓶颈

自1999年第 届"挑战杯"即全国大学生课外学术科技作品竞赛成功举办,到近年来共青团中央正式将"三创"(创新、创业、创优)工作纳入全团工作的重点,随着改革的不断深化,创业成功的路径也趋于多样化,由此,持续激发了广大青年大学生的创业激情。在多方合力推动下,我国创业教育的发展实现了由单一到多样、由零散到系统的跨越。在创业教育课程研发、实践基地孵化、政府政策导向等方面取得了长足的进步,发展创业教育已经成为深化高等教育综合改革的重要组成部分。但和美国相比,我国的创业教育,尤其是大陆高校无论是在理论认识上还是在实践探索方面都处于初始阶段,主要存在以下五个方面的问题。

(一)创业教育的重视程度不够

我国当前的创业教育主要集中在高校,而高校管理者往往忽视创新创业教育在大学生培养过程中所起的重要作用,在人才培养模式上普遍存在从基础文化和专业学科学习的单一化培养主线出发的局限性,对创业教育简单粗暴地认为是等同于开设一门或几门创业课程,严重缺乏对创业教育工作的重视程度和明确的培养目标。并且,整个社会从政府、高校、教师、学生各个层面,在思想重视程度上难以形成统一:政府未能将创业教育建立在素质教育之上,高校将其视为缓解当前巨大就业压力的权宜之计,而多数大学生则对创业教育持怀疑态度。因此,扭转对创业教育的理解与认识迫在眉睫。

(二)创业教育课程体系不完善

目前,我国高校的创业教育课程体系还不完善,发展层次不齐,缺乏统一的目标规划和经典教材。创业教育课程在种类上主要是以选修课或公共课的形式开展,全国没有统一的要求,也缺少全国统一的教学大纲;授课方式主要为通过教授说教式的灌输,实践课程比例少;即使有一些实践活动,但并不是所有的学生都有机会参与,覆盖面较小;同时,课程开设门类较少,比如好多学校只开设了《创业学》《创业学基础》或《创业学概论》等一门或几门公选课,教学内容单一、机械化,不能充分考虑到不同院系专业学生在知识结构上的差异,灵活性不够。

(三)创业教育配套体系不健全

尽管有关部门出台了一系列保障高校毕业生创业的优惠政策与措施,众多高校在创新产业孵化基地、大学生科技创业实践园等工程建设上也不遗余力,但从社会层次而言,创业教育在培养链接上的系统性远高于一般教育领域。我国薄弱的知识产权保护体系、苛责失败的自由创业氛围和与风险高青睐低的企业投资等不够健全的配套体系,高校培养模式上很难将学生所学专业与创业教育有机结合等因素,导致了高校学生创业参与度较低的局面。有调查显示,目前我国大学生毕业后选择自主创业的比例尚不到1%,而美国大学生的创业率达20%~23%。

(四)创业教育师资力量不足够

目前,我国高校专职从事创业教育的人员很少,多数情况为兼职教师,且来源面狭窄,主要来源于两个方面,一是学校中经济管理类相关专业的"学院派"教师;二是思政一线工作者或团委、就业指导部门的工作人员。由于创业教育对担任创业教育教师的整体素质,特别是实践经验有着极高的要求,而高校目前普遍缺乏理论与实践能够有机结合,且经验丰富的专职教师,师资力量薄弱。造成该现象的原因一方面是源于我国客观上在创业教育领域起步晚、底子薄;另一方面,与国家对创业领域师资建设的投入不高有很大关系。

(五)创业课程管理不明晰

目前,我国高校的创业教育课程大多单一化设置,鲜有分类别、分层次循序渐进的科学化课程模式,多数高校还将原应单独成为一个体系的创业课程划归于就业指导、职业生涯规划或是职业指导类课程之列,并纳入就业指导大系统。在全国范围内没有设置专门负责管理创业教育的部门,高校也没有成立专门的创业教育教学和科研管理部门。创业课程多数由共青团系统或是学生工作管理职能部门负责协调,而负责实际一线教学工作的部门则没有直接参与,并且也没有从学生对创业教育知识的掌握程度、创业技能的达到程度、创业实践的参与程度等方面对创业课程进行评价,实际的课程评价大多停留在知识点的考试层面。

三、对我国高校有效开展创业教育的几点思考

通过上文对美国高校创业教育取得的经验特色与当前我国高校在创业教育领域所面临的主要问题的分析,笔者认为,要打破我国高校创业教育的发展瓶颈,应当从教育理念、教育目标、课程设置、教学实践环境和师资建设五个方面出发,全面建立我国高校创业教育体系的有效机制。

（一）转变创业教育发展理念

创新作为与时俱进精神的体现,是高等教育不断进步与发展的源泉所在。创业教育集合创新理念和实践于一体,已成为创新教育的优良载体。2014年,由团中央、教育部、人力资源和社会保障部等6家单位主办的首届"创青春"全国大学生创业大赛,集中反映了我国青年大学生在创业方面的整体水平。从一个侧面也反映出我国高校应该进一步转变观念,以开放包容的心态迎接"创"时代的来临。第一,高校管理层应把创业教育纳入学校的长远规划。将高校创业教育作为提升大学生综合素质的有利抓手,在资源整合、师资培养、课程建设等方面加大支持力度。第二,高校教师要提高创业意识。在课程体系建设中融入创新创业元素,将专业教学实践与生产科研相结合,努力激发大学生投入创新创业的思想意识。第三,改变大学生的传统就业意识,激发大学生的创新创业勇气。由于受上一代人的深刻影响,青年大学生对传统的"包分配"、"铁饭碗"的期冀仍然乐此不疲。通过创业教育就是要改

变大学生的传统固化思维,引导他们全面树立与社会主义市场经济思维一致的就业创业观念,从主观上敢于参与创业实践,乐于接受创业挑战。

(二) 明确创业教育树人目标

创新驱动发展战略是全面深化改革背景下我国的核心发展战略,也是高等教育人才培养的大趋势。将创业教育与社会经济发展所需人才挂钩,将创业教育内涵与适应时代科技更新速度相匹配,培养出具备创新思维和创业能力的优秀大学毕业生是创业教育树人的核心目标。按照教育评价导向原则,我国高校创新创业教育目标可以划分为社会层面和个人层面两个方面:第一,社会层面。当前,我国经济社会发展已经进入高速发展的快车道,特别是在融入全球化视野的大背景下,创新创业能力已经成为一个国家内生发展的强劲动力之一,整个社会亟须大量创业人才,以此满足经济社会的持续发展。第二,个人层面。随着青年成功途径的日益多元化发展,核心竞争力对青年而言依然成为其立足社会的必需品。在接受高等教育的过程中,由于科技知识灌输具有普适性,传统的高等教育对培养大学生核心竞争力所起的作用正被日渐削弱,而创新创业教育则能够充分满足大学生培养核心竞争力的需求。

(三) 研发创业教育课程体系

深化我国高校创业教育的基础在于建立起一套完备的创业教育课程体系。党的十八届三中全会提出要"健全促进就业创业体制机制",这为研发创业教育课程体系指明了方向。在借鉴美国经验的基础上,笔者认为完善的创业教育课程体系应包括四类:必修课、选修课、实践课和专业课,并从全面性、规范性和开放性三个角度在我国高校予以推广。一是在全国大中专院校低年级全面开设创业教育的理论必修课。让学生在大一刚入学就开始接触与创业教育相关的基本知识,培养学生的创业观念和创业精神,强化创业意识。二是在中、高年级以二级学院或系所为单位,针对不同专业类型的学生开设特色鲜明的创业选修课程,让已对创业产生兴趣的同学自主选择是否接受培养。同时,在学校层面将创业教育专业型课程引入创业学院等实体办学机构,遴选一批创业意识强烈的优秀大学生入学,并在该层次的培养中注重课程设置上要打破学科壁垒,发挥学科间的互补作用。例如,中国矿业大学创业学院的首批学员就是从全校各个专业挑选出来的具有创业基础的优秀高年级学生,并对他们量身制作了培养方案和具体的教学实践活动。三是创业实践课程设置上应向三个重点领域延伸。即向公益创业领域延伸,向移动互联网创业领域延伸,向服务地方经济社会发展延伸。将创业引导与立德树人有机结合起来,增强大学生的社会责任感、创新精神和实践能力。

（四）优化创业教学实践环境

习近平总书记在向2013年全球创业周中国站活动组委会致贺信时指出,青年是国家和民族的希望,创新是社会进步的灵魂,创业是推动经济社会发展、改善民生的重要途径。强调,全社会都要重视和支持青年创新创业。实践证明,良好的教学条件是开展创业教育教学工作的保障,我国高校应从资金投入、教材建设和实践基地建设等方面大力完善创业教育教学条件。首先,资金支持方面。教学资源充沛是高校创业教育开展的有力保障,由于创业教育投入规模大,风险性高,因此我国高校应该从自身实际出发,采取设立创业基金、校企合作、校地合作的模式,积极争取政府部门、社会力量参与和支持,吸引更多的用于创业教育工作专项经费。同时,我国高校应当充分发挥校内传统优势学科平台的作用,将具有前沿性的科研学术成果与本科生创新创业教育有机结合起来,为帮助大学生创业实践注入高科技含量元素。其次,教材建设方面。教材是教学中不可缺少的重要组成部分,教材编撰质量决定了课程设置的完备性。美国高校创业教育体系之所以具有完备性,根本原因就在于其教材编写上,能够最大限度地发掘具有理论教育意义浓厚、实践可操作性强的素材,并能针对不同培养阶段的需要出版一系列对应教材。因此,我国可以从国家层面统一教材的基础上,补充具有地方特色、开发网络课程优化教学资源。再次,加快实践平台培育的速度。要通过创业教育培养优秀人才就离不开创业实践平台。目前,按照共青团中央的要求,全国各个高校都相应地开辟了大学生模拟创业实践园等相关的创业实践平台,其面向对象多以校内师生为主。

下一步，高校应当从学生兴趣、行业优势和区域优势"三结合"出发，构建创业指导、项目孵化、风险投资、媒体推广等平台，将创业实践由校内"演习"逐步向社会"实战"迈进，着力扩大已有平台的覆盖面，逐步增加大学生可选择创业领域的范围，加大对出色创业项目的扶持力度。

（五）加强创业师资力量

教师直接决定着一项教育工程质量的优劣，而创业教育师资力量薄弱是制约我国创业教育发展的最重要的因素之一。这方面，我们可以借鉴美国创业教育师资配置的成功经验，在我国缺乏理论水平与实践经验均具备的专门创业教育人才的条件下，从多渠道引入师资为突破点，将精通创业理论人才与创业实践经验丰富的人才进行优势互补，采用多人上好一门课的形式，尽可能增强创业教育的师资力量。首先，我们可以把具有企业管理和市场营销等相关院系以及与经济学领域相关的专业教师作为创业教育教师的主体。其次，通过积极引入实践经验丰富、创业理念独树一帜的成功企业家、创业投资家、政府经济部门专家等来校担任兼职教师。此外，高校还应该提高教师参与创业教育的积极性。一方面，学校应适时组织校内教师参与创业师资培训，如选派教师赴西方发达国家高校进行实地考察或到国内创业教育比较成功的学校进修学习，着力提高教师的理论素养。另一方面，积极提高教师在创业实践中发挥指导作用的奖励与报酬，对指导参加"挑战杯"、全国大学生创业大赛的教师予以物质和精神上的奖励，也可以吸引更多在校教师参与到创业教育活动之中。

总体分析后认为，我国高校创业教育有着蓬勃的内生动力和较大的成长空间。美国创业教育的有益经验可对我国创业教育质量的进一步提高提供诸多借鉴。同时，我们应从实际出发，结合当前我国高等教育改革的需要，转变创业观念，不断培养壮大专业师资队伍，研发科学合理的创业教育课程，优化创业教育实践环境，为当代大学生践行创业梦与中国梦的道路上保驾护航！

参考文献：

[1] 潘燕.我国高校创业教育课程建设研究[D].中南民族大学.

[2] 吕云超.中外高校创业教育的比较与启示[J].盐城师范学院学报(人文社会科学版),2011(6):116-118.

[3] 彭刚.创业教育学[M].南京:江苏教育出版社,2000.

[4] 李凯伦.美国高校创业教育研究[D].河北大学.

招生考试工作

中美高校招生工作对比研究

毛 敏

（南京中医药大学，江苏 南京 210023）

中学导其源，大学会其流，高校招生录取工作是基础教育与高等教育之间的桥梁，是中学生选择高等教育的主要通道。2014年初赴美国学习研修，有幸访问了加州富乐敦州立大学及其他著名高校，使我对美国的高校招生录取工作有了进一步的了解。管窥美国的高校招生工作，其独立双向的招生政策、形式灵活的考试方式、多元评价的录取标准，体现出以生为本、卓越性与公平性兼顾的理念，使其始终保持人才遴选的科学引领性，远离应试教育的窠臼，这对我国的高校招生录取工作有很大的启发。

一、中美招生工作对比

（一）大学入学考试对比

1. 美国的入学考试制度

美国政府部门和高校不具体组织大学入学考试，但许多考试服务中心提供各种评定学生能力和知识的考试，目前可供学生选择的大学入学考试类型主要有 SAT、ACT 两种，学生可任选其一。其中 SAT 是目前美国最通用、最具权威的升学考试形式，几乎所有的美国高校都将学生的 SAT 成绩作为重要的评价标准。SAT 的考试成绩不是影响学生进入顶尖大学的绝对因素，却是必要因素，其考试形式灵活，考试科目多元，内容丰富多彩，能够全面评价学生的知识和能力；学生也可以选择考试类型和考试时间、地点和次数，且 SAT 每次成绩的有效期是两年，学生可以选择自己最满意的成绩作为申请大学的依据,这给予学生充分的自由选择权。

2. 我国的入学考试制度

当前,我国大学招生考试的形式包括全国统一高考、保送生、提前录取、自主选拔录取等。其中保送生、自主选拔录取对考生做了严格的要求限制,因此绝大部分学生参加的是全国统一高考。我国的高校招生考试体现出追求公平和效率的价值取向。在考试内容方面,高考命题注重对知识方面的考查,缺乏对学生的执行力和创造力的衡量;学生也没有较多的选择余地,除部分省市放开异地高考的限制以外,大多数高考学生不能选择考试的时间、地点,也不能选择考试的次数,如果错过了,只能在第二年重新参加考试。因此,考生及家长视高考为独木桥,高考前都如临大敌,学习压力较大。

(二)招生政策对比

1. 美国的招生政策

总体来看,美国的大学主要分为综合性大学、私立大学、两年制社区大学等几类。目前,美国高校的基本招生政策有三种:第一种是著名的综合性大学、私立大学和州立大学,如普林斯顿大学等,实行的是选拔型招生政策,申请入学的考生要经过非常严格的选拔,要具有较高的智力水平和学习能力,这样可以确保学校有较高的教学研究水准;第二种是对于一般的综合性大学、四年制高校,实行的是基准淘汰型招生政策,学生递交申请后,学校对考生进行一般性的选拔,凡满足基本入学条件者大多能被接纳,但学生在校期间学校会实行优胜劣汰的政策,即所谓宽进严出,这是美国高校招生的主要政策;第三种是两年制的社区学院,在加州就有112所社区学院,实行的是开放型招生政策,社区学院面向所有具备高中毕业水准或同等学力的申请者,学生可以在社区学院完成学业或者转到四年制大学进行深入的学习。美国高校的这种独立双向、分类分层的招生政策为每位学生提供了多种不同的申请高等教育的途径,学生可以同时参加各层次的招生,或者在进入大学学习的过程中还可以申请转学到其他高校,其高校入学机会就不似中国简单的几个批次的招生,而是各个层级选择机会的最大整合。

2. 我国的招生政策

当前,我国的高考政策是以统招为主、多元形式为补充。从表面上看,学生可选择的升学途径似乎也很多,有统招、提前录取、保送、自主选拔录取等,但实际上后三种招生形式的覆盖面过小,如江苏试点的自主招生计划数不超过本一计划的5%,对于大多数学生来说,可供选择的机会非常小,因此我国的招生政策显得单一。近10年来,我国高校招生制度也在不断改革之中,但仍处于起步阶段,在改革中面临的基本问题没有得到解决。

(三) 录取标准对比

1. 美国的录取标准

美国没有一个固定或唯一的全国入学标准,高校的多元录取标准是一个综合性的评判遴选体系。美国大学对学生的学习成绩和综合素质的考量都同样重视,同时更欣赏有创新性的学生。

美国大学的多元录取标准具有横纵交叉的立体性,不同的学生可以根据自身的优势和特点选择不同的标准申请录取。纵向特点是指根据院校层次,通过考察学生的高中课程学习成绩、SAT 或 ACT 成绩、教授推荐情况、社会实践情况,考查出学生综合能力的高低,以作为参照依据对学生进行选拔录取;综合性大学、私立大学和州立大学对于入学学生要求较高,要求学生具备杰出的素质和良好的创新性,而社区院校只需学生具备高中学历或同等学力即可予以录取。横向特点是在录取新生时通常参照多种标准,例如加州大学录取学生就有两种标准:GPA、SAT/ACT。高校的录取方式也呈多样化,有早期决定录取资格、提前录取、常规录取、滚动录取等四种,学生申请录取时间自由,且选择学校的权利较大,如加州1名学生可以申请4所大学,可以同时获得4所大学的录取通知书,考生可以自行决定到其中一所高校注册入学,也可以申请延期入学,还可以中途转学,在加州一年平均每位学生换3次专业,可以一边上学一边工作。

2. 我国的录取标准

和美国相比,我国的录取标准相对单一,根据高考成绩由高到低进行排名,由高校"集中提档,择优录取"。在录取过程中,高考分数起了决定性作用,而忽略了学生的其他智力特长和培养潜力,综合评价只是流于形式,只有极少数学生可凭文体特长、竞赛成绩获得高校录取资格。学生填报志愿时间短、录取时间集中,学生选择学校的权利较小,学生只能收到一份录取通知书。

（四）招生宣传对比

1. 美国的招生宣传

由于美国大学的招生管理模式处于市场经济的宏观背景之下,为了吸引优质生源,在激烈的市场竞争中获取优势,高校也高度重视招生管理与招生宣传工作。例如,加州富乐敦州立大学通过强有力的信息支撑与多元化的宣传载体,扩大招生宣传工作的覆盖范围;富乐敦州立大学每年都会派出许多老师和工作人员驻点中学,指导中学生进行学习、社会实践,还通过个别交谈、举办讲座、项目推介、校园参观等形式,向学生和家长开展学校影响力宣传和招生宣传工作。

2. 我国的招生宣传

纵观我国高校的招生宣传,层级不一。部分综合实力较强的211、985高校推出"体验夏令营"、校园开放日等活动,加强与学生和家长的情感投资。而更多的高校是在高考季后对考生和家长施行"季节性信息轰炸",招生宣传的内容多以就业为导向,根据以往的经验,指导考生是否可以进入本校或者相应专业,学生对未来专业的理解、职业指导处于茫然之中。招生宣传功利思想严重,乱象丛生。

二、中美招生工作差异的背景分析

中美在高校入学考试、招生政策、录取评价方式、招生宣传方面有着明显的差异。美国独立双向、多元分层的招生、考试、录取制度为每个学生提供了能够根据自身实力的大小进行选择的升学机会且机会较多。而我国统一招生、统一考试、集中录取、多元补充的招生录取政策只能使部分学生拥有升学选择的机会,且可供选择的机会相对较少。但此问题需要辩证看待,两者差异的背后是国情和文化差异下的高等教育资源、价值取向以及教育体制的不同。

(一) 中美两国高等教育资源的差异

中国人口13亿多,美国人口3亿多;2014年我国高考总人数为900万左右,计划招生700万左右,美国每年有300万左右的学生有申请大学的入学资格。可见,中国高等教育的招生资源还不能保证人人都可以上大学,而美国的招生资源能够保证每一位学生都有学可上。

(二) 中美两国高考遴选的价值取向差异

美国社会相对多元,资源丰富,美国的高考招生制度可以帮助学生找到适合自己未来发展的高等教育途径,但并不一定是相同的高等教育机会;美国也是崇奉金钱至上的资本主义制度,教育资源较好的多为收费较高的私立学校,因此除学生自身素质条件以外,还需要有钱才可以享受较好的高等教育,国人对此司空见惯。

而在中国,社会人均资源相对贫乏,社会竞争激烈,国民对社会公平的期望远远高于对多元化的期望,因而中国的高考选拔机制强调公平,学生在统一的招生条件下通过平等的竞争来获得高等教育的机会,高校是遴选者,处于主体地位;学生是被遴选者,处被动地位,面临的是逐级被淘汰的风险。

(三) 中美两国高等教育体制的差异

美国大学的招生管理机制和运行模式始终处于市场经济的宏观背景之下,美国的高等教育适应了高等教育大众化和市场多样化的需要,其自新中国成立以来一直没有一个对各级教育机构集中控制和管理的全国性体制,联邦政府没有直接管理各个学校的权力,学校教育主要由州政府负责管理,每个州有权建立什么样的大学和进行资助。美国在法律上没有对大学入学做统一规定,大学享有独立的招生自主权,每所大学有自己的招生标准,因而在招生方式上,美国高校能够兼顾全面,尽量满足学生多方面的要求,既不举行严格意义上的全国统一考试,也不实行全国集中统一的高校招生制度,招生政策呈多样性、阶梯性。

而当前我国大学招生是在教育主管部门的统一领导下,实行严格的计划控制,追求的是公平和效率,学生的命运主要是由统一高考成绩来决定,高校招生录取基本不能自主。

三、对改进我国高考招生工作的启示

中美两国之间可以相互借鉴与学习,但由于两国的社会文化因素、价值取向、教育体系等差异,美国的高校招生制度并非能够适合我国的国情,我国的高考制度也并非一无是处,中国的高考招生工作不可盲目照搬美国。对于中国较为扎实的基础教育优势要保持并给予充分评价,也要合理汲取适合我国国情的经验与实践,如对于美国先进的教育理念、灵活多层的录取评价方式等则可予以借鉴与参考。

（一）学习"以人为本"的教育理念

教育不只是知识问题,更重要的是人才价值观的问题,招生考试不只是为了选拔录取学生,而是以服务教育为己任。美国的高校招生充分体现出提高大学生综合素质、帮助学生实现自我价值的导向,它以学生的发展需要为教育核心,强调的是个性化教育,通过激发学生的自觉性和主体意识,鼓励和支持学生发挥个性优势。因此,美国在招生政策的制定、考试内容和形式的选择、大学专业的选择、招生宣传、入学申请的过程、招生录取工作等方面,处处给予学生充分的选择权,这为每个学生都提供了能够根据自身实力的大小进行选择的升学机会。

（二）学习"卓越性与公平性并举"的人才选拔观

多元化的择优录取评价机制是美国大学人才选拔"卓越性"与"公平性"的体现,"多元化"是这一机制的精华所在,即对卓越学生多元智力予以认可,同时也采纳多种方法对学生的多元智力进行评价,还考虑到当地社会经济发展和基础教育机会不均衡的问题。而目前我国的高考选拔过于强调公平性,考试内容偏于认知、考试形式单一、录取方式单一,对于卓越性人才的理解和评价不够到位,也尚不清楚在目前国情下如何去体现。现在的学生20年后将会是民族的栋梁,他们的卓越水平将代表20年后中国的卓越水平。高考的评价机制是一个国家教育理念的风向标,随着社会的发展和个体对自身发展的要求,目前高考评价机制将不会适应时代的发展,亟须从理念上、价值观上予以修正。

（三）学习"独立双向"的招生政策

美国学生拥有充分的自主选择权,来决定上什么样的大学。而美

国大学也享有充分的自主录取权,来录取什么样的学生。在我国,学生的选择性很小,填报志愿盲目,专业壁垒也很难打破,学生一旦学习了某个专业,就很难转专业,因此导致盲目选择专业的学生进入大学后学习兴趣不浓,"混"日子现象严重。而高校也只有不到计划数5%的自主招生权,更多的还是以分数作为录取依据。因此,建立学生和学校的双向互选机制,打破各项壁垒,为学生升学创造更多的可供选择的机会,让学生在大学期间转专业、转学校,找到自己的学习兴趣点,激发学习兴趣,这对于学生未来而言有更多的发展意义。

（四）学习"多元分类"的评价体系

现代社会不断发展,教育的理念也不断更新,教育目的也从"适应"转向"超越",多元智力评价体系已得到社会的认可。作为选拔人才的高考招生工作,如单纯依靠考试的分数衡量学生素质的做法这已渐渐不能满足对综合能力的考查。因此,我们要将人才评价观由"全面发展论"向"个性化发展论"转换,建立综合评价系统,对考生进行多方面考查。

首先,要将高中平时成绩纳入综合评价体系,这是一种过程评价,可以看出学生在高中学习阶段的学习状态。当然,在我国目前的形势下,如何能合理地将高中成绩纳入这一评价体系,仍然需要教育管理和研究部门进行深入的探索和论证。这种长效的考核机制,引导学生必须认真对待平时的每一次考试和作业,打消临时抱佛脚、碰运气的侥幸心理以及由此而产生的焦虑感,学生能从容、冷静地应对高考。

其次,要对考试科目进行改革,大学入学考试不能取消,但考试内容亟待改革。要改变"一考定终身"的现状,部分科目实行一年多考,以最好的成绩作为申请大学的入学条件,避免了"一考定终身"的弊端,在一定程度上也减轻了学生的高考心理压力,可以展现其真正的实力。考试的内容和形式不再以知识和认知能力为主,而是考查学生的学习能力和创新潜能,可以学习借鉴美国注重个人能力的考试内容,了解学生的动手能力和创新能力。

（五）学习"有法必依"的法制意识

对于目前的高考制度,很多人在提出质疑的同时也肯定了其公平公正性。然而我们需要思考的是,是否仅是为了维持公平公正,强调知识的考核、强调唯一正确性,而忽略了学生的个性发展和创新创造潜能?我们同时要思考美国没有统一的考试,评价学生的方式多元化,如何能保持公平公正性?其中非常重要的工作是法制意识的增强,"有法可依、有法必依",高校及整个教育系统在相应的监督机制和监督网络下,招生活动的全过程应形成科学规范、公开透明的运行模式。坚持阳光高考,注重信息公开,保证录取的公正性,杜绝教育腐败。

四、总结

大学招生改革是一项庞大复杂的系统工程,中美在招生录取方面存在的差异源自于国情、中西方人才培养观念、招生价值观念、体制的差异等。美国文化注重个体价值,其招生录取制度设计旨在使每位学生都可以平等自由地选择考试类型,而我国奉行的是社会价值,高考录取方式都是针对不同类型的学生进行人才选拔和淘汰,学生是被选拔的对象;美国的考试注重知识的综合和学生个性的发展,中国追求公平和效率。通过中美高考招生录取制度的一系列的对比,我认为在高考招生理念改革上要真正贯彻以人为本的原则,全面考查学生的综合素质,并尊重学生的自主选择权;在录取程序设计上,应采用灵活多元综合的评价方式和录取方式,使不同特点的学生都有渠道获得录取的可能。然而中美两国国情不同,教育资源差异甚大,因此我国的高考招生改革亦不是一蹴而就的事情,我们必须立足本土、立足长远,进行渐进式的招生制度改革,建立一套充分体现学生自身能力、个性特点以及为其全面发展奠定基础的大学招生录取选拔模式。

参考文献:

[1] 王焱,李诗桐. 浅析美国高校招生录取制度[J]. 中国市场,2014(4):61-65.
[2] 张岩. 中美大学录取制度比较[J]. 社会观察,2013(7):16-18.
[3] 温卡特. 从美国大学招生反思我国大学招生制度[J]. 科教文汇(中旬刊),2013(4):172-173.
[4] 刘晓斌,郭明顺. 高校招生制度改革:中国问题与美国经验[J]. 高等农业教育,2013(5):121-123.

[5] 晏金柱. 美国大学的招生宣传工作及其启示——以美国俄亥俄州立大学为例[J]. 现代交际, 2012(3):209-210.

[6] 苏明焱. 美国高等院校招生制度对中国高等教育改革的启示[J]. 黑龙江生态工程职业学院学报, 2012(1):84-85.

[7] 吴凤姣, 沈本良. 基于学生选择视角的中美大学招生制度比较研究[J]. 高教研究与实践, 2011(4):38-42.

[8] 夏莉艳. 以学生为本的美国高校教育制度——兼与我国高校的比较[J]. 湖南师范大学教育科学学报, 2011(1):78-81.

[9] 常桐善. 大学招生的卓越性与公平性——美国加州大学的理念及实践[J]. 考试研究, 2010(3):14-25.

[10] 张永红. 中美高等教育招生制度比较分析[J]. 才智, 2010(4):256-257.

[11] 牟效波. 美国大学招生制度及其对中国的启示[J]. 贵州社会科学, 2010(9):40-44.

[12] 林莉. 美国的高校招生制度[J]. 浙江教育科学, 2009(4):28-32.

[13] 韩婧. 浅谈美国高校招生录取制度的多样化[J]. 沈阳教育学院学报, 2009(3):26-28.

[14] 赵正国, 马为民. 美国高校招生政策对我国高考制度改革的启示[J]. 辽宁师范大学学报(社会科学版), 2008(4):74-77.

[15] 郑若玲. 追求公平:美国高校招生政策的争议与改革[J]. 教育发展研究, 2008(Z3):96-99.

[16] 陈俊珂. 美国高考因何没有导致应试教育[J]. 教育导刊, 2008(12):41-44.

[17] 党宁. 对美国高校招生考试改革的思考[J]. 教育与职业, 2008(25):99-100.

[18] 李娜. 美国大学招生考试制度及其对我国的影响[J]. 湖北经济学院学报(人文社会科学版), 2008(1):168-169.

[19] 李宁, 常维国. 中国高考体制改革再反思——基于中美两国大学招生考试制度比较的研究[J]. 太原师范学院学报(社会科学版), 2008(2):96-98.

[20] 吴向明. 美国高校招生的公平与效率研究[J]. 比较教育研究, 2008(10):17-21.

试论高考制度对高校学生事务管理的影响

陆振飞

（江苏省教育考试院，江苏 南京 210024）

高考制度，是中学教育与大学教育之间的桥梁，同时又作为高等教育的门槛，涉及个人、家庭、社会，甚至可以说关系着国家民族的根本利益。选择什么样的人或者允许哪些人进入高等学校不仅关系到教育制度的公正性，而且也涉及学生入学后的学生事务管理。本文通过中美两国高校学生事务管理工作各方面的对比，分析我国高校学生事务管理与美国之间的差距以及存在的问题，进而探析入学考试制度和高校学生事务管理之间的关系。

一、高校学生事务管理的含义

（一）概念和定位

"学生事务管理是指各个高校通过对学生的科学指导和规范约束以及人性化服务，从而有效促进学生的全面良好发展的相关组织活动。"[1]

现在，很多国家的高校都非常注重学生的事务管理，这项工作已经成为高等教育管理中一个重要的组成部分，而且越来越受到关注。美国的学生事务管理已有100多年的历史，经过不断地探索和实践，美国的学生事务管理已经具备较强的专业性和规范性。而中国的学生事务管理起步较晚，管理观念不够科学，管理内容和形式缺乏专业性，而且也没有建立专业的管理队伍，整体发展尚处于探索阶段。

（二）历史演变

"'学生事务管理'是典型的美国式术语。"[2]美国高等教育的源头可以追溯到17世纪30年代哈佛学院的诞生,至今已有370多年的历史。高校学生事务管理在经历了"替代父母制"、"学生人事工作"、"学生服务"和"学生发展"等多种模式后,渐渐专业化和规范化。不仅承担培养人才和服务学生的使命,也逐渐成为美国高等教育领域的一个重要组成部分。

我国的高校学生事务管理工作习惯称为"学生工作","就其直接的承继来讲,可以追溯到建党初期和解放区根据地的军政学校和其他的一些培训机构,但严格意义上讲,应该是从新中国建立时开始,至今已经历了半个世纪"[3]。新中国建立初期到1977年,学生事务管理处于初建阶段,没有独立的地位,管理内容基本围绕学生的政治思想教育。"文化大革命"使得所有的学生事务管理体系被毁坏,到80年代,学生事务管理渐渐得到恢复和改革。90年代,学生事务管理的内容不断丰富和拓展。21世纪以来,学生事务管理取得了较快的发展,并逐步确立了独立的地位。

(三)管理方式和管理内容

早期的高校事务管理方式较为古板、专制和主观,经过长期的发展和探索,渐趋人性化、民主化、科学化,并积极采用科学合理的管理手段,多元化地为学生提供专业、规范的服务。学生事务管理的内容也日益多元化、综合化,并随着时代的进步和社会的需求,不断更新、调整和充实,覆盖学生学习、生活的各个方面。

二、中美高校学生事务管理的比较

(一)基本观念和理论的比较

"美国高校学生事务起源于宗教,有着悠久的历史。"[4]"我国高校学生工作就其承接关系而言,是从新中国开始的,最早萌生于政治思想工作。"[5]由此,中美两国学生事务管理的基本观念和理论呈现出不同的特征。在美国,学生事务管理的基本理念是"以学生为根本",重视学生的个体发展。在事务管理过程中,以"服务学生理论"为指导,注重学生的整体全面发展,而非片面的单独衡量学生的智力水平。尊重学生的实际需求和个人发展,努力从各个方面培养学生的综合能力和水平,并尽可能多地为学生提供全方位、多角度的服务。

在我国,高校学生事务管理工作的基本理念则是"社会本位",管理工作侧重于宏观的要求。为学校日常工作的顺利开展对学生进行严格的约束和管理,要求学生必须严格配合学校各项工作的开展,并无条件服从学校的相关安排。不难看出,我国的学生事务管理理念缺乏科学化和人性化,不利于学生的发展。

(二)组织机构和管理模式的比较

"中国高校学生管理实行党委领导下的党政共管,校院两级管理的组织机构,在学校这一级别设有专门分管学生工作的校党委副书记和副校长等,在校党委下还分设有学生处和团委等。在院系级别,设有学生工作管理小组,由院系党总支副书记进行总体领导,并分设各团委书记进行具体的领导和管理。基层还设有多个专、兼职的辅导员和班主任等,负责控制和管理学生事务的各项具体内容。"[6]具体的组织结构如图1所示。

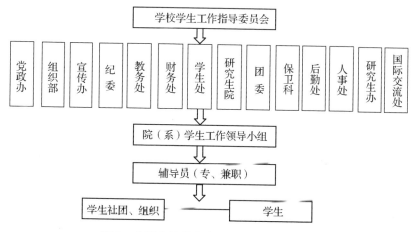

图1 中国高校学生事务管理组织结构图

美国的高校"以学生为根本"的理念,建立以学生为中心的事务管理组织机构。美国大学一般设1位校长,另外还设4位副校长,其中1位副校长负责管理学生事务,并在该副校长下分设学生事务处专门对学生事务进行管理。学生事务处还设立一位或者数位学生院长和负责人,另外还按照具体工作内容的不同设立各种专门的办公室或管理中心,并指派专门的负责人和工作人员对某一方面的具体的学生事务进行管理,具体的组织结构如图2所示。

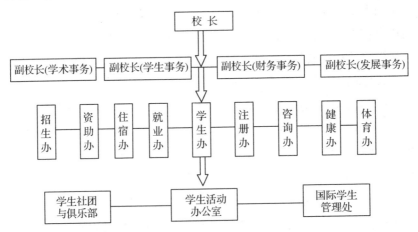

图2 美国高校学生事务管理组织结构图

"美国高校的学生事务管理模式主要有直接监督管理、经费筹措模式,还有服务和联合协会等模式。"[7]整体行政导向性较弱,各个高校拥有充分的自主权,可以对自身的各项学生事务予以较自由的控制和管理,自治能力和自治程度较高。"我国的高校学生事务管理模式党政合一、条块结合,一方面,将学生工作渗透于学校各个组织机构,成为学校所有部门需要共同进行分担的职责,齐抓共管,在一定程度上有利于学生管理工作的开展。但另一方面,多重领导的状态下,不利于管理工作效率的提高。"[8]我国的学生事务管理强调对学生的干预管理,缺乏为学生服务的意识。另外,我国的学生事务管理被赋予过多的政治色彩,缺乏对学生的人文关怀。比较来看,我国高校学生事务管理的模式层次较多,形式较为复杂,涉及的部门较多,行政导向性过强,在实际的管理过程中,整体效率较低,一定程度上阻碍了我国高校学生事务管理工作的快速有效开展,也影响了各个高校的发展和进步。

(三)具体内容和方式的比较

美国高校学生事务管理的具体内容如表1所示:

表1 美国高校学生事务管理的具体内容

1.入学服务	2.日常生活服务	3.学业发展服务	4.辅助性服务
学费 档案管理 经济资助 注册、入学等	学生活动 纪律 住宿生活项目 学生组织咨询等	咨询服务 就业安置 留学生服务 补习服务等	学生宿舍管理 学生会管理 健康服务 书店经营 困难学生的经济资助等

从表1可以看出,美国的学生事务管理虽然条框琐细,但在开展各项学生事务管理时较为灵活和人性化,学生事务管理的内容较为丰富和多元化,充分考虑到学生的个性。在规范学生日常学习和生活行为时,充分考虑实际情况,尽量按照实际情况来进行管理,工作效率较高,管理效果明显。

我国学生事务管理的内容大致分为:(1)日常思想教育;(2)学生管理:注册管理、行为管理、住宿管理、学生评定;(3)学生服务:学业发展指导、贫困学生资助等。我国各个高校学生事务管理工作是由辅导员负责,采取的工作方式也主要是传统的课堂教学方式,或者说理教育方式。在这种工作方式下,学生被当作管理的对象,学生没有机会了解更多的信息,也没有机会参与事务管理工作。管理工作受到各种规章制度的约束,纪律性规范性较强,奖惩制度较为严格,管理工作的行政化导向性较强。

综上所述,中美两国学生事务管理有着各自鲜明的特色。我国的特点可以概括为:社会为本位的管理思想,以奖惩激励为主要内容,党团组织的领导保证,齐抓共管的管理机制,思想教育的辅助支持等。美国的特点主要是:以学生发展为理论基础,以学生服务为工作导向,专门化的组织结构,民主化的管理风格,职业化的专业地位等。

三、中美两国现行高校入学考试制度的比较

由于历史起源、传统文化、体制机构等方面的差异导致中美两国学生事务管理呈现出不同的特征。我国注重社会价值,以思想教育为主导。美国以学生为中心,以学生发展为主要任务。本文试从中美两国入学考试制度的差异这一角度讨论入学考试制度和高校学生事务管理

之间的关系和影响。

（一）考试管理的比较

美国教育实行的是地方分权制,这种体制使得美国未形成全国统一的大学入学考试制度。目前,美国的大学入学考试重任由美国教育考试服务处(ETS)和美国大学测验处(ACT)来承担。他们属于民间考试机构,他们组织的"学术能力测试"(SAT)和"美国大学入学考试"(ACT)等是美国大学录取新生时的主要依据,即美国的"高考"。SAT和ACT的考务管理强调服务性、自动化程度高、管理严格。以ACT为例,全美国有上千个考点,每个考点设有老师指导学生报名等工作。考试期间,ACT各部门都设有值班人员,负责各考点的监督。从考点设置、报名、考试、试卷寄送、成绩处理到成绩公布,每个环节都细致、严密。

我国的大学入学考试在国家教育部的领导下,实行全国统一考试。从新中国成立到现在,我国的大学入学考试一直由国家教育主管部门主导,一年举行一次,实行统一考试统一招生。由于这种主导地位,考试的各种改革便成为教育考试机构殚精竭虑的使命。因为一年只有一次,很多家长、老师和孩子把焦点集中在升学率上,而学生的个性发展和身心发展被忽视。就考试的组织管理来说,我国是以教育行政机构为主导,实施过程严格周密,但是缺乏为考生服务的精神,在考试程序自动化方面也比较弱。

综上所述,中国与美国在大学入学考试管理方面的比较见表2:

表2 中美大学入学考试管理方面的比较

国别	不同点	相同点
美国	地方分权,没有国家统一考试;主要由两家民间教育机构组织考试;以市场化和服务性为显著特征	考试组织细致严密
中国	教育部统一领导,全国统一考试;国家教育行政机关组织考试;缺少市场化,服务性不强	

（二）大学入学考试内容的比较

美国大学的入学考试内容由美国教育考试服务处(ETS)和美国大学测验处(ACT)聘请教育界专家和中学资深教师对全国教材进行研

读,然后确定考试的范围及各部分内容在试题中的比例并命题。如上文所述,美国的大学入学考试主要是 SAT 和 ACT,每年约有 75% 的大学新生参加过 SAT 考试,有 51% 的新生参加过 ACT 考试,美国 78% 的高校以 SAT 和 ACT 的考试成绩作为录取标准。SAT 和 ACT 考试内容大致见表3:

表3 美国大学 SAT 和 ACT 考试内容

SAT		ACT
SAT Ⅰ（普通部分考试）	SAT Ⅱ（单科考试）	
语言 数学	数学、物理、化学、生物、外语（包括汉语、口语、德语、西班牙语等）	英语测试 数学 阅读 科学推理部分

从表3可以看出,美国大学入学考试的内容丰富多样,教育比较自由,层次鲜明,容易突出个性。SAT 致力于预测学生学科方面的能力和素质的考试,大多数学校要求 SAT Ⅰ 成绩,部分重点大学招生时要求 SAT Ⅱ 的单科成绩。SAT Ⅰ 考试与学校里的教育没有直接的联系,它主要测量学生的认知、分析和推理能力;SAT Ⅱ 是专业考试,考试的目标是考查学生接受学校的教育之后所达到的能力水平。除此之外,还有 ACT 测验,是美国学生的学业成绩测验,测量学生在中学阶段对特定学科知识的掌握及运用能力。SAT 考试应试成分少,反应的是学生的学习状态。比如,美国 SAT 写作考试题目"星期三"、"你刚完成了 300 页的自我介绍,请交出第 217 页"、"试说出一种根源在外太空的东西,并为你的理论做 完整辩论等"。[9] 这种题目覆盖的内容很广,无法猜题,有利于引导学生的创造性思维,另外,题目的设置还关注到学生的心理发展。

我国大学的入学考试主要是指高考,即普通高等学校招生全国统一考试的简称,由教育部统一组织调度,或实行自主命题的省级考试院（考试局）命题,考试时间集中在每年的 6 月 7、8、9 日三天。新中国成立后,为适应国情,中国建立了全国统一高等学校招生制度。高考经历了废除、恢复和改革,考试内容经历了不断的改革和创新,但是整体上呈现大一统的特征。直到 2000 年,教育部决定实施分省命题,打破了国家统一命题的模式。2003年教育部批准首批22所高校开展自主招生试点,自此入学考试类型逐渐多样化。从现行高考考试方案来看,全国高考考试内容见表4：

表4　全国高考考试内容

考试内容	省级应用单位
3＋X	大部分省区
3＋文科综合/理科综合＋自主模块	浙江省
3＋1	上海市
3＋学业水平测试＋综合素质评价	江苏省
3＋3	海南省

如表4所示,虽然有四个省辖市的考试内容有创新,但是从知识和能力的培养角度看,考试内容存在换汤不换药的现象,语文、数学、外语是必考科目,占总分值的主要部分。我国经历了1 300多年的封建科举制度,由科举制度沿袭而来的知识本位教育,对我国高考考试内容的影响根深蒂固,考试内容过于重视"记"、"背"的知识点、知识本位,而忽视了学生个性的培养。虽然除了必考的"3"之外,还有其他综合考试科目,意在改变过去刻板的考试模式,但是实际教学和考试中,还是表现为"知识拼盘"的现象。此外,高考中应试、压题现象依然广泛存在。

归纳看,两国考试的内容都是可以选择的,但是选择的灵活性不一样,美国的考试内容具有纵向的层次性,学生的选择更加广泛。考试科目中,我国强调外语,这一点和美国也不一样。另外,美国注重学生能力的培养,能力和知识并重,而我们更加注重知识的掌握。另外在考试形式上,中美两国也存在差异,见表5：

表5　中美两国高考形式比较

国别	考试方式	每年可考次数	最早可考时间	录取依据哪次	考试气氛	考试题型	高校录取权限
美国	笔试	7次 5次	高二(相当于我国高一)	分数最高	轻松	标准化为主(客观题)	大,自主招生
中国	笔试	1次	高三	唯一一次	紧张	综合化	小,国家划线

（三）大学录取标准的比较

我国的选拔基本上是以高考分数为标准，高等院校的招生工作主要由政府部门负责，招生管理以省级管理为主。与中国大学录取基本上以高考分数为标准不一样，美国大学的录取标准是多种多样的。反映在行政机构上，美国没有统一的招生机构，录取工作全部是由大学自己做主的，负责大学录取工作的是各大学的录取委员会。由于主管招生的单位和招生政策不一样，中美两国录取招生的方式和具体过程也不一样，呈现出选拔人才的标准也不同。美国的选拔标准除了考试成绩之外，还包括高中成绩、综合素质、推荐信、面试和一些特殊选拔标准，而中国基本依据高考成绩。虽然2003年教育部批准22所高校开展自主招生试点，到2013年，全国有109所高校参加自主招生。但是自主招生人数不能超过试点学校年度本科招生计划总数的5%。所以，我国的自主招生尚在试点阶段，范围小，也因为其不公正的因素饱受争议。

四、高校入学考试制度对高校学生事务管理的影响

中国高校的学生事务管理工作为何缺乏个性、主动性和服务性？中国高校的学生事务管理工作为何不能规范化、专业化？我国高校的学生事务管理为什么处在一种被动的困境？究其根本，有历史起源、传统文化、体制机构等方面的因素，但是从另一个角度思考，学生事务管理的主体是学生，什么样的学生决定了我们用什么样的方式方法去管理，而我国高校入学考试的地位如此重要，在培养学生、选拔人才以及学生身心发展各方面起了很大的作用，对高校学生事务管理工作也产生重要的影响，主要体现在以下三个方面：

（一）统一的考试模式，造成学生压力大，身心发展不健全，给高校学生事务管理工作带来挑战

在美国，学生一年有很多次考试机会，而且从高二就可以开始考试，允许在多次考试中选择自己最满意的一次成绩作为入学的依据，所以美国的入学考试没有"殊死搏斗"的紧张状态，也没有引起学生、家长和学校的关注。在美国没有考试复习，只是考试之前会在例行简报中

提醒一下。而中国，入学考试是在国家教育行政部门领导下统一安排的，一年一次，俗话说"一考定终身"，而且原则上只有到了高三毕业那一年才有报名的资格，这样的心理压力可想而知。即使高中三年你的成绩一直很优异，高考没有发挥好或者出了状况没有参加，那只能再等一年，所以考生、学校和家长都不得不高度重视。在这样的高考环境中，学生身心承受较重的压力，重视成绩，各种学习和课外辅导占据了大量的课余时间，没有时间也没有精力去体验生活、亲近自然。在这种统一的考试模式下，培养和选拔出来的人才没有活力，综合能力弱，有的甚至不能适应社会。经常在各种报道中看到大学生因为感情问题跳楼自杀，给高校学生事务管理带来很多挑战。

（二）一致的考试内容，导致学生缺乏创造精神，影响高校学生事务管理个性化培养方案的实行

由于历史、文化等原因，我国长期过于强调社会价值，这一正统的文化思想束缚了对个体自我认识、真实表达和思想自由发展，让考试内容局限于书本、单一思想，从而容易出现"压题"现象，而不是让考试内容更开放，更关注广阔的、自由的、个体多样化的思维空间。考试内容的大同小异，注重对知识的记忆和运用。中国的考生都很勤奋，学习很认真，外媒经常评价中国人很会考试，很多考试可以拿到满分，但是另一个方面，中国学生的创造能力、动手能力并不尽如人意，这对高校事务管理培养学生个性方面提出了严峻的挑战。

（三）单一的录取标准，助长了应试教育，导致高校学生事务管理工作缺乏多元化

长期以来，高考的成绩基本上是大学录取招生的唯一标准，分数的高低决定了考生能否上大学，考入什么样的大学。而学生平时在学校的成绩、个人表现、兴趣爱好、特长都不在选拔录取的标准里面。这样的唯分录取的方式给中学教学带来极大的负面影响，造成了学生的片面发展，也助长了应试教育之风。因为录取标准的单一性造成培养学生的被动性，怎么考影响教师怎么教、学生怎么学，导致我们培养出什么样的人才。进入高等教育，面临的问题更加严峻，学生通过高等教育迈入社会，大学成为这些学生适应社会的最后战地，怎么去管理学生成

为一大难题,怎么样培养他们更好的融入社会成为高校学生事务管理的一大困境。由此看出,高校入学选拔考试制度在高校学生事务管理中起着关键作用。

参考文献:

[1] 张巍.中美高校学生事务管理的比较研究[D].河北师范大学硕士论文,2012.

[2] 刘子真,程瑶.SLI 理论与美国高校学生事务管理[J].航海教育研究,2006(3):36-39.

[3] 许涛,龚波.我国高校学生事务管理专业化发展初探[J].重庆工商大学学报(社会科学版),2003(6):119-122.

[4] 范帆,张群.中美高校学生工作专业化发展比较初探[J].华人时刊(中旬刊),2014(3):223-225.

[5] 卢桂珍.大学生学业辅导探究[J].当代青年研究,2010(11):62-66.

[6] 韦勇,郭俊.中美高校学生事务管理比较分析及启示[J].海南大学学报,2011(3):112-118.

[7] 张巍.中美高校学生事务管理的比较研究[D].河北师范大学硕士论文,2012.

[8] 朱炜.发达国家高校学生事务管理比较及其启示[J].黑龙江高教研究,2003(6):150-152.

[9] 光富.美国高考制度的三大特色[J].中小学管理,2003(5).

美国高校招生宣传工作巡礼
——以美国加州富乐敦州立大学为例

谭夏清

（江苏开放大学，江苏 南京 210036）

美国高校的招生管理机制以市场为主导，高校在招生过程中具有完全的自主权。为在激烈的市场竞争中获取优势，不断吸引优质生源，美国高校高度重视招生工作，在招生宣传的科学性、规范性、公平性等方面，不断寻求创新。笔者有幸参加江苏省教育厅组织的高校学生事务管理赴美学习研修团，在美国加州富乐敦州立大学进行了短期培训学习，粗浅了解了美国高校招生管理体制及招生宣传工作方面的有益做法和经验，虽然国情不同，但美国高校招生宣传的有些做法和经验非常值得我国高校学习和借鉴。

一、美国高校的招生管理体制及运作模式

美国对教育的政府管理主要在各州，联邦及各州教育部没有统一的招生管理体制，没有类似于中国各省的教育考试院这样专门的政府行政招生管理机构。联邦及各州教育行政主管部门对各高校招生计划、招生考试方式以及新生录取管理等方面的事务无任何行政干预权，各高校招生实行独立运行的招生管理体制及运作模式。各高校根据生源市场及学校发展的需要，制定招生规划，招生录取过程自主管理、自我负责。学生选拔录取方式采取竞争性与选拔性相结合，学生与学校都具有双向选择权。学生选择的自主性更大，一所学校可以多次提出入学申请参加多次入学考试，同时也可以向多所高校提出入学申请。

美国加州富乐敦州立大学成立于1957年，坐落在美国加州南部的富乐敦市区，毗邻洛杉矶，是经中国教育部认证的美国大学。作为美国

加利福尼亚州第12所公立大学,加州州立大学富乐敦分校拥有完善的教学科研体系和多元的校园文化,在校生人数达38 000人(其中包括来自全球80多个国家的1 350名留学生)。学校下设9个学院,拥有1个教育博士专业、1个护理博士专业、52个硕士专业和55个本科专业;专业领域涵盖了艺术、商业、经济、通信、教育、工程与计算机学院、健康与发展、人类学与社会科学、自然科学、数学等。如今,加州富乐敦州立大学已成为加州州立大学23个校区中成长最快的综合性高等学府。CSUF的招生在加州州立大学指导下实行独立运作,自主管理、自我负责。学校学生事务机构中设招生事务办公室,专职负责学校招生事务。招生事务部门负责制定学校招生规划及组织实施方案,完成新生提前录取和常规录取工作。

二、美国高校招生宣传的主要形式和途径

招生对于高校的重要性无须赘言。美国高校无论是多么著名的世界一流大学,如哈佛大学、耶鲁大学等,同样面临同层次学校激烈的生源抢夺。全美共有各类大学10 000余所,其中四年制本科大学约3 600余所,可见美国高校生源竞争的激烈程度。为了在激烈的竞争中求得生存与长远发展,美国高校高度重视招生宣传工作,把招生宣传作为整个招生工作的有机组成部分,投入相当多的财力和人力开展招生宣传,宣传形式多种多样,各具特色各有千秋。从本人学习考察的情况看,以美国加州富乐敦州立大学为例,美国高校招生宣传的形式和途径主要有以下几个方面:

(一)综合运用各种媒体手段,开展形式多样的招生宣传

富乐敦州立大学在招生宣传活动中注重宣传载体的多样性,它不仅通过电视、广播、报纸、邮件等传统途径,还通过网络等现代传媒对潜在的学生进行宣传。首先,充分发挥学校招生网站的重要作用,学生通过浏览学校的网站,看到关于招生宣传网页中醒目的有关招生的基本内容和工作流程,学生不仅能全面了解学校各种相关信息,在网上进行招生咨询,而且也可以在网上完成注册申请、注册审核等各项工作。其次,学校还充分利用各种新闻媒体对学校开展各种宣传报道,达到塑

造、提升学校社会正面形象的目的,吸引社会大众的注意力,提高学校的知名度和品牌价值。再次,学校的招生宣传已向Facebook、Twitter、Youtube等社交网络媒体延伸,并把利用社交媒体进行招生宣传成为一种新的趋势,学生、家长和学校通过社交网站这个互动的网络平台进行互相了解。招生官员会浏览申请人的Facebook,了解学生的个性、爱好等,利用申请者在社交网站上的信息作为考核其是否具有入学资格的条件之一。同时,学校还制作大量精美的招生宣传册、实用的小礼品等,摆放在校园内很多醒目的位置,非常方便进校参观的学生和家长领取,每年印制多种不同类型的精美宣传材料,在不同的时段针对不同的对象邮寄各类招生宣传材料,增强了招生宣传工作的针对性与实效性。

（二）深入高中,直接面向学生和家长开展招生宣传工作

进中学与学生和家长直接面对面交流,是富乐敦州立大学进行招生宣传的重要手段和途径。每年富乐敦州立大学都选派优秀教授、专业招生官员及学生辅导员等大量招生人员直接深入中学,开展各种形式的招生宣传,千方百计吸引考生。专职招生宣传人员主要通过小型宣讲会、专业推介会、个别交谈、海报展示、礼品派发等多种形式,全力推广学校。在宣传内容上侧重选择学生及家长最关心和关注的问题,如富乐敦州立大学在加州公立大学体系中的地位如何、富乐敦州立大学学术在全美的影响力如何、专业特色及发展方向、校园环境及社团活动、入学条件及奖学金、就业及职业规划等,既有全面介绍又有重点推广,针对性极强。在宣传对象上既面向应届毕业学生、毕业班教师及学生家长,也面向所有高年级学生、教师及家长,覆盖面广。对于特别优秀的学生,更是花时间反复游说,并许以优厚条件吸引学生。同时,富乐敦州立大学招生部门还吸收部分本校学生和校友志愿者参与招生宣传,以切身体会回答新生的各种问题,让更多的学生了解什么是真正的富乐敦州立大学,积极鼓励他们申请。

（三）走进大学校园,让高中生切实感受大学校园的吸引力

富乐敦州立大学非常重视开展高中生校园参观活动,各种形式的校园参观活动有利于增强学生对校园的认同感。富乐敦州立大学每年定期或不定期举行学院联合参观、校园组团旅游、校园自助旅游等校园

参观活动,每个参观活动根据对象有所侧重。这次在富乐敦州立大学参加培训学习期间,校方安排的第一个校园活动就是校园参观,一个没有围墙的大学,一路参观下来大约2个小时,对沿途的景点、学校概况、图书馆、学生活动中心、心理健康中心等都有了大概的认知。这种参观校园活动对宣传学校、吸引学生报考和来校注册起到了非常重要的作用。

（四）高度重视新生入学教育活动,增强新生对学校的认同感和归属感

美国高校普遍重视新生入学教育,富乐敦州立大学在学生事务管理部门中,设有学生入学教育中心专门机构负责招生和稳定新生的工作。富乐敦州立大学认为,新生入学教育是以一种全校范围覆盖的方式向新生的一种资源支持和帮助平台,其目的是帮助新生了解大学是一个可以获取终身受益知识和技能的地方,确保新生更加适应并有效融入大学的校园生活,引导学生顺利毕业并成为成功校友。富乐敦州立大学的新生入学教育内容非常新颖和独特,新生易接受,参与度高。例如,通过在线咨询邮箱及时解答新生疑惑,校长演讲也是新生教育中必不可少的内容,各类社团活动也极大地吸引了新生的注意力,新生根据自己的兴趣爱好在社团中找到自己的位置。通过各种活动帮助新生建立对大学的认同感,增强对学校的归属感,尽快适应大学专业学习等,这些活动的开展对稳定新生、帮助新生顺利完成从高中到大学的过渡起到重要作用。

三、启示与借鉴

中美两国的差异性显而易见,国情不同,文化背景不同,高等教育体制也不同。美国高校招生体制以各高校自主招生为主,录取方式自主灵活。中国高校招生管理体制是以国家和省级政府行政管理为主,全国有统一的考试办法、录取规则并有严格的计划性。近年来,随着高校考试招生制度改革的深入推进,在国家教育行政的总控下,有些省份已实现自主招生,有些高校也实行自主选拔考试方式,如清华大学、北京大学等一批重点院校,已形成了自主招生联盟,逐渐得到考生和家长

的认可。虽然中美两国高校招生管理体制不同，但两国高校为吸引优秀学生，都高度重视招生宣传，美国高校加强招生宣传的一些具体做法值得借鉴。

（一）继续发挥传统媒体的作用，全面运用现代网络媒体开展招生宣传

传统意义上的媒体，如报纸、杂志、电视等宣传媒介，具有传播速度快，覆盖面广，时效性强等特点，在多媒体时代仍是不可或缺的招生宣传媒介。特别是在招生季相对集中的时间段，通过报刊、电视等媒介发布院校招生简章，效果是非常好的。例如，江苏省考试院每年统一制作《江苏招生考试》，向每一位高考考生发放，其权威性毋庸置疑，考生和家长也将其作为选择院校的重要依据。传统媒体有着新兴媒体不可替代的作用，但随着互联网的广泛应用，微博、微信、QQ等现代网络媒介平台的兴起，青少年更青睐从网络上获取各类信息资讯，而网络比较传统的报纸、电视等媒体更快捷、方便、信息量大，且互动性强，有着传统媒体不具备的优势。因此，国内各高校都高度重视现代媒体在招生中的应用，充分发挥各种新兴媒体在招生宣传中的作用。首先，要重视校园网、招生网站的建设。学校的招生网页是考生和家长全面了解学校、掌握学校相关招生信息的重要窗口，也可以说是学校的形象窗口，招生网页要与时俱进，在展现内容上下功夫，发布信息要及时，同时在功能上要多元互动，便于高校与考生、家长之间直接沟通和互动。其次，发挥高校贴吧论坛、微博、微信等媒介作用。现在各高校的贴吧是学生相对比较集中的论坛，也是招生宣传不可忽视的重要阵地，可以充分发挥师兄师姐吧友的力量，学生间的口口相传更有说服力。

（二）利用"走出去，请进来"的形式，提高招生宣传工作的针对性和有效性

"走出去"实际上是走出大学走进中学校园，深入中学开展招生宣传，这是招生宣传向前沿的一种有效延伸。进中学可以直接面对考生与家长，面对中学教学第一线的教师，宣传也更具针对性。高校可以通过召开招生宣讲会或招生讲座或小范围面对面座谈会等形式，向考生和家长介绍学校概括、专业设置、招生办法、填报志愿应注意的事项等

考生和家长迫切关心的问题,这种零距离的交流可以拉近学校和考生间的距离,更容易建立互相信任的关系。"请进来"则是把中学生及家长请进高校,对高校实地考察实际感受。有针对性地开放实验室、图书馆、学生公寓、学生餐厅等学习生活场所,供考生及家长参观考察,让他们全方位地了解高校并对大学校园的学习生活产生期盼。

(三)挖掘学校资源优势,建立稳定的招生宣传队伍

招生工作是学校工作的重要组成部分,招生宣传工作是招生工作的重要内容。招生工作不仅仅是一个招生职能部门的事,招生宣传也不能仅仅靠招生职能部门几个工作人员独立完成,学校每一位教职员工都要有宣传意识和宣传责任,要有全员参与招生的良好氛围。因此,学校要充分挖掘学校各类优秀人力资源,建设一支熟悉学校总体情况、懂政策、有经验、素质高、身体好、责任心强、有奉献精神的相对稳定的招生宣传队伍,形成可持续发展的招生宣传工作体制。同时,要在学生骨干中选拔一批学生招生宣传志愿者,通过培训让学生志愿者全面了解学校的办学情况,包括专业设置、师资队伍、学科特色、学习生活条件、毕业生就业率及就业去向等,学生可以利用身份优势在学生贴吧、中学母校进行有效宣传。只有稳定的、高效的招生宣传人员,才能更好地宣传学校,吸引考生,为学校争取优质生源。

参考文献:

[1] 董业军.我国地方高校招生计划地区分配模型指标体系研究[J].华东师范大学学报(教育科学版),2012(4).

[2] 佘永玲.高校招生多元评价体系探究[J].天津师范大学学报(社科版),2012(1).

[3] 方曼等.国外高校招生模式及对中国的启发[J].四川省高等教育学会2009年学术年会论文.

继续教育培训

美国继续教育学院培训项目运行模式

——以美国加州富乐敦州立大学继续教育学院为例

马 永 兵

（南京信息职业技术学院，江苏 南京 210023）

一、加州富乐敦州立大学继续教育学院项目介绍

美国加州富乐敦州立大学继续教育学院广泛与中国及亚洲相关国家、地区教育行政主管及高校接触、交流，结合自身的教学资源，拟制并成功实施了一系列高等和中等教育专业人士的短、中、长期的培训项目和学位项目：高等教育管理者及高校学生事务管理者培训；高等（中等）学校英语教师培训；大学生领导力培训项目；大学本科生国外学期学习项目；中小学校长及教育工作者培训；职业技术教育培训；高校中层管理人员跟学培训；高校中青年骨干教师跟学培训等。

所有这些培训项目中的培训内容汇集了美国加州及加州富乐敦州立大学的优秀教学资源，并含有美国文化的参访、交流。同时根据培训内容，将聘请加州社区学院的优秀老师，将美国文化参访及食宿行外包，给人一种培训实现自我业务增值、培训感受温馨服务、培训感受美国文化熏陶的知觉。

（一）硕士学位教育项目定位准确

在美国大学中，硕士极少被当作一个独立的学位，而更多的是作为通向博士学位的一个中间阶梯，具有考查性质。因为硕士学位要求的

课程数目和学分都比学士和博士学位的课程数目少。学识上,硕士稍强于学士但研究能力远逊于博士。一般博士学位也都涵盖了硕士学位课程,而单独设置的硕士学位在培养理念上也和博士学位有较大差异,因此硕士教育其特点——"速成教育"显得更为明显。加州富乐敦州立大学继续教育学院在设立学位教育项目的时候,充分考虑到"继续教育"的概念和方向,认为硕士学位既可以符合继续教育对本科教育的延续性,又可以节省学习者的时间和精力,使得继续教育的学位教育更具现实意义。例如,与中国合作的国家税务总局硕士学位项目、香港大学公共传媒文科硕士学位项目等。

(二) 硕士学位教育项目注重实用性

硕士学位教育包含的专业有:艺术(Art)、计算机科学(Computer Science)、经济学(Economics)(仅限 MA 文科硕士)、教育管理和领导力(Education Administration and Leadership)、工程学(Engineering)、环境科学(Environmental Science)、老年学(Gerontology)、语言学(Linguistics)等。课程由相关院系提供,如经济学专业的硕士课程就由工商和经济学院、继续教育学院联合办学。考虑到来参加继续教育项目的人员所从事的行业很大程度上是与管理类相关联的,这些行业的培训可以在短期内进行完毕,基本不受其他物质条件的限制,且所教知识具有相当的在岗实用性。因此,这些专业也招收国际优秀学生。

(三) 证书培训项目

证书培训是介于学位教育和非学位教育之间的一种形式,面向获得学士/本科学历的学生及从事某一具体工作人员,针对他们的不同需求提供相应的课程。参与项目者为了今后的学历提升学习,或者自己实际工作的需要而充实自我。作为应届本科毕业生需要和自己的指导教授共同制订一个个人化的方案,以便达成自己的学术目标;作为从业人员,可以提高自我业务水平,拓宽自己相关业务视野,还可以和一般在校生交流学习,感受校园文化。这对应届本科毕业生熟悉研究生的申请工作以及获得职业优势都有极大的帮助。参加学习的学生不必为取得学位而费尽心思,只需在学业结束后参加相应的资格考试就可以获得官方认证的证书,这些证书在全美能证明持有者某专业能力,对其求职或晋级均有很大的帮助。很显然,这种项目减少了学生因长期聚焦于考试的学习压力,即便考试不通过也能够让他们学有所得。

（四）学知识、修学分

在美国大学,参加课程不仅可以获得证书还可以获得学分。只要参与相关项目者符合项目的录取要求就可以参加在加州富乐敦州立大学的相关院系的课程学习,同时可以获得相应的课程学分。参与学习的人员还可以像普通在校生一样使用加州富乐敦州立大学图书馆、体育馆设施等资源。在美国,高校的学分是具有普遍效力的,通过某一大学认证的学分在其他高校也被承认,同时还可以被作为学习经历的证明,所以修得一定的学分是非常有用的。这也是加州富乐敦州立大学继续教育学院为什么要开放学分课程的原因。

（五）丰富多彩的短期培训项目

短期培训在继续教育项目里位置非常重要,是常规项目之一,它主要以传授知识为主,实践少,并且常伴有应试目的和文化参访,比如美语培训。很多在美国留学的外国学生为了能够更好地融入美国社会,大多会参加英语培训,除此之外还有当地需要进修英语以增加就业机会的人员也对英语培训有很大的需求,所以美语的培训市场有着非常大的潜力。目前,这在我国也是非常普遍的,社会上一些培训机构（如新东方）聘请一些名师或者和高校联合起来,借助高校资源开展培训。和国内的各种英语培训机构的安排一样,加州富乐敦州立大学继续教育学院的英语培训也针对不同层次的英语学习者开设不同的培训课程,如"英语报章阅读"、"英语听力训练"和"托福培训班"等。值得注意的是,美国语言项目是英语强化项目,目的是为了帮助学生提高托福成绩并为他们在美国高等院校学习做准备。同时,英语强化课程也为各种专业人士提供培训,为他们在全球各地工作做准备。

（六）自由参与旁听学习模式

旁听学习是美国高校继续教育普遍采用的学习模式,也是继续教育在美国大学的普遍表现形式之一。加州富乐敦州立大学向校外的成人参与者提供加州富乐敦州立大学相关分院的部分课程,课堂上旁听的学生被要求不能发言,如需发言也要在教员的指导下进行。旁听学生不需要参加考试,当然也不能获得任何证书或修得任何学分。目前,旁听学习已经成为美国众多从业人员及获得准学士学位学生充实自我的最受欢迎的学习途径。

旁听学习的优点在于为学校节省了大量的教育资源,但也因其对参加非学位教育学生在课堂上的种种限制,显得有失公平,也正因为此原因出现了很多大学校园不和谐的现象。我国高校未设立旁听教学,主要原因在于我国继续教育的不同定位,培训的对象要么高水平高层次的人才,要么是下岗再就业的人员,要么是从事一线普通工作的操作人员,要么是退伍转业军人等,其参加的课程要特别制作和准备,显然不能和大学普通在校生共同上课,也就不存在旁听教学的问题。

(七)利用暑期积极开展培训

暑假开展的培训一般有两种:

一种是针对9年级至12年级的学生进行大学预科的培训,学生在培训期间可以与来自世界各地的优秀高中生一起感受大学生活,并进行一些文化参访,增加见闻。在美国,每年暑期都有数以万计的高中生利用自己的假期参与各种社会活动,继续教育学院也在这方面做出了贡献,不仅安排了高中生的闲暇时光使他们有所收获,也为学校创收做出了贡献。

另一种暑季培训实际上是为了丰富在校生课程需求而开设的,称为暑季学期(Summer Term)。虽然该培训的参与者中有80%是来自在校的本科生,但此项目也对参加继续教育学院其他项目的学生开放,只不过在录取要求上会有所限制。参加暑季学期的学生可以使用学生艺术中心、体育馆、休闲设施和全国最好的图书馆。

(八)继续教育面向老年人群体

随着社会人口的逐步老龄化,合理安排老年人的生活已经成为美国社会的热点问题。基于美国养老制度的完善,老年人已经淡化物质上的追求,而在精神上比起年轻人他们更需要得到充实,美国大学对此做出了积极响应,继续教育面向老年人群体是一大特色。据了解,凡是年满65岁以上的个人都可以以旁听课程的形式参与此项目,这已经成为美国社会对老年人的福利。

二、个人体会

（一）继续教育培训项目以需求为目的，体现商业性，同时回归教育培训本位

加州富乐敦州立大学继续教育学院开设的项目，其商业性非常明显，针对消费者的不同要求制订不同的教学计划和教学目标。例如，面向中国大陆开展的管理类培训项目就是针对从事教育及教育管理类的人员而设立，如高等教育管理者及高校学生事务管理者培训、高等（中等）学校英语教师培训、中小学校长及教育工作者培训等。而证书培训则是针对要求获得职业技能认证的人员创办的，同时学分商品化也在相当程度上模糊了学位教育和非学位教育的界限，为学习者带来更大的选择余地。如果学习者只是为了获得知识，提升自己的修养和价值，而无心获得学校的相关认证，短期培训将是其不二之选。当前在新的教育观下，受教育本身甚至不再一定需要产生直接经济价值，将受教育看作是拓展视野、修身养性的途径也已被广泛接受，针对老年人开发的终身教育项目以及退伍转业军人进入校园学习就是最好的诠释。

通过在美国加州富乐敦州立大学的培训、学习，深深感受到高校学生事务管理工作的系统性、烦琐性、使命感。加州富乐敦州立大学继续教育学院培训项目团队深入了解我们的需求，让我们进一步了解美国文化与中国文化的差异，让我们进一步认识到高校学生事务管理应从社会担当的高度，立足于人性的角度，研究学生个体的发展，这对我们来说可以实现真正的个人增值。在市场经济的今天，真实体现了继续教育以需求为目的，即接受继续教育的对象满足学历提升、技能提升，从而更好地胜任本职岗位乃至实现岗位晋升，重塑教育培训的社会形象。

（二）继续教育对象范围的广泛性表征了经济社会的文明发展

美国大学对全社会开放。工作的人可以利用业余时间修大学课程，积累学分。这样读个学位或拿到执照下来需要较长时间，但是不需要放弃工作。对于已经就业的人来说，多了不少选择的机会。然而，在加州富乐敦州立大学的继续教育项目中，涵盖了美国本土一般大学所

从事的各类成人职业培训,加州富乐敦州立大学继续教育学院在开发实施这类项目的过程中,一方面关注对中学与大学教育衔接问题的研究,另一方面将研究运用于相关培训项目的开发之中,从而使这类培训更有针对性,提高其效度,这样,无论是参加这些项目的学生还是项目本身的组织者都能从中大受裨益。不难看出,加州的继续教育对象范围之广,为加州经济社会的文明发展发挥了很好的助推作用。

(三)老年人继续教育培训项目随经济社会健康发展应运而生

老年人在美国读大学早已不是新鲜事,通过参加大学相关项目而最终又激起求学欲望的老年人不在少数。目前,美国加州富乐敦州立大学正积极通过已有的培训项目,结合加州老人的实际情况,组织团队精心设置适合老年人的培训项目。这一点对我启发很深,作为高职院下属的继续教育学院,继续教育要紧跟社会发展,适应社会需求,体现职业技能性特点,结合学院的优秀办学资源,在物质需求基本满足的前提下,拟制适合老年人的书法、摄影、弹琴、评书等继续教育培训项目,让区域老年人幸福指数的提高助推区域经济社会的健康发展。

(四)收费的灵活性促进学分和课程的商品化

通过考察我们获得资料发现,加州富乐敦州立大学继续教育学院的收费分为学分制和课程制,分别按照学分的多少或者课程的多少进行收费。例如,面向国际招收本科学生,基于 24 个学分学费 15 110 美元;面向国际招收研究生,基于 18 个学分学费 14 144 美元。除此之外,在参加项目的时候可能的活动费、杂费、生活费也都被一一列出,使得收费更加透明化、清晰化。不难看出,美国大学将学分制引入继续教育,以此作为收费标准之一并不适合我国高等教育的基本情况,因为我国高校之间的学分并不具备同等效力,同时学分制对注册在校生有重要意义,但对于不授予任何学位和证书的继续教育体系来说,有可能会对其学生的学习积极性产生抑制作用,并增加学习者的学习压力。

众所周知,美国继续教育学院培训项目运行紧跟美国社会的发展,以社会需求为根本,以接受培训者的个人需求为切入点,充分运用教育规律和市场规律,对美国经济社会的快速健康发展发挥了重要作用,同时也让世界更好地了解了美国文化,为美国扩大全球影响力发挥了不可忽视的重要作用。

参考文献：

[1] 美国加州州立大学富乐敦分校继续教育学院[EB/OL]. http://www.chinaprogram.fullerton.edu/UEE.asp.

[2] 陈晶晶. 美国继续教育特点及其对我国的启示[J]. 牡丹江大学学报,2006(1):111-114.

[3] 王莉华. 多元化的美国专业学位教育及其质量保障机制[J]. 学位与研究生教育,2008(6).

中美继续教育的比较与思考

孙 力

（江南大学，江苏 无锡 214122）

继续教育是指完成了全日制学校的学习,已经走上社会,已参加工作的成年人所接受的各类形式的教育,是各类从业人员所接受的包括知识补充、拓展和更新,业务能力、学习能力和操作技能提高以及学历提升的一种学校教育后的追加教育。[1]继续教育是一种社会行为,是适应社会科技发展并保持旺盛创新能力的"加油站"教育,是教育与效益结合的排头兵,是现代教育的重要组成部分。继续教育是一种培养具有一定的创新意识、创新精神、创新能力及创新个性的教育活动。继续教育所面对的特殊对象及其承担的教育使命,决定了继续教育必须通过多种形式开展教育教学活动。社会发展到一定高度,必然会出现对继续教育的强烈需求。在科学技术飞速发展、知识经济已出现在国民经济各个方面的今天,继续教育已经越来越受到人们的高度重视。

高等学校的四大职能之一是服务社会,可以通过对社会开展教育服务和科技服务等具体实施。高校的继续教育是为社会提供教育服务的主要渠道。党的十七大提出了关于"发展远程教育和继续教育,建设全民学习、终身学习的学习型社会"的号召,国家教育事业发展"十一五"规划纲要提出"完善终身教育体系"、"改革成人教育办学模式,大力发展多样化的继续教育和社区教育"。作为建设学习型社会的重要组成部分,继续教育的组成有以学历提升为诉求的学历继续教育,以知识和能力提升为诉求的非学历继续教育。目前,终身教育的氛围正在全社会形成,高等教育的毛入学率逐年提高,学历继续教育的需求逐年减弱。社会经济的快速发展,各行各业的转型升级以及社会就业竞争的逐年激烈,使得各类非学历继续教育的需求日渐增长。在建设终身教育体系和学习型社会的进程中，以提高劳动人口素质、知识和能力为主的非学历与非学位培训将成为主体。高校继续教育工作将要进入转型时期，即从原先的学历继续教育一统天下逐渐过渡到非学历继续教育占主导地位。

从世界范围看，美国已经成为人力资源开发最先进、继续教育规模最庞大和总体形式上最发达的国家之一。其中最主要的原因之一就是得益于美国继续教育的科学、有效的发展规划和机制。比较中美两国继续教育的各自特点并加以思考，对我国继续教育健康、科学的发展，将大有裨益。

一、美国继续教育的现状与特点

终身教育(Life-long Education)作为一种全新的教育理念，从20世纪60年代开始在欧洲起源，并逐渐在全世界流行。终身教育追求的是人们在他们的整个生命过程中，从婴幼儿阶段直到耄耋老年，都能够自由地选择学习时间和机会进行学习。[2]学习的内容可以包含各类教育的所有方面，学习的过程可以得到评价，成果可以得到认可。整个终身教育过程可以成为一个融合的整体。发展到现在，在发达国家，终身教育的整个过程，尤其是学校后的继续教育，开始重视培养和提高人的创新能力，由知识传播和技能培训转向人的创造力的开发和培养。

美国的高校分为公立高校、私立高校和社区学院等类型，公立高校和社区学院是开展继续教育的主要力量。随着经济全球化的逐步推进，美国高校已经逐步在向国外推广其各种类型的继续教育项目。

(一) 多样性的目标

美国继续教育的针对目标和满足需求是多种多样的。有针对个人发展实际需求的，比如中小学等基础教育的补充教育，个人学历的提升，职场竞争力的提升以及职业技能的提升；也有满足社会发展需要的，比如政治新举措的推介、科技成果的应用推广、解决家庭生活问题的方案、社交与休闲的需求等。同时，美国继续教育的务实性也是有目共睹的。它非常注重直接、有效地解决社会发展、个人成长及家庭生活中的实际问题。[3]它除了提供系统化的学历学位课程和注重知识点与实际能力的专业培训，也为个人发展遇到问题和困难的人们开设知识与能力补偿课程；为社会大众提供就业咨询与指导、闲暇娱乐、社会热点问题的讨论与解决等方面的服务，甚至还有单亲家庭和未婚母亲的培训。这种多样务实的目标使继续教育成为美国社会与个人生活的有机部分，从而使继续教育在美国拥有了良好的发展环境。

（二）种类繁多的项目

美国的继续教育整体规模庞大，而且项目的种类和形式繁多。例如，加州富乐敦州立大学的扩展教育（Extended Education）就开设了包括为海外教学和学生管理培训需求设立的众多培训项目。品种多样而内容具体的课程保证了其继续教育能够实现各类型的培训目标，满足了多种类型学员的需求。参加美国继续教育的学习者中，既有接受基础文化科学知识补习的，也有大学毕业后接受知识延伸拓展和能力提升的；既有从事蓝领工种的工人和乡村的农场主，也有从事专业技术工种和管理阶层的白领；既有各类商业企业的经营者和从业人员，也有广大消费者；既有政府职员和经理，也有社会普通阶层的各类人员，以及少数民族群体，甚至有罪犯和难民等。美国的成年人口中有超过三分之一的比例参加继续教育的学习。

（三）多种多样的继续教育机构

美国的继续教育机构多种多样。既有公立大学的开放部（University Extension）或扩展学院（Extension School），如加州富乐敦州立大学的 Extended Education；社区学院，如洛杉矶市立社区学院；也有农业（合作）附设机构、社区组织、行业和职业协会、城市娱乐单位、教会和犹太教会、政府机构、联邦劳工项目、工会、社区教育和免费大学等其他非学校类的各类机构。

一些大学的继续教育机构还利用现代教育技术手段帮助大型企业对员工进行各类继续教育培训。全美有多所大学或学院通过 Internet 网络、无线通信、电视或录像实施继续教育。比如，哈佛大学在1910年率先对校外各年龄段开放文学士学位，获此学位后即可攻读校内各专业的高一级学位。越来越多的工商企业内部也设立了专门的人力资源培训机构，直接培训企业内部的员工，甚至成立了企业大学或学院，如著名的微软(Microsoft)和思科(Cisco)。

美国继续教育的开展还得到来自社会各方面,包括来自私人财团资金和其他方面的支持。全美非营利电视频道——教育电视台即由一家财团的成人教育基金会捐款1 000万美元于1966年建立。广大志愿者对美国继续教育的大规模开展贡献也很大。

(四) 丰富的师资来源和储备

美国继续教育活动中的兼职教师和兼职服务人员,通常是来自各大学和专业协会的兼职者,以及社会志愿服务者。通常他们会由雇用机构或专业协会提供资助,接受给他们提供赞助的机构实施某个继续教育项目所需要的技能为主要目标的短期培训。而继续教育机构中的专职人员,则通过正规的学位教育来培养。20世纪30年代,美国大学就开设了成人教育方面的课程,并开始授予这方面的博士学位。[4]

二、我国继续教育的发展与现状

我国继续教育的起源很早,新中国成立后,继续教育即被纳入国民教育系列。但真正的发展应该起始于改革开放。20世纪80年代,世界性的经济浪潮和信息社会的知识暴增使得知识更新速度加快,我国的继续教育得到了快速发展。[5]进入21世纪后,国家更加重视继续教育,并将构建学习型社会列为政府的一项重要工作。我国把继续教育列入了国家中长期教育改革和发展规划,提出要构建完备的终身教育体系。经过10余年的发展,现代国民教育体系基本完善,终身教育体系基本形成。

当前我国继续教育中,高等学历继续教育的实施机构主要是普通高等学校的继续教育学院(成人教育学院),国家批准的68所现代远程教育试点高校的网络教育学院(远程教育学院),中央广播电视大学系统和新成立的国家开放大学系统等独立设置的成人高校。进入21世纪后,我国高等教育普及率的提升,除了普通高校扩招外,很大程度上得益于成人高等学历教育的快速发展。

我国非学历继续教育的实施机构除了普通高校外,还有各级各类社会力量培训机构。举办的项目以国家组织部门和人力资源部门颁发的各类职业和从业资格证书考试的培训为主,也包括其他各类素质和能力提升的培训。

随着信息技术和现代教育技术的发展,我国继续教育的教学模式在传统的课堂面授基础上,通过多媒体技术和现代通信技术实现的远程与在线学习正在蓬勃兴起;考核与评价的方式也逐渐呈现多样化,有传统的课堂试卷考试,有在线测试,也有同伴间的相互评价。

但是不容忽视的是,从2004年开始,我国高等学历继续教育报考人数逐渐呈下滑趋势,全国多个省市出现了成人高等教育学历招生计划数大于成人高考报名数,高中起点专科层次的录取实施注册入学的现象。各高校的成教学院和独立设置的成人高校普遍出现生源紧张的局面,不少高校的成人教育遭遇一些专业招不满学生而无法开班的窘况。而这种趋势仍在继续发展。由此,取消全国成人高等教育入学考试,全面放开学历继续教育的入学限制,由各培养单位自主设定入学选拔机制,甚至取消成人高等教育的呼声逐渐兴起。

目前,我国高等学历继续教育的实施机构构成了庞大的继续高等教育体系,但仍未被有效地纳入整个高等教育发展战略和体系中加以重视。[6] 普通高等学校举办继续教育,更多的是看重它会给学校带来较好的经济收益,而没有把它与学校的整体发展和定位结合起来。有些学校认为,继续教育挤占了普通高等教育的教学资源,限制和制约其本校的继续教育发展,还有的学校甚至取消了继续教育的学历教育部分,对非学历培训放任自流,出现了各家二级单位互相竞争的局面,削弱了学校继续教育的整体实力和竞争力。

针对目前我国继续教育发展中出现的问题,参考美国继续教育的发展环境和模式,在进行理性的分析后,我们认为必须在继续教育的体制机制、办学理念、类型整合和融合,各类项目间的互融互通等方面进行全方位改革,才能焕发出其旺盛的活力,发挥其在我国经济和社会发展中应有的作用。

三、我国继续教育发展的思考与对策

为顺应国际继续教育的新形势,探索适合我国国情的继续教育体制机制和教学模式,促进继续教育的可持续健康发展,我国继续教育必须加大综合改革力度,以建设学习型社会和逐步构建终身教育体系为主要目标,以培养社会发展和经济建设需要的高素质应用型人才为根本任务,以前期的改革创新成果为基础,推进学历继续教育的逐步融合,分类建设特色优势教育资源,加快发展非学历培训项目,有效推动继续教育的转型和品牌培育,并促进各类继续教育的沟通与衔接。

(一)完善管理体制和运作机制,确保继续教育办学的有序开展

体制机制的创新是实现继续教育快速、持续和规范发展的首要保证。我国应顺应形势,进一步完善继续教育管理制度和办学体制。

1. 教育部正在规划出台"教育部关于推进普通高等学校继续教育综合改革的指导意见",各类继续教育实施机构,尤其是普通高等学校,应实现各类继续教育项目的归口管理,强化"统一管理"机制,落实"评、督分离"原则,逐步实现"管办分开、各司其职"的管理模式。

2. 政府管理部门要加强继续教育的制度建设。制定、修改、完善继续教育管理文件,形成科学的继续教育过程管理文件体系,确保继续教育的办学有章可循、有序发展,建设质量机制。建立继续教育督导制度,聘用有经验的教师作为督导员,对各类继续教育的资源建设及教学过程进行检查监督,并依据继续教育相关质量标准加强评估,有效提升继续教育的办学质量。

(二)加快继续教育的信息化改革,促进各类学历继续教育的融合

1. 建立各类学历继续教育的统一平台,包括管理平台和学生学习平台,实现一个平台实施多种学历继续教育的管理和教学,并公开各类型继续教育的教学资源,学生可自由选择学习方式,以促进各类学历继续教育的进一步融合。

2. 不断创新学习支持服务类型。丰富教学资源,开发建设微课,用于课程难点重点的讲解及阶段复习,提高学生的学习兴趣。加大投入,开发高清视频课件,通过提高视觉效果激发学生的学习兴趣;加强对学生学习的提醒和督促服务,如网上学习推送服务和短信服务等;增加形成性考核力度,加强学生过程学习的监控;采用学习分析技术,构建智能化的网络学习环境,提高学习效果。

3. 建立成人教育远程教学质量监控体系,加强教学评估,狠抓教学质量;结合网络教育与成人教育各自的优势,实行课堂面授与远程教学、自主学习与协作学习有机结合的混合型教学模式,并探索科学合理的面授教学与网上教学的比例及方式。

（三）探索各类型继续教育间的学分互认,加快推进"学分银行"建设

"学分银行"是建立在终身学习理念之上的,是构建我国终身教育体系的制度保证,具有储存和兑换学分的功能,尤其适合在职成人教育边实践、边学习的特点,为鼓励学生及各类从业人员采取工学交替、学分积累等的"间歇性"学习提供了便利。建设"学分银行"的基础是资源共建共享、各类型继续教育之间的学分互认。

近期,教育部组织成立了继续教育在线教育联盟,目标是探索资源共建共享、课程互选、学习成果认证、积累和转换机制,创新现代远程教育发展模式、教学模式、管理模式和运行机制。

探索继续教育的学分互认是必要且迫切的。各类继续教育机构,尤其是高校的继续教育学院,应以参与在线教育联盟为推动,以本校继续教育学生为实践对象,进一步加强资源的共建共享研究,积极探索学分互认机制,在有效实施本校各类型继续教育学分互认的同时,促进校际学分互认,推进"学分银行"建设。

四、结语

继续教育作为我国高等教育的重要组成部分之一,是创建学习型社会的主要内容和构建终身教育体系的关键环节,在高科技、知识经济时代正发挥着重要的作用。国家对继续教育十分重视,根据社会发展对教育的需求,各级教育主管部门正在积极探索和稳步发展继续教育,把它作为人才培养的重要工作来抓。

各级各类继续教育执行机构需要深刻领会各类关于继续教育的文件精神,正确地处理好规模、效益和质量之间有机、辩证的关系,更加注重办学质量和流程规范,充分考虑学生的需求,提供完善的支持服务。树立"以人的可持续发展为本"的继续教育对象观,"以质量求生存"的继续教育质量观,"满足多方需求"的继续教育功能观,"既好又快,以好

为先"的继续教育发展观,推动我国继续高等教育科学、协调地发展。

参考文献:

[1] 裴喜亮,王新.浅析我国继续教育发展现状和趋势[J].长春理工大学学报(社会科学版),2013(9):151-152.

[2] 王小红.浅谈中美成人教育核心发展理念的比较研究[J].邢台学院学报,2011(1):39-40.

[3] 陈牛则,陈琼.中美成人高等教育人才培养模式比较与思考[J].成人教育,2010(4):19-22.

[4] 陈静,王芳.中美成人教育比较研究[J].黑龙江高等教育,2010(9):75-77.

[5] 人事部.全国专业技术人员继续教育暂行规定[G],1995.

[6] 宋孝忠.欧美发达国家成人教育立法及其对我国的启示[J].华北水利水电学院学报(社科版),2006(1):55-57.

中美高等职业教育区位指向之比较研究

朱利平

(江苏大学,江苏 镇江 212013)

区位,地域与位置,即坐标。区位指向,"是一个能保证事情会妥善发展的区位"[1]。著名生产区位学者德国奥古斯特·勒施在对生产区位论述时就曾说过,在一定区域内运营单位成本最低、利润最高、效益最好、针对性最强,适应、服务、促进功能最容易得以发挥的坐标才是合适的区位。"他山之石,可以攻玉",比较中美高等职业教育区位指向上的差异点,发扬中国高等职业教育的长处,汲取他国之经验,大力发展适合我国国情的高职教育,研究并形成教育结构、培养目标、教学模式等适合中国特色高等职业教育管理的新体制,是实现"两个百年"经济腾飞"中国梦"的战略需要,也是高等教育职业教育改革和发展的内在需求。

一、中美高等职业教育区位指向的差异

高等职业教育是以培养高级技术应用型人才为己任,为我国经济可持续发展提供不竭人才动力的不可缺少、不可替补的高等教育。美国的高等职业教育有着悠久的历史,也有比较完善的管理体制,我们应积极借鉴美国先进的教育管理经验来发展我国的高等职业教育,走特色发展之路。由于中美两国文化方面存在很大的差别,两国高职教育在区位指向上有很多差异。

(一)高等职业教育结构体系区位指向差异

从结构体系来看,我国现有的高等教育,不仅有职业技术学院和高等专科学校,还有成人高职、民办高职学校,表面上看起来形式多样,但

往往是各自为政、互不联系、相对独立。长期以来,我国的高职专科教育为终结性教育,缺少最高层次的本科,教育结构显得不完整不合理。

美国的高职教育结构截然不同,它分社区教育学院和技术学院两类,社区教育学院是两年制的,通过修满规定学分获副学士学位;技术学院是四年制的,通过修满规定学分获学士学位,相当我国的专科和本科之分。两年制副学士毕业就可以参加工作,也可以在技术学院继续深造取得学士学位。两者紧密联系,教育结构显得完整且合理。

（二）高等职业教育培养目标区位指向差异

从培养目标上来看,我国的高等职业技术教育是建立在高中文化学历、相当高中文化水平或具有一定的专业技术技能的基础上,实施职业教育理论知识和职业技术技能为内容的职业教育、技术教育,培养目标是从事一线生产技术和经营管理的专门人才。培养目标是低层次的。

美国职业教育中的两年制副学士学位是由社区教育学院来承办的,它是以学生未来走上社会懂得运用工程的基本原理,在其他技术领域当技术员或从事半职业性工作为培养目标的;工业大学中的技术学院负责培养四年制学士学位的学生,技术应用型高级人才是它的培养目标。培养目标有低层次也有高层次。

（三）高等职业教育教学模式区位指向差异

从教育教学模式上来看,我国的职业教学模式往往是产学研相结合或者是产教相结合的模式,"五阶段周期循环高职教学模式"可以说是最为科学、较为系统的,因为这种模式借鉴了国外先进的职业教学经验,以学生的能力为本位思想指导,相对而言,这种教育教学模式与我国高职教育的培养目标是紧密结合的。

美国的教育教学模式实行的是CBE教学模式,它分为职业DACUM图表分析、学习包的开发、教学管理与实施、教学结果评价等四个阶段。这种以职业能力作为培养目标与评价标准,不以学术知识体系为基础,强调学生自我评价是其显著特征。教师在学生学习过程中只是管理者和引导者,学校以培养小批量、多品种、高质量的技术应用型人才为目标,在办学形式上具有灵活多样性,课程可长可短,针对性强。

除此之外,在专业设置、课程结构、实践教学的区位指向上,中美两国职业教育也存在巨大差异。美国的专业设置是宽口径的,涉及机械与工程、数据处理、商业贸易、应用技术等六大类,中国的职业教育专业设置具有急功近利的特征,是以市场的需求形成的窄口径专业。课程结构的区位指向差异更大,中国是公共课、专业基础课、专业课,固化三模式;美国职业课程的结构却是松散型的非固化的社区教育课程;中美职业教育的实践教学和理论教学的课时数比例恰好成反比例,分别为1∶3和3∶1,轻重实践环节成为焦点。

二、洋为中用,调整完善我国高等职业教育的区位指向

经济活动整体上经历了由人才短缺向人才过剩转变的过程。技术性人才需求的不足,日益成为制约经济可持续发展的主导因素,新型产业的出现和产业结构的升级,创新成为经济增长的第一要务。在经济发展初期,对熟练劳动者和中初级人才的需求量很大,经济发展水平的提高,中高级人才的需求快速提升。洋为中用,积极调整并完善高等职业技术教育的区位指向,可以为"两个百年中国梦"经济的腾飞,培养一大批具有良好技术基础、训练有素和合作精神的技术应用型人才。

(一)高等职业教育体系化区位指向

"职业大专——NBA、工程硕士",缺少本科层次,使得高等教育结构"断层",中间环节脱离是中国职业教育结构的现状。"终结性"职业教育缺乏美国职业教育中社区与技术学院之间那种相互依存的相通血脉。为此,教育部明确指出要"进一步调整教育结构,大力发展各种职业教育和职业培训,加快建设人才成长立交桥,促进不同类型教育之间的融合和沟通"[2]。联合国教科文组织在1997年就已经发表修订了《国际教育标准分类》(ISCED),它把高等教育分为五个层次。也就是把强调基础理论和从事研究与高技能的普通高等教育列为"5A";把实践型、技术型和职业专门化的高等职业教育列为"5B"[3]。由此可见,"5A"与"5B":普通高等本科教育和高等职业教育同属于高等教育,它们存在类型上的差异,不存在层次上的高低贵贱。因此,高等职业本科教育是高等教育重要的组成部分,是普通高等教育的职业教育体系中的高层次,这个观念必须形成。

为此,中国职业教育一定要提高办学层次,不仅有职业大专,还要有高等职业本科、职业硕士乃至博士层次,大力发展高层次、高质量的高等职业教育,完善职业教育体系,积极培养与创新经济相适应的技术人才,是教育本身的发展规律,也是满足社会经济、受教育者的主客观需要。

(二) 高等职业教育国际化区位指向

信息时代,全球经济一体化,对我国高等职业本科教育的发展提出了紧迫的要求。美国高中后层次的职业教育早在第二次世界大战以后就得到了很大的发展,因为科学技术的发展对这一层次的专业技术人员需求量与日俱增。全球是一村对推进中国高等职业教育国际化进程,意义非凡。21世纪初,社会生产力的发展指数我国只有5%,而发达国家现在这一比例已经达到70%~80%。从20世纪60年代的后期开始到80年代,被誉为新兴工业化国家和地区的亚洲"四小龙",在大量引进和吸取西方现代经济的腾飞过程中,技术进步对经济增长的贡献度与日俱增。我国在知识创新方面落后于发达国家,长期以来形成的大量的科技成果转化少,高技术产业化更少,这严重制约了我国经济、科技的腾飞及综合国力的增强。与技术进步关系密切的高等职业教育也受到了世界各国的普遍关注,与国际接轨,明确国际化区位指向,建立与全球经济一体化相适应的高等职业教育新体系,培养具有国际竞争力的高层次应用型技术人才,意义巨大、任重道远。

(三) 高等职业教育区域化区位指向

发展与区域行业、产业需求有紧密联系的职业教育,并指明其指向,是产业结构调整带来的必然趋势。目前,江苏省正处于产业结构调整的关键时期,经济国际化、区域经济、科技兴省是江苏的三大发展战略。由于经济增长方式的转变、产业结构的调整,高等职业教育必须区域化,因为一大批传统劳动密集型的产业急需转型,高科技的服务业和高技术、高附加值的技术密集、智商高强的产业已经崛起,为江苏省高等职业本科教育的发展提供了广阔的前景,受过高等职业教育、掌握更多职业技能的劳动者就会拥有更多的就业和高薪酬机遇,反之就会有下岗、待业和低报酬的可能。

（四）高等职业教育市场化区位指向

高等职业教育市场化区位指向主要体现在考生生源、社会需求和个性差异三个方面。改革开放30多年来，一方面江苏省经济持续高速增长，人民群众的生活质量有了很大的提高，广大学生家长不仅有能力支付子女的教育费用，而且有了接受更好、更高教育的需要。另一方面由于每个个体的不同，特长能力兴趣等各有差异，各具所长，有人长于口头表达，有人长于书面表达，有人长于学术研究，有人长于技能操作。江苏实施高等职业本科教育要早于其他省市，经过多年的实践，人们的职业教育低人一等的思想观念已经得到了根本转变。近年来对口招收的火爆，预示着社会对高科技应用型技术人才需求的增长。社会发展需要具有不同特长的各类人才，为每个人的自由发展创造了主客观优势环境。为此，我们一定要明确职业教育市场化区位指向，因为目前我国沿海地区经济发展已接近中等发达国家水平，大中型企业、用人单位对人才的需求都提高了档次，有65%的单位对补充一线技术人员提出了高层次本科的要求。[4]

三、建立我国高等职业教育法制化长效机制

2013年6月19日，《华盛顿协议》全会一致通过接纳我国为该协议签约成员国，这表明我国高等（工程）职业教育的规模和质量得到了国际社会的认可。近年来，随着高等职业教育的迅速发展，大量的高素质技能型专门人才脱颖而出，为高等教育大众化做出了杰出贡献。完善并配套高等职业教育的政策、制度、文件，使之规范化、制度化、法治化迫在眉睫。首先，要深刻认识高等职业教育的重要性和紧迫性。要加强对高等职业教育的宣传力度，增强社会对高等职业教育的了解，提高社会认可度。高职教育不仅完整了高等教育体系结构，构建了高等职业教育体系框架；而且满足了广大人民群众接受高等教育的强烈需求；同时肩负培养面向经济建设走新型工业化第一线需要的高技能人才的神圣使命。其次，教育管理部门和各高等职业院校要以服务为宗旨，以就业为导向，以产学结合培养高素质技能型专门人才。教育部重点支持建设的100所示范性院校更要强化办学特色，全面提高教学质量，

推动高等职业教育持续健康发展。再次,调整法律制度区位指向,建立我国高等职业教育法制化的长效机制。早在 2000 年 1 月,教育部《关于加强高职高专教育人才培养工作的意见》归纳了高职高专教育人才培养模式的基本特征;2006 年,教育部就发布了《关于全面提高高等职业教育教学质量的若干意见》,2002 年 9 月江苏省建立"省级职业教育联席会议"制度,定期研究职业教育工作的政策与措施。通过不断实践,制定了"三个突破":实现管理体制改革的新突破,打破部门办学和学校类型之间的界限,进一步促进职业教育资源的有效整合;实现办学体制改革的新突破,坚持职业教育以政府举办为主,依法落实行业、企业举办职业教育的责任,加强中介服务组织建设,扶持民办中、高等职业学校和培训机构的发展,引进境外优质教育资源,推进全省职教国际化进程;实现投资体制改革的新突破,制定职业学校生均经费标准,进一步拓宽筹资渠道,落实企业和个人对职业教育发展基金资助和捐赠可在应纳税中扣除的优惠政策,以发挥社会公共力量来推动职业教育超前发展。高等职业教育法制化区位指向,是大力发展高等职业教育的制度保障、法律依据。

参考文献:

[1] 奥古斯特·勒施.经济空间秩序[M].北京:商务印书馆,1995.

[2] 教育部 2001 年工作要点[N],中国教育报,2001 – 01 – 15(3).

[3] 管德明,赵峰.关于完善高等职业教育层次结构的思考[J].高等教育,2001(4):83 – 85.

[4] 叶留川等.322 模式:职业教育高层次发展一个突破性的选择[J].上海理工大学学报,1998(3):1 – 5.

后　记

打开书稿,当我们用心去触摸这些熟悉而鲜活的文字时,仿佛一切就发生在昨天,心情无比激动。一是完成了组织上交给的任务,三年前江苏省教育厅高校学生处领导提出明确要求,高校学习研修团走出国门培训学习,回来应该出版一些物化成果;二是工作需要我们走出国门,开阔视野,全球优秀文明成果能够为我所用;三是我们通过走出去,确实看了不少,交流了不少,思考了不少,应该认真总结并付诸文字。现在完成了全部书稿,但由于时间关系,加之水平有限,虽不十分满意,但心感释怀。美国加州富乐敦州立大学副校长诺尔曼博士热情洋溢的讲话,继续教育学院亚洲部薛亚萍主任、王海潮副主任等的精心组织和安排,David Karber教授绘声绘色的演讲还在耳旁,学习研修团成员唇枪舌剑的辩论时常回响在脑际,中美师生欢呼雀跃的交流和联欢浮现眼前,多彩多姿的美国文化意犹未散。"合作而交流,博学而睿智",为了共同的目标,我们相聚在美国加州富乐敦州立大学,为期一周的高校学生事务管理工作学习培训,受益匪浅;参观洛杉矶、圣迭戈、费城、华盛顿和纽约等文化历史名城,让我们深深感到世界文明多样化的魅力,同时也更加增强了中华文明、文化的自觉和自信!

光阴荏苒,又是一个明媚的春天。三年来,学习研修团全体成员在工作之余,结合自身工作实际,认真梳理学习研修体会,辨中美之异,探管理之道,成一书之作。今天,凝聚着大家心血的作品终于面世了。"他山之石,可以攻玉",希望本书的出版,对教育一线的管理者、研究者有所帮助,特别是能对正在路上探索的各位同仁有所启迪。

诚然,学无止边,研无止境。我们清醒地认识到,当前我国高校学生事务管理方面还存在这样那样的问题，比如，理论研究还不够深入，尚未形成系统的专门用以指导高校学生事务管理工作的理论体系；在具体的工作中，存在忽视学生主体诉求，忽视高校多元化和多样化发展的现实；学生事务管理的专业标准尚未完全建立，评价的可操作性不强，参加评价的主体单一……所有这些，还有待于更多的同仁加入理论研究和实践探索的队伍中来。

习近平总书记2016年12月7日在全国高校思想政治工作会议上指出："现在高校学生大多是'95后'，朝气蓬勃、好学上进、视野宽广、开放自信，同时，他们知识体系搭建尚未完成，价值观塑造尚未成形，情感心理尚未成熟，需要加以正确引导。"习总书记还语重心长地指出："小麦灌浆期，阳光水分跟不上，就会耽误一季庄稼的收成。高校思想政治工作做得如何，直接影响着青年学子的思想观念、价值取向、精神风貌，关乎一代青年的成长成才。"习总书记的讲话，给高校的管理者们提出了新的更高的要求，我们唯有坚持改革创新，不断探索实践，才能更好地引导学生健康成长，服务学生成人成才，为培养社会主义合格建设者和可靠接班人做出更大贡献。

在本书的编辑和出版过程中，我们得到了江苏省教育厅高校学生处领导的全方位指导和热情帮助，在此表示真诚的感谢！并向为本书出版付出辛勤劳动的苏州大学出版社许周鹣主任、盐城工学院洪林教授、陈桂香博士等表示诚挚的谢意！同时，还要感谢我们学习研修团的陆振飞、朱利平、周红、董巍峰、徐辉、汤洪涛、周春开、郑明喜、袁新进、袁建华、毛敏、王梦倩、蔡智勇等为本书的出版做出的积极贡献。

人无尽善，文无尽美。虽然著者踌躇满志、信心十足，但由于个人视野和思路有限，书中一定还会有不尽如人意之处，恳请领导、同仁和读者批评指正。

编　者

2017年3月